Praxisbuch handelnder Sachunterricht

Band 1

von

Astrid Kaiser

10. unveränderte Auflage

Der Sudbrackschule in Bielefeld gewidmet

Schneider Verlag Hohengehren GmbH

Umschlagentwurf:
Magdalena Sommer

Gedruckt auf umweltfreundlichem Papier (chlor- und säurefrei hergestellt).

Bibliografische Information Der Deutschen Bibliothek

Die Deutsche Bibliothek verzeichnet diese Publikation in der Deutschen Nationalbibliografie; detaillierte bibliografische Daten sind im Internet über ›http://dnb.ddb.de‹ abrufbar.

ISBN 3-8340-0016-7

Schneider Verlag Hohengehren, Wilhelmstr. 13, D-73666 Baltmannsweiler

Printed in Germany – Druck: Hofmann, Schorndorf

Inhaltsverzeichnis

0. Einleitung

Handlungsorientierter Sachunterricht ist ein hehrer Anspruch heutiger Didaktik. Viele Lehrkräfte möchten handlungsorientiert unterrichten. In Universitäten, Pädagogischen Hochschulen, Studienseminaren und Fortbildungskursen wird dies immer wieder betont. Aber in der Praxis fehlen die Hilfestellungen für handelnden Sachunterricht. Für Formularausfüllunterricht gibt es Unmengen an – käuflichen – Vorlagen. Handelnder Unterricht dagegen verlangt derart viele Vorbereitungen, daß eine einzelne Lehrkraft es kaum schafft, alle erforderlichen Materialien neben der sonstigen Unterrichtsvorbereitung zusammenzutragen. Zur Erleichterung der Vorbereitungsarbeit für handelnden Sachunterricht habe ich diesen Band gemeinsam mit vielen Mithelfenden zusammengestellt.

Ich selbst habe die ersten Sachunterrichtskisten mit Handlungsmaterialien für Kindergruppen in meiner Ausbildung als Sachunterrichtslehrerin in den 70er Jahren bei meinem Fachleiter Jochen Dietrich in Dreihausen / Marburg gesehen. Schon damals habe ich mir vorgenommen, so weiterzuarbeiten. Aber der Handlungsdruck in der Praxis hat dann viele gute Pläne unter den Teppich gekehrt. Nur wenige Kisten habe ich im Laufe vieler Berufsjahre als Grundschullehrerin an der Grundschule Lohra, der Fuldatalschule in Kassel, der Diesterwegschule in Bielefeld und insbesondere an der Sudbrackschule in Bielefeld zusammenstellen können. Meinen *Kolleginnen an der Sudbrackschule und der Schulleiterin, Elke Kobusch*, verdanke ich viele Ideen durch das produktive, angenehme Arbeitsklima und die große pädagogische Freiheit und Akzeptanz. Viele Praxiserfahrungen aus der Sudbrackschule sind in den hier vorgestellten Kisten und Unterrichtsideen „verpackt" und können von den Leserinnen und Lesern dieses Bandes in Empfang genommen werden.

Weil ich wiederum bei deren Erprobung – auch in so manch einer Vertretungsstunde an der Sudbrackschule – erfahren habe, wie motiviert und intensiv Kinder mit derartigen Kisten arbeiten, habe ich die Idee der Sachunterrichtskisten nicht aufgegeben. An der Carl-von-Ossietzky-Universität in Oldenburg hatte ich nun die Möglichkeit, im Rahmen eines Regionalprojektes zusammen mit Studierenden derartige Sachunterrichtskisten zu „packen" und an Schulen auszuleihen. Angefangen hat es damit, daß Schulen ihre Themenwünsche für Sachunterrichtskisten an das Projekt weitergeleitet haben. Gemeinsam haben wir in Seminaren und mit dem großen Einsatz studentischer Hilfskräfte diese Kisten konzipiert und zusammengestellt.

Wir können uns mittlerweile vor Nachfragen nicht retten. Damit mehr Schulen als die aus dem Regionalverbund von unserer Arbeit profitieren können, habe ich mich entschlossen, dieses Anregungsbuch für das Erstellen von Handlungsmaterial und die Arbeit mit Sachunterrichtskisten zu schreiben.

Hier sollen – neben mehreren schulischen Handlungsprojekten – vor allem unsere Handlungsideen aus ausgewählten Sachunterrichtskisten vorgestellt werden. Dazu gehören auch Listen der erforderlichen Materialien, Vorschläge für den Unterricht, eine genaue Beschreibung der Handlungsanweisungen, kurze didaktische Begründungen und weitere Tips und Literaturhinweise.

Wir hoffen, daß diese Anregungen hilfreich sind, damit Lehrkräfte an vielen Orten beginnen, ihre eigenen Sachunterrichtskisten so oder ähnlich zusammenzustellen, im handelnden Unterricht zu erproben und wieder weiterzuentwickeln. Wir wünschen uns, daß allmählich an vielen Schulen Lernwerkstätten für den Sachunterricht entstehen.

Dabei gehen wir nicht davon aus, daß unsere Handlungsideen die einzigen oder zentralen zur Thematik sind. Wir haben nur diese bisher aus verschiedenen Gründen in unserer Lernwerkstatt *RÖSA, Regionale ökologische Sachunterrichtssammlung*, fertiggestellt und in unseren Projektschulen erprobt. Sie sind lediglich als Beispiele zu verstehen und nicht als Vorschrift. Es wäre sogar außerordentlich produktiv, wenn die von uns in diesem Band vorgestellten Handlungsideen dazu beitragen könnten, daß an vielen Schulen neue und andere Handlungsmaterialien entstehen.

Unsere Absicht ist es, Handlungsmaterialien mit verschiedenen Funktionen anzuregen, damit ein möglichst vieldimensionaler Sachunterricht entsteht. Die hier im Buch vorgestellten Handlungsmaterialien sollen verschiedene Funktionen erfüllen:

- Spielerisches Üben
- Informationsvermittlung
- Veranschaulichung

- kooperatives Lernen
- selbständiges Lernen

- entdeckendes Lernen
- forschendes Lernen

- subjektive Bedeutungen erschließen
- Kreativitätsförderung
- mit allen Sinnen lernen
- Erschließen ästhetischer Bedeutungsdimensionen
- mehrperspektivisches Lernen

- veränderndes Handeln im Schulleben
- veränderndes Handeln im Schulumfeld
- veränderndes Handeln im Ort / in der Region

Nicht alle Funktionen können bei allen Themen gleichermaßen entwickelt werden. Wichtig ist mir nur, daß überhaupt handelnder Sachunterricht nicht nur einseitig als spielerische Informationsvermittlung oder als Veranschaulichung gesehen wird. Sachunterricht der Zukunft soll auch durch konkretes veränderndes Handeln auf die sich verändernde Gesellschaft vorbereiten; er soll die Verschiedenheit der Kinder berücksichtigen und vielfältige – nicht nur kognitive – Handlungszugänge ermöglichen und er soll aktives, entdeckendes Fragen der Kinder fördern. Nur in dieser Kombination von konkret sinnlich faßbaren Objekten, handelndem Umgang und vielfältigen Zugangsweisen ist Sachunterricht gleichzeitig auch geeignet für den „Gemeinsamen Unterricht behinderter und nichtbehinderter Kinder". Zwar werden immer mehr Kinder mit sonderpädagogischem Förderbedarf an allgemeinen Schulen unterrichtet, aber die geeigneten Sachunterrichtskonzeptionen fehlen noch. Dafür wird hier für alle Kinder ein Unterricht mit konkret-handelndem Lernen empfohlen.

In diesem Buch wird eine Mischung aus Anleitungen für differenziert-handelnden Sachunterricht und Handlungsvorhaben, zum Teil in Form von Praxisberichten, vorgestellt. Jedes Handeln im Unterricht hat aber nur dann einen Sinn, wenn es auf die Fragen, die Kinder haben, bezogen wird. Dafür soll in jeder Sachunterrichtskiste ein anfänglich leeres Heft für Kinderfragen liegen, in das die Kinder ihre eigenen offenen Probleme hineinschreiben, um das Handlungsmaterial aus den Fragen weiterzuentwickeln.

Die Unterrichtsbeschreibungen sind sehr knapp gehalten, um möglichst viel Raum für verschiedene Handlungsideen zu gewinnen. So werden Details der Gestaltung eines Gesprächskreises oder die Planung differenzierter Versuche nicht näher umschrieben, sondern nur stichwortartig erwähnt. Praxiskompetenz in moderner Grundschulpädagogik mit Differenzierung, Freier Arbeit, sozialen Austauschformen, Gruppenarbeit, entdeckenden Lernprozessen der Kinder wird hier vorausgesetzt. Deshalb sind die Unterrichtsbeschreibungen außerordentlich kurz gehalten und nicht nach Stunden- oder gar Minutenschema durchstrukturiert. Es soll Raum für die Gestaltungsfähigkeit der Lehrkraft und für produktive Auswertungsgespräche bleiben, wie sie sich in jeder Klasse anders ergeben. Dies soll ein Anregungsbuch für Unterrichtsideen und nicht ein Lehrbuch des Unterrichtens sein. Eine aktiv kreativ-gestaltende und fördernde Lehrkraft ist Voraussetzung dafür, daß sich Handlungsanregungen zu lebendigem Unterricht entwickeln, aber nicht eine Kopierkraft von schriftlichen Arbeitsblättern.

Die Reihenfolge der Gliederungspunkte eines Unterrichtsthemas haben wir nach Abstimmung entschieden. Wir haben schließlich die Materialliste isoliert an den Anfang gesetzt, damit Lehrerinnen und Lehrer vorweg pragmatisch den Überblick haben, welche Materialbeschaffung für die jeweiligen Handlungsanregungen erforderlich ist. Die Unterrichtskurzskizze soll den Überblick über Möglichkeiten geben. Die beiden eigentlich voranstehenden didaktischen Überlegungen, aus denen der Unterricht und die Handlungsideen zu begründen sind, haben wir für erfahrene Lehrkräfte nachgestellt, da wir voraussetzen, daß viele Gedanken in Grundzügen geteilt werden und jeweils je nach Lehrperson verschiedene Akzente und einzelne Begründungen nach der Unterrichtsübersicht neuen Informationswert haben. Das Kernstück, unsere genauen Handlungsanregungen, die direkt für die Kinder formuliert wurden, haben wir an die fünfte Stelle ohne Materialhinweise gesetzt. So können sie direkt an die Kinder weitergegeben werden, wenn das Material vorhanden ist.

Als Unterrichtsprinzip wird neben den im Mittelpunkt der Unterrichtsvorschläge stehenden Handlungsanregungen auch ein ökologisches Ziel verfolgt. So sollen die konkreten Handlungsmaterialien weitgehend aus wiederverwerteten „Beinahe-Müll-Objekten" bestehen. Verpackungen, defekte CD's, Steine, Holzperlen von zerrissenen Ketten, Korken, Stoffreste und viele andere Alltagsobjekte, die nicht mehr in ihrer ursprünglichen Funktion genutzt werden, können wieder für den Sachunterricht sehr nützlich sein. Dies ist für Kinder eine wichtige umweltpädagogische Erfahrung: Dinge, die im privaten und gewerblichen Bereich als Müll bezeichnet werden, sind immer noch Wertstoffe mit bestimmten Eigenschaften, die interessante Erfahrungen ermöglichen. Gerade als Gegensteuerung zu der ressourcenverschwendenden Wegwerfgesellschaft sind derartige Schulerfahrungen mit wiederverwerteten Handlungsmaterialien außerordentlich wichtig. Auch wenn es zu Beginn mühselig ist, die vielen Materialien zu sammeln, so ist damit gleichzeitig eine wichtige umwelterzieherische Funktion verknüpft, die weiter reicht als alle Aufklärungskonzepte.

An der vorliegenden Sammlung haben viele Studierende mitgearbeitet. Sie haben eigenverantwortlich als studentische Hilfskräfte (*Stefanie Condy, Angela Dietrich, Björn Dorge, Frank Fortmann, Stefan Grade, Antje Stemmermann und Markus Wagner*) Handlungsmaterialien erstellt, Handlungsanweisungen für Kinder formuliert, Informationen für Lehrkräfte gesammelt und die Kisten zu bestimmten Themen zusammengestellt. Sie haben auch mit Fotos, Zeichnungen, Korrekturen und Koordination zur Fertigstellung dieses Bandes beigetragen. Weitere Studierende haben fertige Kisten als Unterrichtseinheiten beschrieben (*Iris Hollander, Markus Wagner, Stefanie Zierke, Maike Bartels, Almut Behrends, Tanja Bolte, Rainer Glüsing, Christiane Gotzan, Cornelia Kuhlmann, Martina Liedke, Andrea Moneke, Kerstin Neuhaus, Marion Ocken, Andrea Rücken, Kathrin Stephan*), einzelne Handlungsideen entwickelt (*Iris Hollander, Jutta Lange, Claudia Neugebauer, Brigitte Steiner, Jan Stahlhacke*, *Gerrit Kaiser* sowie viele Seminargruppen) oder Redaktionsarbeit (*Stefanie Zierke, Stefanie Condy, Markus Wagner*) geleistet. Die Unterrichtsfotos habe ich in der Sudbrackschule in Bielefeld (drei in der Wallschule Oldenburg) aufgenommen. Die Fotos der Handlungsmaterialien haben *Frank Fortmann* und *Björn Dorge* gemacht. Ebenfalls war *Frau Scheper* eine große Hilfe, die die verwaltungsmäßigen Fäden unseres vielseitigen Projektes immer wieder in Ordnung brachte. Ihnen soll hiermit für ihre engagierte Arbeit ausdrücklich gedankt werden.

Ganz besonderer Dank gilt den Lehrerinnen und Kindern der Projektschulen in Oldenburg, Huntlosen und Bremen, die die Kisten erprobt haben und uns durch Rückmeldungen wichtige Hinweise gegeben haben. Besonders intensiv haben *Maria Wigger* und *Jutta Reißig* als mitwirkende Lehrerinnen mit Ideen, Praxiserprobungen und Ratschlägen zum Gelingen des Projektes beigetragen.

Doris Ammermann, Daniela Barton, Maria Bollerslev, Stefanie Condy, Angela Dietrich, Heike Eckmeyer, Frank Fortmann, Mechthild Hinrichs, Antje Stemmermann und *Maria Wigger* haben mir bei der inhaltlichen Korrektur des Manuskriptes mit Rat und Tat zur Seite gestanden.

Nicht zuletzt danke ich der *Gemeinsamen Landesplanung Bremen / Niedersachsen*, daß sie anstelle von Straßenbau- und Verkehrsplanungsprojekten auch einmal ein Projekt gefördert hat, das die Länder in den Köpfen von Kindern zusammenwachsen läßt.

Ohne diese finanzielle Hilfe wäre unsere Lernwerkstatt RÖSA (Regionale Ökologische Sachunterrichtssammlung für den Raum Oldenburg / Bremen) nicht zustande gekommen.

Oldenburg, im Oktober 1995 Astrid Kaiser

1. Ampelaktionen
Kinder verändern das Verkehrsverhalten Erwachsener – ein Ansatz handlungsorientierter Verkehrserziehung

1. Materialliste

1) Aktionen an der Straße

- bunte Kreide

2) Aktionen an der Ampel

- „gelbe Karten", d. h. zumindest an der Rückseite gelb beschichtete oder gelb gefärbte (flächig bemalte) Karten, etwa in DIN-A-5-Format; Stifte

2. Unterrichtskurzskizze

1. Phase: Sicherheit an der Straße vor der Schule

a) *Gespräch* über den *Unfall eines Kindes* an der Schule
b) *Sichtwinkelversuche* an der Straße vor der Schule
c) *Beobachtungen* des Verkehrsverhaltens der anderen Kinder an der Schule
d) Gespräche mit *Eltern, die mit ihrem Auto falsch halten und parken*
e) *Verkehrszeichen auffälliger zeichnen*
f) *Plakate* für die Schule anfertigen
g) *Weitere Beobachtungen*
h) *Politessen* vom Ordnungsamt anrufen

2. Phase: Sicherheit an der Ampel

a) Problemgespräch über *Verhalten Erwachsener an der Ampel*; Gründung des Clubs „Sicher an der Ampel"
b) erste *Probebeobachtungen* an der schulnahen Ampel
c) *Sammeln der wichtigsten Verkehrssünden* von Erwachsenen und Diskussion der Konsequenzen; Planung des Vorhabens, mit gelben Karten erwachsene Menschen zu ermahnen
d) Schreiben und Illustrieren von *Ermahnungskarten*
e) *Planung der Beobachtungen*
f) Handeln in der Realität (*Ampelkreuzung*)
g) *Auswertung der Erfahrungen*; Planung der Hilfe beim Überqueren der Kreuzung für Kinder der 1. Klasse
h) Überarbeiten der *gelben Karten*
i) Zweite gemeinsame *Ampelkontrolle*
j) Aushängen einer *Dokumentation im Schulflur*
k) Gespräche über *Abbau des Verkehrs*
l) *Theaterstück* über den Unsinn von Wochenenderholung mit dem Auto
m) Zeichnung von *Stadtviertel ohne Autoverkehr*

3. Lernvoraussetzungen der Kinder zur Thematik Verkehrssicherheit

Verkehrssicherheit ist nicht nur eine Frage der technischen Arrangements, sondern auch davon abhängig, ob die beteiligten Menschen sich an die geltenden Regeln halten. In kaum einem normativen Bereich ist das Übertreten von Regeln zu einem derartigen „Volkssport" geworden wie im Straßenverkehr. Während Mord und Körperverletzung generell von der Bevölkerung als unmoralisch eingeschätzt werden, haben die Menschen ein außerordentlich lockeres Verhältnis zur Tötungs- und Verletzungsgefahr im Verkehr. Die fehlende innere moralische Haltung ist um so erstaunlicher, als tagtäglich Meldungen über Verkehrsunfälle zu vernehmen sind. Die meisten Menschen waren bereits Augenzeugen von Unfällen oder kennen Fälle von tödlich Verunglückten.

Woran liegt dieses laxe Verhältnis zu den Verkehrsregeln?
Sind die Menschen nicht in der Lage, sich freiwillig an Regeln zu halten?

Wenn wir einen anderen deutschen Volkssport, das Fußballspiel, betrachten, stellen wir fest, daß die Menschen ein außerordentlich hohes Regelbewußtsein haben und noch tagelang am Stammtisch über ein Foul (auch der „eigenen" Mannschaft) schimpfen. Die Bereitschaft, sich an Regeln zu halten, ist dort sogar ausgesprochen deutlich herausgebildet.

Wenn sich diese freiwillige regeltreue Gesinnung wie beim Sport auch auf den Straßenverkehr generell übertragen ließe, dann wäre gesellschaftlich viel gewonnen:

- weniger Materialzerstörung
- weniger Verletzungen
- weniger Tötungen im Straßenverkehr

Kinder können zahllose Beispiele für falsches Verhalten von Erwachsenen nennen.

Trotz alljährlicher Mahnbriefe von der Schulleitung neigen Eltern, die ihre Kinder mit dem Auto zur Schule fahren oder sie dort abholen, dazu, im Halteverbot zu halten oder gar zu parken, um noch mit Lehrkräften zu sprechen o. a. zeitaufwendige Aktivitäten zu unternehmen.

Die Verkehrsprobleme von Kindern beschränken sich nicht nur auf die unmittelbare Schul- und Wohnumgebung, sondern auf ihren gesamten Aktionsradius vom Schulweg bis zu nachmittäglichen Wegen zu anderen Kindern, Spielgeländen oder Kursen. Dabei spielen Ampeln des Wohnortes eine gewichtige Rolle, weil Kinder aus städtischen Wohngebieten ohne diese oft überhaupt keine Wege bewältigen können. Von daher muß insbesondere der Überweg an der Ampelkreuzung für Kinder sicherer gemacht werden.

Schulkinder erleben fast täglich an der Ampel Verkehrsverstöße von Erwachsenen, nämlich Autofahrende, die bei „rot" noch schnell über die Kreuzung brausen, aber auch Fußgänger, die entweder bei „rot" oder schräg über die Straße gehen.

Sie wissen, daß sie selbst oft in Imitation des Erwachsenenverhaltens bei rot den „Großen" hinterhergegangen sind. Grundschulkindern ist es klar, daß mehr Sicherheit an vielbefahrenen Kreuzungen nur zu erreichen ist, wenn die Erwachsenen sich deutlich im Verhalten verbessern.

Es geht also nicht darum, Normen aufzubauen, sondern das Verhalten zu verändern.

Hier wird ein Konzept entwickelt, das eine Umkehr des Erziehungsverhältnisses, nämlich Kinder als Erziehende von Erwachsenen, an vorhandene moralische Maßstäbe der Erwachsenen zu appellieren und sie zu verändertem regelgerechten Verhalten in bestimmten Gefahrenzonen zu motivieren. Dabei wird auch symbolisch das Moment der gelben Karte als Verwarnungszeichen für Regelverstöße beim Fußball eingesetzt, um Assoziationen an den Bereich zu wecken, in dem Regeleinhaltung völlig akzeptiert ist. Dahinter steht die Erwartung, daß das Symbol der gelben Karte zusätzlich die Bereitschaft steigert, auch Verkehrsregeln als einzuhaltende Regeln wahrzunehmen. Eine weitere Wirkung kann von der Tatsache ausgehen, daß Kinder Erwachsene ermahnen. Dies ist zunächst eine Umkehrung gängiger Verhältnisse. Da Erwachsene für sich beanspruchen, besser informiert und verhaltenssicherer zu sein als Kinder, entsteht für sie eine Diskrepanz zwischen Anspruch und Realität, wenn Kinder sie auf Fehler aufmerksam machen. Psychologisch gilt das Vermeiden von Diskrepanzen als wichtiger Mechanismus menschlichen Lernens.

Ziel ist es, daß Erwachsene, sobald sie überhaupt ein Kind in der Umgebung der schulnahen Ampeln sehen, befürchten müssen, dies sei eventuell auch auf Kontrollgang mit gelben Karten, so daß sie deshalb präventiv ihr Verhalten verändern und damit langfristig auch korrektes Verhalten allmählich habitualisieren.

Gleichzeitig ist es für Kinder zur Stabilisierung des eigenen Verhaltens wichtig, sich selbst vorzunehmen, kleineren Kindern auf ihrem Schulweg bei der Ampelkreuzung zu helfen.

Dazu empfiehlt es sich, einen Club, z. B. „SadA“ (Sicher an der Ampel), zu gründen, um dem Ziel auch emotional und gruppendynamisch Nachdruck zu verleihen.

4. **Didaktische Begründungen:** Vorüberlegungen zur handlungsorientierten Verkehrserziehung in der Grundschule

Es gibt kaum einen Inhaltsbereich im Sachunterricht, der sich insgesamt so hartnäkkig gegenüber allen didaktischen Innovationen durchgesetzt und konserviert hat wie die Verkehrserziehung. Nachdem Ende der 60er Jahre angesichts steigender akuter Verkehrsgefahren für Kinder und infolge diverser staatlicher Förderprogramme die mediale Ausstattung vieler Schulen mit Veranschaulichungsmaterial für den Verkehrsunterricht ausgebaut, Jugendverkehrsschulen überall im Lande eingerichtet und allmählich der „Fahrradführerschein“ für 4. Klassen zu einer Institution wurde, der Eindruck entstand, als sei in diesem Bereich der wesentliche Innovationsanschub bereits abgeschlossen. Es konservierte sich aber unter dem Etikett „Vorbereitung auf den schriftlichen Fragebogen“ ein Unterricht in der Schule, der mittlerweile umstrittene didaktische Prinzipien weiter aufrecht erhielt:

1) Die Fragen des schriftlichen Verkehrserziehungstests sind in einer nicht kindgerechten Verwaltungssprache formuliert.

2) Die Lehrkräfte versuchen zwangsläufig, ihre Kinder auf das Bestehen dieses Tests vorzubereiten und sind gezwungen, überfordernde Aufgaben zu portionieren, um doch die Mehrheit ihrer Klasse zum Bestehen zu präparieren.
3) Die Aufgaben der theoretischen Prüfung fixieren automatisch auf kognitive Lernziele. Praktisches Verhaltenslernen in der Verkehrsschule und theoretisch-kognitives Lernen fallen räumlich und institutionell auseinander.
4) Das Lernen vollzieht sich in Form klassisch geschlossener, lehrkraftzentrierter Unterrichtskonzepte, welche die Vorstellungen der Kinder, ihre Fragen und Meinungen unberücksichtigt lassen.
5) Fachübergreifende Zusammenhänge werden in einer fragebogenorientierten Verkehrserziehung ausgeklammert.
6) Es geht allein um die Aneignung der Verkehrsregeln, wobei die Dominanz der „Autogesellschaft“ nicht zur Diskussion steht.

Das hier vorgestellte Konzept bietet gegenüber der kognitiven Vereinseitigung einen handlungsorientierten didaktischen Ansatz, in dem die Kinder die Chance haben, Verkehrserziehung nicht mit paukhaftem Charakter, sondern sehr lebendig zu erleben. Soziales Lernen und handelndes Lernen bilden einen Rahmen, innerhalb dessen konkrete verkehrserzieherische Schritte stattfinden.

Solange die schulische Verkehrserziehung so weit von den subjektiven Lernbedürfnissen der Kinder entfernt ist wie die Formularausfüllenslehre, ist es besonders wichtig, dem entgegenzusteuern und alternative, motivierende Konzepte zu praktizieren. Deshalb soll in diesem Beispiel ein erfahrungsorientiertes Konzept der Verkehrserziehung vorgestellt werden, das beginnend mit der Lernausgangssituation an den konkreten Kindererfahrungen anknüpft und diese dann weiterentwickelt.

Verkehrserziehung darf in der heutigen Zeit aber nicht bei der Sicherheitserziehung stehenbleiben. Denn die Gefahren liegen nicht primär im Verhalten der Menschen, sondern in den gesellschaftlich bedingten Gefahren durch massenhaften automobilen Individualverkehr. Kindern darf pädagogisch nicht die „Schuld“ an Unfällen zugewiesen werden. Vielmehr muß die Sicherheitserziehung im Straßenverkehr immer auch ergänzt werden durch Hinweise auf Alternativen der Verkehrsplanung.

5. **Handlungsanregungen**: Beschreibung einzelner Unterrichtserfahrungen

5.1 Kommentare zur 1. Phase „Sicherheit an der Straße vor der Schule“

1.1) *Gespräch über Verkehrsgefahren auf dem Schulweg*

Aktuelle Anlässe bieten sich hier an.

1.2) *Sichtwinkelversuche*

Der Sichtwinkel beim Überqueren von Straßen ist außerordentlich eingeschränkt, wenn seitlich Autos parken. Wir haben dazu Sehversuche an der Straße durchgeführt, um festzustellen, wie weit der eigene Blickwinkel reicht, wenn vor der Schule im Halteverbot Autos stehen und wenn diese fortgefahren worden sind. Besonders günstig ist es, mit einer Videokamera in einem Einkaufswagen den Sichtwinkel aus der Perspektive kleinerer Kinder aufzunehmen und anschließend den Film anzuschauen.

1.3) *Beobachtungen von kleineren Schülerinnen und Schülern*

Kinder von dritten Klassen können sich in kleinen Gruppen vor der Schule aufstellen und gezielt beobachten, wie sorglos kleine Kinder über die Straße laufen. Dabei hat diese Beobachtungsaufgabe auch den Sinn, das eigene, keineswegs perfekte Verhalten negativ vorgespiegelt zu bekommen.

1.4) *Gespräche mit Eltern, deren Autos falsch parken*

Eine der wesentlichen Aktivitäten zur Verhaltensänderung ist das Gespräch. Morgens halten schon 15 Minuten vor Schulbeginn in der Dunkelheit (Januar) verschiedene Kindergruppen drei Wochen lang Wache und versuchen in Gesprächen, die vorher in der Schule in Rollenspielen erprobt worden sind, Erwachsene zu überzeugen. Insgesamt ist es in der Regel nach drei Wochen schon sehr auffällig, daß nur noch wenige Eltern im Halteverbot parken. Dennoch gibt es immer noch einige Eltern, die weniger konziliant sind und sich nichts sagen lassen. Deshalb lohnt es sich für die Kinder, immer wieder zu versuchen, ihre Argumente zu verbessern und noch weitere Maßnahmen zu entwickeln.

1.5) *Verkehrszeichen auffälliger machen*

Da Kinder während der Schulzeit nicht auch noch Wache am Halteverbotsschild halten können, sollten die Verkehrszeichen in einer Schulstunde einmal mit Kreide ganz groß auf den Bürgersteig gemalt werden, um die Erwachsenen noch deutlicher auf die geltenden Verkehrsregeln aufmerksam zu machen.

1.6) *Plakate in der Schule*

Da die Falschparkenden oft als nächstes Ziel die Schultüren ansteuern, ist es sinnvoll, für diese gut sichtbar an den Eingängen der Schule Plakate anzufertigen. Auf diesen Plakaten können u. a. Fotos von Falschparkenden (mit geschwärzten Nummernschildern) aufgeklebt werden.

1.7) *Politessen anrufen*

Wenn alle Appelle beim noch verbliebenen harten Kern der eiligen Falschparkenden nichts fruchten, sehen die Kinder keine andere Chance, als die Polizei zur Hilfe zu rufen. So kann eine Gruppe zur Schulsekretärin gehen und sie bitten, die Telefonnummer der Politessen herauszufinden. Die schwierigste Aufgabe ist dabei, dem Ordnungsamt das eigene Anliegen klarzumachen. Dies muß in Rollenspielen gut geübt werden, damit der Anruf überhaupt von der Zentrale des Ordnungsamtes weitergeleitet wird, so daß tatsächlich am nächsten Tag Politessen kommen und die Anfrage der Kinder ernst nehmen. Dann können die Kinder stolz sein, etwas für die endgültige Verbesserung der Sicherheit an der Schule getan zu haben.

5.2 Beschreibung der 2. Phase „Sicherheit an der Ampel“

2.1) *Beobachtung der Verkehrssünden an der Ampel und erstellen gelber Karten*

Die verschiedenen Fehler von Erwachsenen an der Ampel werden beobachtet. Im Gespräch wird die Frage der gelben Karten diskutiert. Die Kinder fertigen viele gelbe Karten an, auf deren Oberseite sie begründen, weshalb das beobachtete Verhalten gefährlich ist. Viele Kinder haben sich Mühe gegeben, die Karten auch durch schöne Zeichnungen zu illustrieren.

2.2) *Ampelkontrolle*

Es sollen immer mehrere Kinder nach der Schule eine gewisse Zeit an der Ampel stehen, kleineren Kindern beim Überqueren helfen und Erwachsenen die entsprechende gelbe Karte geben, wenn ein Verstoß beobachtet wird. Da dies als Clubaufgabe und nicht als Schulaufgabe gesehen werden soll, können die Kinder sich auch nachmittags verabreden, um an der Ampel ihre gelben Karten zu zeigen.

Manche Kinder fertigen Statistiken an, wieviele Erwachsene sie pro „Ampelwache“ ermahnen mußten.

Unsinn von Wochenenderholung mit dem Auto

5.3 Wochenendvergnügen mit dem Auto? – ein Theater

Ein Theaterstück wird erfunden und gespielt, bei dem vier Stühle wie Autositze angeordnet sind. Es sitzen vorn Mutter (am Lenkrad = Teller) und Vater, hinten Tochter und Sohn. Die Familie fährt drei Stunden lang Strecken mit vielen Staus zu einem Freizeitpark. Dort dürfen die Kinder eine Stunde spielen, anschließend geht's wieder auf die Autobahn.

6. Tips und Hinweise

Mit dem Abschluß des Vorhabens einer Klasse dürfen die Aktivitäten zur Erhöhung der Verkehrssicherheit nicht aufhören, sondern dann sollte eine andere Klasse die Verantwortung übernehmen und ihrerseits die Arbeit fortführen. Denn wir haben auch beim Parken vor der Schule im Halteverbot festgestellt, daß sich das Verhalten von einigen Eltern allmählich wieder regelwidrig entwickelte, als unsere Kontrolle aufgehört hat. Deshalb ist dieser Ansatz nur langfristig sinnvoll, wenn immer wieder eine andere Klasse in unregelmäßigen Abständen die Aktivitäten an Straßen und Ampeln in Schulnähe übernimmt. So soll Verkehrserziehung stärker Bestandteil des Schullebens werden und sich nicht in isolierter Belehrung in der Klasse oder an der Straße erschöpfen.

2. Armreifenproduktion und -handel im Anfangsunterricht

1. Materialliste

- mehr als 20 m biegbarer, transparenter Plastikschlauch
- 1 m Schlauch mit geringerem Durchmesser für die Stöpsel
- Lineal zum Abmessen
- Folienstift zum Markieren der Schnittstellen
- Messer und Holzunterlage
- Kreppapier
- Gläser für die Farblösungen
- mehrere Plastikspritzen
- fein geschnittene Aluminiumschnipsel
- kleine Perlen, farbiges Schmelzgranulat
- Glitterpuder
- Tischglimmer
- Pinzetten

2. Unterrichtskurzskizze mit Kommentaren

Das folgende Vorhaben ist in einer 1. Klasse (Aussiedlerförderklasse) erprobt worden, kann aber auf alle 1. Klassen übertragen werden. Der Unterricht gliedert sich in eine mehrwöchige Produktionsphase, in der die folgenden Arbeitsschritte immer wieder während der Freien Arbeit praktiziert werden:

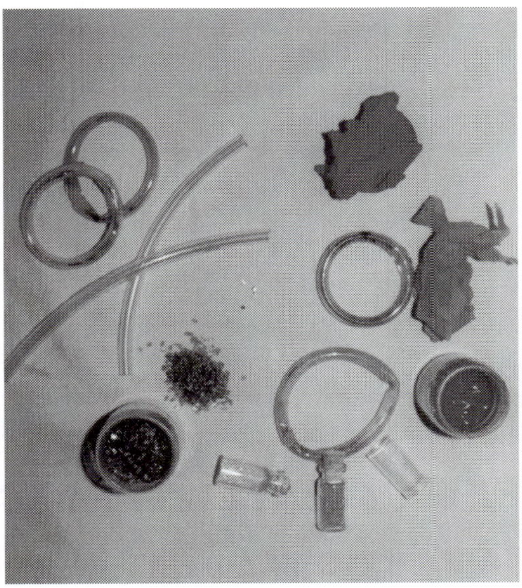

Armreifenproduktion

1. *Phase: Armreifenproduktion*

„*Wir stellen* aus mit Glitterpuder und glänzenden kleinen Perlen oder Aluminiumstücken und gefärbtem Wasser gefüllten elastischen durchsichtigen Plastikschläuchen *Armbänder her.*"

a) Jedes Reifenstück hat eine *Länge von 18–20 cm*. Der Zahlenraum für Rechenaufgaben im ersten Schuljahr wird dabei ständig handelnd „abgemessen".

b) Auch bei den *Stöpseln* wird durch Vergleichen bzw. durch Abmessen („Messen heißt Vergleichen"!) die Länge von 2–3 cm ständig abgesteckt.

c) Beim *Zusammenstecken* von Reifenstück und Stöpsel (zunächst nur an der einen Seite) werden einige alltägliche physikalische Erfahrungen quasi nebenbei gewonnen. Denn das Hineinstecken geht leichter, wenn wir uns die Eigenschaften der Wärmeausdehnung von Plastikmaterial zunutze machen. So geht das Zusammenstecken – mindestens 4 mm sollen sich dann beide Teile überlappen – relativ leicht, wenn wir die Armreifen an der „Nahtstelle" warm anhauchen. Auch die Beobachtung des sich dabei an den Schlauchinnenseiten niederschlagenden Wasserdampfes ist eine interessante Sacherfahrung. In kurzer Zeit haben Kinder ein derartiges Erfahrungswissen gesammelt, daß sie sicher sind, wie nah und wie intensiv sie die Schlauchstücke anhauchen müssen, damit die Teile leicht ineinander einfügbar sind. Es gibt auch allerhand Freiraum zum Experimentieren. Sollen beide Teile angehaucht werden? Beide gleichzeitig oder nacheinander?

d) Fertiges *Füllmaterial* wie Glitterpuder und Perlen wird bereitgestellt. Aluminiumdeckel, Schokoladenpapier u. a. Material wird in kleinste Stückchen geschnitten. Kreppapier wird in Wassergläser getunkt, bis das Wasser eine kräftige Färbung annimmt.

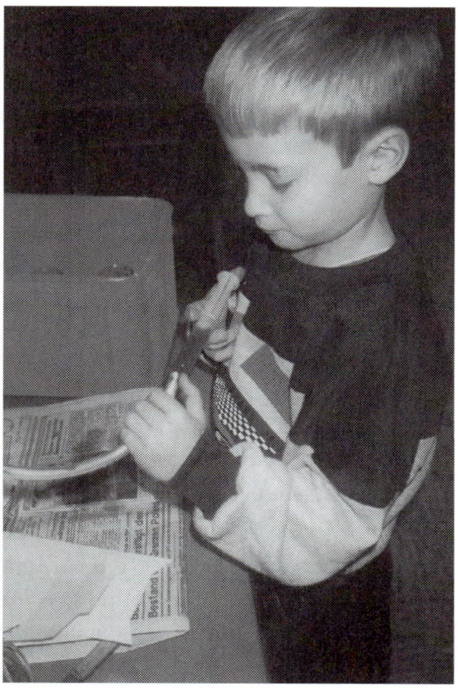

Dieses gefärbte Wasser wird nun mit Spritzen aufgezogen und in die Schläuche gespritzt

e) Beim *Füllen der Schlauchenden* mit kleinen Inhaltsstücken können die Kinder erproben, ob der Werkzeuggebrauch von Pinzetten oder die Feinarbeit mit den Fingerspitzen effektiver ist. Sie können – wenn ihnen eine breite Palette von möglichem Füllmaterial bereitgestellt wird – auch ästhetische Entscheidungen treffen: Passen die gelben transparenten Perlen zum rosa Tischglimmer? Sollen silberne Sterne mit roten Perlen zusammen in einen Armreifen gefüllt werden? ...

f) Der *Arbeitsschritt des Füllens* verlangt ein hohes Maß an technischer Präzision. Es empfiehlt sich, die gefärbte Flüssigkeit mit einer Sprize aufzuziehen und das Füllen in Partnerarbeit durchzuführen.

Beim Füllen mit *Farbwasser* kommt es wiederum darauf an, im praktischen Handeln die Gesetzmäßigkeiten kommunizierender Röhren zu bedenken und darauf zu achten, daß der Wasserspiegel in beiden Schlauchenden etwa gleich hoch ist, damit kein gefärbtes Wasser und vor allem keine kostbaren Glitterstücke auf den Tisch verschüttet werden.

g) Am Schluß ist Hilfe der Lehrkraft erforderlich, um den *Reifen ganz zusammenzustecken*, ohne daß dabei das gefärbte Wasser mit allen schönen Glitterstücken verschüttet wird. Die Stöpsel sollten möglichst weit überlappend in den größeren Schlauch gesteckt werden. Der Armreifen hat am Schluß einen Umfang von ca. 18–21 cm.

2. *Phase: Werbung, Verkauf, Weiterproduktion, Gewinn nutzen*

h) Die Kinder gehen in Gruppen während der Frühstückspause oder der Eingangsphase von Klasse zu Klasse (über zwei Monate gestreckt, an einem Tag höchstens in zwei Klassen), *zeigen Armreifen als Muster vor und bieten sie für 1 DM pro Stück zum Verkauf an.*

i) Die glitzernden Armreifen stoßen auf großes Kaufinteresse. Die Kinder der anderen Klassen äußern auch gleich Farbwünsche. Die große Zahl und Differenziertheit der *Wünsche* macht schriftliche Bestellisten unumgänglich. Zuerst schreibt die Lehrkraft die Farbnamen in Druckbuchstaben auf eine Liste, die Kinder zählen die Anzahl der gewünschten Armbänder und diktieren sie ihrer Lehrkraft.

j) Nach dem Besuch in einer oder in zwei Klassen werden neue Armreifen *nach den Bestellungen produziert.* Die Kinder gehen immer wieder an die ausliegende Bestelliste, zählen wieviel grüne / lila / gelbe / rote / blaue / rosa / orange Armreifen sie noch herstellen müssen und wieviele schon fertig sind. Dabei wird immer wieder das Farbwort gelesen (anfangs mit Hilfestellung) und vor allem Subtraktionen, Additionen und Ergänzungsoperationen im ersten Zehnerraum fast automatisch geübt.

k) Als wesentlich schwieriger stellt sich dann das (mathematisch viel einfachere) Rechnen beim Kontroll-Zusammenzählen der eingenommenen Markstücke während des Verkaufs der Armreifen in den fremden Klassen heraus.

Schließlich geht es darum, *keine Fehler beim Verkauf zu machen* und dem Ansturm der Kunden und Kundinnen gerecht zu werden, die alle ihre jeweilige Armreifenfarbe zuerst haben wollen, dann mit Sonderwünschen (z. B. Umtausch von Armreifen mit vorwiegend Perlenfüllung gegen gleichfarbige mit Goldsternfüllung) die Verkaufsgruppe manchmal in arge Handlungsbedrängnis bringen und Fragen über Fragen stellen.

l) Nach dem Verkauf wird immer wieder in Ruhe im Klassenraum Kassensturz und *Inventur* gemacht. Oft entscheiden sich einzelne Kunden und Kundinnen in der Verkaufssituation für eine andere Farbe, manche können sich auch nicht mehr an die bestellte Farbe erinnern, so daß oft noch Nachlieferungen erforderlich werden.

m) Von Mal zu Mal gewinnen die Kinder mehr Autonomie im *Verkaufsgespräch* und sind immer weniger auf die Hilfe ihrer Lehrerin angewiesen. Nach einiger Zeit können die Kinder sogar vereinzelte Nachbestellungen auf dem Schulhof entgegennehmen und die nachgefertigten Armreifen eigenständig weiterverkaufen. Das *Ergänzungsrechnen und das Lesen von Farbbezeichnungen* ist schon nach mehreren Klassendurchläufen kein Problem mehr. Einige Kinder versuchen sogar, *Farbwörter selbst aufzuschreiben.*

n) Zum Schluß ergibt sich in der Regel nicht nur eine positive Bilanz bei den Lernergebnissen, sondern auch in der Kasse. Da der Materialwert pro verkauftem Armreifen etwa 75 Pf beträgt, die Armreifen aber für 1 DM pro Stück verkauft werden, bleibt trotz gelegentlich auftretender Ausschußware genug Spannbreite für einen ansehnlichen Reingewinn, aus dem eine Klassenfahrt bezahlt werden kann.

3. Lernvoraussetzungen der Kinder zu „Konsum und Produktion"

Insbesondere Aussiedlerkinder und Kinder aus sog. weniger entwickelten Ländern haben Gefühle, minderbemittelt zu sein, wenn sie in die Konsumwelt westlich-europäischer Staaten kommen. Deshalb ist es sinnvoll, ein längeres Projekt zu starten, bei dem diese Kinder nicht von vornherein als die – bezogen auf Konsum – minderbemittelten Ostflüchtlinge dastehen, die aus der Sicht der hiesigen Kinder ohnehin in der Aneignung des „goldenen Westens" zurückgeblieben sind. Vielmehr können so exemplarisch die Konsumverhältnisse umgekehrt werden. Die Aussiedlerkinder können dabei über ein attraktives Konsumgut verfügen, das es ihnen ermöglicht, nicht als Bittstellende, sondern als Anbietende im marktwirtschaftlichen „El Dorado" aufzutreten.

Aber auch für Kinder nicht fremdkultureller Herkunft ist das hiesige Konsumsystem ein Problem. Schon früh verfallen viele Kinder dem Sog der Markenprodukte und der Konsumexpansion, ohne kritische Distanz wahren zu können. Auch für sie ist es von Bedeutung, einmal aktiv das Produktions- und Vermarktungssystem durchschaut zu haben.

Auch im Hinblick auf ein verändertes Geschlechterverhältnis sind einige wichtige Lernimpulse zu beobachten. Denn Mädchen können quasi kompensatorisch zur tradierten Sozialisation lernen, mit Spritzen umzugehen, während Jungen sich wie selbstverständlich mit dem Gedanken anfreunden können, sich mit einem Armreifen zu schmücken und das Schmuckstück der eigenen Wahl in der Schulöffentlichkeit zu präsentieren. Die Eigenständigkeit und Verschiedenheit der Geschlechter wird dann wieder durch die spezifischen Farbprioritäten dokumentiert: Mädchen wählen mehr die Farbtöne der Palette rosa / violett / rot / lila, während die Jungen für sich eindeutig die kalten Farben blau / türkis / grün bevorzugen.

Die Kinder müssen bei der praktischen Arbeit aufpassen, sich nicht zu verletzen. Dies ist bei einer 1. Klasse nach mehreren hundert produzierten Armreifen nicht vorgekommen, während im sonstigen Schulalltag ohne gezielte Aufmerksamkeit für eine Gefahrenquelle sehr wohl Verletzungen auch als Folge motorischer Entwicklungsdefizite auftreten. Die Anforderung der Massenproduktion schafft auch gleichzeitig erhöhte praktisch-technische Kompetenz.

4. Didaktische Überlegungen

Die wichtigste Intention bei diesem Unterrichtsvorhaben liegt darin, handelnd-verändernde Umwelterkundung projektgebunden mit dem Kulturtechnikenlernen zu verbinden. Daß dabei gleichzeitig ein wichtiger Schritt zur Integration – insbesondere der fremdsprachigen Kinder – in das Schulleben möglich wird, ist durch Praxiserfahrungen belegt. Das Erlernen von Kulturtechniken sollte in einem sinnvollen Handlungskontext erfolgen. Als Kulturtechniken lassen sich in diesem Projekt nicht nur Schreiben, Lesen und Rechnen fördern, sondern auch feinmotorisches und ästhetisches Handeln.

Im Armreifenprojekt ist es möglich, eine anfangsunterrichtliche Integration von handelndem Lernen beim Herstellen der Armbänder, mündlichem Sprachgebrauch in Realsituationen bei Werbe- und Verkaufsgesprächen in anderen Klassen sowie Lesenlernen und Rechnen anhand von Bestellzetteln zu ermöglichen. Die eigentlichen projektmäßigen Lernschritte beginnen nach Fertigstellen einer größeren Anzahl verschiedenfarbiger Armbandmuster.

Zusammenfassend kann gesagt werden, daß die Kinder eine Vielzahl an Kulturtechniken üben können:

Sie machen in deutscher Sprache Werbung für ihre Produkte, nehmen Bestellungen auf, kalkulieren den Verkaufspreis so, daß dabei noch ein Gewinn möglich ist. Der Erkenntnisgewinn im Sachgebiet Produktion und Konsum, der Zugewinn an Sprechkompetenz und die Versuche, Bestellungen zu verschriftlichen, sind jedenfalls sicher. Die verschiedenen Rechenoperationen werden aus der Situation heraus verständlich und bekommen für die Kinder einen Sinn. Dadurch werden schwierige unterrichtliche Versuche der Buchmathematik, den Kindern die geforderten Operationen überhaupt erst einmal verbal verständlich zu machen, überflüssig. Auch die beim Lesenlernen unumgänglichen häufigen Wiederholungen der ersten Lesewörter ist hier kein Problem. Denn es ist immer wieder erforderlich, auf den Listen nachzuprüfen, welche Farbe in welcher Häufigkeit gewünscht wurde.

Neben dieser integrierten Einführung des Kulturtechnikenlernens im Anfangsunterricht sind jedoch noch einige andere Dimensionen pädagogisch wertvoll:

Aussiedlerkinder und ausländische Kinder verlieren die Rolle der Bittstellenden, die ihre Eltern tagtäglich in den städtischen Ämtern, beim Arbeitsamt oder bei der Wohnungssuche ausüben müssen. Sie müssen nicht den flehentlichen Blick auf die einheimischen Kinder werfen, als gleich anerkannt zu werden. Vielmehr führt das attraktive Warenangebot dazu, daß hiesige Kinder Achtung vor der warenanbietenden Klasse bekommen.

Es müssen nicht künstlich Patenschaften mit deutschsprachigen Kindern eingerichtet werden, damit reale Kommunikationssituationen zur Übung der deutschen Sprache entstehen. Vielmehr ist das Armreifengeschäft derart faszinierend – und vom sprachlichen Schwierigkeitsgrad relativ begrenzt – , daß die anderen von sich aus ein Interesse entwickeln, die Kinder als Geschäftspartnerinnen und -partner zu achten.

Integration muß so nicht künstlich gefördert werden, sondern wird faktische Realität.

5. Handlungsanregungen

1. *Armreifenproduktion*

1) Es wird *Plastikschlauchmaterial* mit zwei verschiedenen Durchmesserstärken im Bastelgeschäft oder gut sortierten Gartenbedarfsmarkt *gekauft*, wobei der dünnere Schlauch nur einen geringfügig kleineren Durchmesser haben darf, so daß er gerade mit etwas Mühe in den dickeren hineinzustecken ist. Die kaum sichtbaren Größenunterschiede könnt Ihr schon beim Kauf ertasten und erproben.

2) Die Schläuche werden in *passende Stücke zugeschnitten*. Der mit dem größeren Durchmesser wird 18–20 cm lang geschnitten. Diese Größe ist für die Handgelenke von fast allen Kindern ein geeigneter Armbandumfang. Zum Schneiden mit Messern wird eine gute Holzunterlage gebraucht. Die Länge kann anfangs mit einem Musterstück abgemessen werden, später mit einem Lineal.

3) Die *dünneren Schläuche werden zu Stöpseln* in Stücke von 2 bis 3 cm Länge geschnitten. Der (ursprünglich auf großen Rollen aufgerollte) gebogene Schlauch muß in eine längliche Form entgegen seiner inneren Spannung zurechtgebogen werden, damit es relativ gerade geschnittene Stöpselstücke gibt.

4) Die *kleineren Stöpsel* müssen nun an der einen Seite ein wenig *in die Armreifenstücke hineingesteckt* werden.

5) a) Schneidet nun die gesammelten Aluminiumdeckel und das silberne „Schokoladenpapier“ in winzig kleine Stückchen!
b) Füllt Gläser mit Wasser und tunkt Kreppapier so lange hinein, bis es eine kräftige Färbung im Wasser gibt!

6) Im nächsten Arbeitsschritt werden verschiedene *Glitterstücke, Sternchen, fein geschnittene Reste von Silberpapier*, Schmelzgranulatstückchen und / oder winzige Perlen *in die Schläuche gefüllt*.

7) Das *gefärbte Wasser wird nun mit Spritzen aufgezogen* und vorsichtig in die beidseitig mit den Öffnungen nach oben gebogenen Schläuche gefüllt.

8) Laßt Euch beim Schließen der noch offenen Stelle helfen! Steckt den Stöpsel möglichst weit in den Armreifen hinein!

2. *Verkauf*

9) Sucht Kundschaft in anderen Klassen, schreibt die Bestellungen auf und bietet Eure Armreifen zum Verkauf an!

10) Rechnet aus, wieviel Armreifen Ihr in den verschiedenen Farben für Eure Kundschaft machen müßt!

11) Verkauft die Armreifen! Zählt das Geld! Rechnet aus, wieviel Ihr verdient habt!

6. Tips und Hinweise

1) Beim letzten Arbeitsgang, dem *Zusammenstecken der beiden Schlauchenden*, muß den Kindern meist geholfen werden. Erst nach mehreren Versuchen ist die Geschicklichkeit der Kinder im 1. Schuljahr so groß, daß sie auch diesen Arbeitsgang selbständig bewältigen können.

2) Die juristische Seite des Verkaufs in der Schule muß vor Beginn des Vorhabens abgeklärt werden.

7. Literatur

Oberliesen, R.:Sachunterricht und Arbeit und Produktion: Historisch-genetisches Lernen in der Grundschule. In: Die Grundschulzeitschrift 1. Jg. 1987, H. 5, S.6–10

3. Farbenspiel

1. Materialliste

1) *Das Geheimnis des Regenbogens*

Wasserschlauch, Wasseranschluß

2) *Murmelglas*

Glas mit Deckel, bunte Murmeln und transparente Glassteine, Wasser

3) *Farbenkiste*

Schirmmütze, Taschenlampe, Schuhkarton mit kleinem Guckloch auf der Vorderseite und mit verschiedenen Farbstreifen aus Glanzpapier auf der gegenüberliegenden Innenseite aufgeklebt (von gelb beginnend hin zu dunklen Farben) sowie einem Lichteinfallschlitz auf der Oberseite, der durch einen Pappstreifen mehr oder weniger geschlossen werden kann

4) *Zauberbild*

Blatt Papier mit aufgeklebtem, reflektierenden Vexierbild, z. B. alte Bahncard

5) *Sprechende Farbe*

Pappe mit einem aufgeklebten roten oder grünen Ampelbild

6) *Naturfarben*

Schachtel mit einer aus weißem Frotteestoff ausgeschnittenen Stoffigur als Beispiel, die mit Naturfarben gefärbt worden ist; weiße Stoffreste, Zwiebelschalen, frische grüne Blätter (Efeu, Gras), frischer Rotkohl, eingelegte und gut verschlossene rote Beete; Mörser und Pistill (oder kleine Porzellanschale und Überraschungsei oder alter Löffel)

7) *Farb-CD*

Karton mit einer CD und weiße Papierblätter

8) *Strahlende Farben*

Schachtel mit 2 reflektierenden Figuren (Rückstrahler)

9) *Bunter Farbkreisel*

bemalte runde Pappscheiben, unbemalte Pappscheiben, Zahnstocher aus Holz

10) *Verborgene Farben*

Schachtel mit Kreppstreifen, Löschpapierstreifen, Wasser, Schale, Filzstifte, evtl. Pipette

11) *Super-Brille*

alte Brillengläser (z. B. vom Augenoptikgeschäft), kleine bunte Bilder (ca. 4 cm × 4 cm), die mehrere Kinder gemalt haben

12) *Blinde Kuh*

Tuch zum Augenzubinden

13) *Farbpalette*

a) vorgefertigte Farbkarten aus Tonpapier (mit Fenster aus verschiedenfarbigem Transparentpapier in der Mitte), diverse ausgeschnittene Farbbilder

b) durchsichtiges (gesäubertes!) Bonbonpapier in verschiedenen Farben, transparente Prospekthülle

14) *Sterngucker*

„Kaleidoskop" aus: Küchenrolle, Transparentpapier, Tonpapier, dicker Stopfnadel, transparenten Objekten, Schmelzgranulat, Perlen, Silbersternchen, Gummiringen, Klebstoff

15) *Nachtdetektive*

Schwarzer Tonkarton mit aufgeklebten farbigen Quadraten aus Buntpapier, Deckfolie aus weißer unbedruckter Polyäthylen-Einkaufstüte, Tuch zum Verdunkeln beim „Draufgucken"

16) *Farben-Memory*

Weißer Pappkarton, Buntstifte, Klarsichtfolie

17) *Malen mit Steinfarben*

Tonscherben, längliche Kalksteine, Sandsteine und Buntsandsteine

18) *Klatschdruck*

Frühstücksbrettchen, Plaka- oder Fingerfarbe, Papier

19) *Kleister-Abdrucktechnik*

Papier, dickflüssiger Kleister, viereckige Plastikschüssel, Wasserfarben, Holzstäbchen (mögliche Allergien beachten!)

20) *Ping-Pong-Technik*

mehrere Tischtennisbälle, Papier, Fingerfarbe, Pinsel, ein abwaschbares Serviertablett mit Rand

21) *Wollfadenbilder*

verschieden dicke Wollfäden, Wasserfarben, Malpapier, Büroklammern

22) *Farbstudio*

viele Gläser mit Schraubdeckel, viele Kreppapierreste, Etiketten, um das Farbglas zu beschriften

23) *Farbensammlung: eine Farbe – viele Sorten*

Kataloge, Zeitschriften, Scheren

2. Unterrichtskurzskizze

a) Hausaufgabe, *etwas in der Lieblingsfarbe mitzubringen*, in der Morgenkreis-Ecke liegt ein großes Tuch, auf dem die Kinder ihre mitgebrachten Gegenstände ausstellen können.

b) Morgenkreis: raten (mit buntem Sprechstein in der Hand), *welche Lieblingsfarbe* jedes Kind hat;
– raten, welcher Gegenstand wohl dazugehört

c) – *Geschichte vom kleinen Gelb und dem kleinen Blau*
– die Kinder probieren, Farben zu mischen, um neue Farbtöne entstehen zu lassen
– *mit Wasserfarben experimentieren* und entdecken, welche Farbkombinationen z. B. grün, orange oder lila ergeben

d) Kreisgespräch:
– *Austausch der Erfahrungen mit dem Mischen* der Farben
– auf einem Plakat wird gemeinsam aufgemalt und beschrieben, welche „Misch-Gesetze“ es gibt

e) ein *Spiellied* mit Farben wird gesungen und gespielt, z. B. „Falle, falle, gelbes Blatt“ (In: Quartett (1. / 2. Schj.) Stuttgart: Klett, 1990) oder: „Grün, grün, grün, sind alle meine Kleider“

f) differenziert mit den Gegenständen aus der Materialkiste *experimentieren*, in Gruppen nach freier Wahl erforschen und entdecken

g) Sitzkreis: *Auswertung der Versuche*; Auswahl von Ergebnissen (z. B. selbstgebaute Farbkreisel, Kaleidoskope, Verfärbungen von Filzstiftfarbe) für den Ausstellungstisch im Flur treffen

h) Erlebnisse mit Farbe:
Heute ist *Gelbtag / Blautag / Grüntag* … Alle Kinder sollen gelbe (blaue oder grüne oder …) Kleidungsstücke tragen, der Klassenraum wird mit gelben Bändern / Bildern / Girlanden / Luftschlangen geschmückt; bei einem Unterrichtsgang wird auf die Farbe des Tages geachtet

i) Spielphase:
– *Ratespiel* „Ich sehe etwas, was du nicht siehst …“ (möglichst im Freien)

j) *Farbstudio* (Material 22): jedes Kind kreiert ein Glas mit einer eigenen Farbe, benennt die Kreation und stellt sie im Schulflur aus

k) *„Sprechende Farben“, Regeln im Klassenzimmer* werden durch Farbsymbole dargestellt (gelbes Blatt am Mülleimer = Achtung, kein Kompost hineinwerfen; blauer Farbkreis vor der Leseecke = bitte Ruhe)

l) *Experimente mit Werbeplakaten*: durch Verändern der Farben andere Wirkungen hervorrufen

m) *Mit Farbsteinen auf dem Schulhof Wegweiser* schreiben und malen („zur Turnhalle", „zur 1. Klasse", „zum Kompost", „zum Gemüsebeet der 3b", „zur Farbausstellung" ...)

n) *Färbereidienst wird für andere Klassen auf Plakaten angeboten.* Sein Ziel ist, mit Naturfarben alte, fleckige, aber sauber gewaschene weiße Socken, die sonst nicht mehr getragen werden, neu einzufärben.

o) *Ideen sammeln*, was noch alles mit Licht und Farben ausprobiert werden kann

p) Als Weiterführung kann eine *größere Farbenausstellung in der Schule* geplant werden

3. Lernvoraussetzungen der Kinder zur Thematik Farbe

In jedem Augenblick seines Lebens und überall begegnen dem (sehenden) Kind Licht und Farben. Wir sind weder abhängig von einer bestimmten Zeit des Jahres oder des Tages, noch von einem konkreten Raum oder einer bestimmten Umgebung. Jede Umgebung bietet uns zahlreiche Situationen und Reize, dieses Thema aufzugreifen. Lieblingsfarben werden von Kindern schon im frühen Vorschulalter herausgebildet und sind Teil des individuellen Ausdrucks.

In der Natur finden Kinder eine besonders reichhaltige Auswahl an Farben. Das Angebot reicht vom klaren Gelb einer Sonnenblume über die vielen Nuancen im Farbenspiel des Grüns von Blattwerk in Bäumen bis zu den unendlich vielen Braun-Gelb-Tönen der Erde.

Farben entscheiden darüber, ob wir etwas schön oder häßlich empfinden. Wir dürfen nicht vergessen, daß dieses vordergründig so abstrakt und intellektuell klingende Thema außerordentlich starke emotionale Aspekte beinhaltet.

Farben sind aber auch Merkmale, die uns die Dinge unserer Welt unterscheiden, ordnen und benennen lassen.

Auch das Licht gehört zu den Urerfahrungen des Kindes, sobald es das „Licht der Welt" erblickt hat. Licht ermöglicht es uns, die Welt um uns herum zu sehen und zu erkennen und öffnet den Zugang zur Welt – zu den Menschen, zur Natur, zu den Formen und Farben, zu ihrer Gestalt und unverwechselbaren Schönheit. Fast alles in Natur und Kultur braucht das Licht, um wachsen und sich entfalten zu können. In unterschiedlicher Intensität sind Menschen, Pflanzen und Tiere im Ablauf der Jahreszeiten dem Licht ausgesetzt und ziehen einen Teil ihrer Lebensenergie aus dessen Vorhandensein.

4. Didaktische Begründungen

Kinder im Grundschulalter sind noch sehr intensiv damit beschäftigt, sich die Welt zu erschließen, sie für sich zu entdecken. Gerade die Thematik „Licht und Farben" bietet vielerlei Möglichkeiten, zu experimentieren und neue Erfahrungen zu machen.

So können die Kinder auf interessante Weise Eigenschaften von Farben kennenlernen, Farben als Stimmungsträger wahrnehmen und die Fähigkeit entwickeln, das Licht als elementare, ursprüngliche Lebenskraft zu erleben. Sie erfahren durch Tun oder Beobachten, daß Farben sich verändern können, daß es eine Vielfalt von Lichterscheinungen (Sonne, Regenbogen, etc.) gibt und die ganze Welt ohne Licht und Farben nicht erkennbar wäre.

Wenn wir auf die Erfahrungen der Kinder aufbauend vielfältige Situationen schaffen, in denen sie diese wiederentdecken, erweitern und weiterentwickeln können, tragen wir dazu bei, daß sie die helle, farbige Welt besser verstehen, ihre eigenen Empfindungen und Wahrnehmungen differenzieren und ästhetische Gestaltungskompetenz gewinnen.

Farben werden vielfach zur politischen und kommerziellen Werbung eingesetzt. Deshalb ist es für eine aktive Lebensbewältigung von außerordentlich hoher Bedeutung, daß Kinder die Wirkung und Bedeutung von Farben verstanden haben und damit selbständig handeln können. Im aktiven Umgang mit Farben können Kinder ihre farbig geprägte Welt aktiv verändern. In dieser Hinsicht liegen wichtige Selbstentfaltungsmöglichkeiten in der Thematik Licht / Farbe verborgen.

5. **Handlungsanregungen** (vgl. Materialliste)

1) *Das Geheimnis des Regenbogens*

Schließe den Wasserschlauch bei Sonnenschein an!
Gieße mit dem Wasserstrahl Pflanzen im Schulgelände!
Laß das Wasser so spritzen, daß die Sonne von hinten auf den Wasserstrahl einfällt!
Beobachte das Wasser genau!
Wie mußt Du den Schlauch halten, damit Du einen Regenbogen sehen kannst?

2) *Murmelglas*

Fülle Wasser in das mit den Kugeln und Glassteinen gefüllte Glas! Schaue die Kugeln und Glassteine von der Seite und von unten an! Male, was Du siehst!

3) *Farbenkiste*

Schiebe den Lichtspalt am Deckel des Kartons auf! Schaue durch die Öffnung an der Vorderseite! Welche Farben kannst Du sehen? Schließe nun langsam den Spalt und beobachte dabei, welche Farben lange sichtbar bleiben! Welche Farben verschwinden zuerst? Wann siehst Du nichts mehr?
Lege nun eine Taschenlampe in den Karton! Leuchte die Farben an! Siehst Du sie alle? Drehe die Taschenlampe zu Dir! Erkennst Du alle Farben?
Schaue durch die Schirmmütze in den Karton!

4) *Zauberbild*

Halte das Blatt mit dem Zauberbild ans Licht! Wieviele Bilder erkennst Du auf dem Zauberbild?

5) *Sprechende Farben*

Farben können sprechen! Das Rot der Ampel sagt: „Stehenbleiben!" Das Blau von Verkehrsschildern sagt: „Das darfst Du!" Sprich mit anderen Kindern und sucht gemeinsam Beispiele!
Male die Farben auf und schreibe daneben, was sie bedeuten! Schneide Beispiele von sprechenden Farben aus, klebe sie auf Pappe / Papier und lasse andere die Bedeutung auf die Rückseite schreiben!

6) *Naturfarben*

Die Stoffigur in der Schachtel ist mit Holunderbeeren- und Birkenblättersaft gefärbt.
Schneide eine Figur aus Stoff aus!
Mit dem Pistill und dem Mörser (auch mit Schüssel und Löffel) kannst Du aus Früchten und Blättern Saft zum Färben pressen!
Versuche selbst, eine mehrfarbige Stoffigur herzustellen!

7) *Farb-CD*

Nimm die CD in die Hand! Laß Licht einfallen! Schaue Dir die Farben auf der CD an! Male die Farben auf ein Blatt Papier!

8) *Strahlende Farben*

Halte die Figur ins Licht! Welche Farben kannst Du sehen?

9) *Bunter Farbenkreisel*

Stecke den Holzspieß durch das runde mit Farben bemalte Papier (Mitte!)! Drehe die Pappscheibe schnell! Welche Farben entstehen neu? Hast Du Lust, selber eine Pappscheibe zu gestalten?

10) *Verborgene Farben*

Male mit einem Filzstift einen großen Punkt mitten auf das Löschpapier!

a) Halte den Papierstreifen vorsichtig etwa 2 cm ins Wasser! Laß die Farbe auf den Löschpapierstreifen mit Wasser verlaufen! Was kannst Du beobachten?

Strahlende Farben

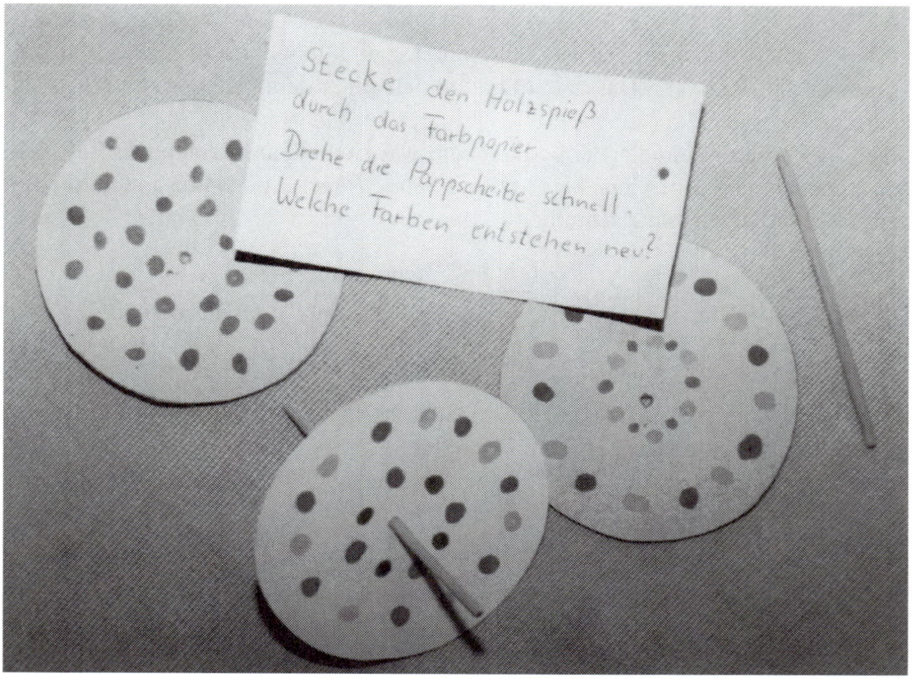

Bunter Farbkreisel

Farbpalette

b) Probiere auch, mit einer Pipette Wassertropfen auf den Farbpunkt zu tröpfeln! Beobachte die Ergebnisse!

11) *Super-Brille*

Betrachtet die kleinen Bilder durch die Gläser! Geht auch nach draußen! Haltet die Gläser mal weit und mal nah an die Augen!
ACHTUNG: Schaut nicht direkt in die Sonne!

12) *Blinde Kuh*

Laß Dir die Augen verbinden! Gehe durch den Raum! Die Kinder rufen Dir zu, welche Farbe in der Nähe ist. Wie ist es, nichts zu sehen?

13) *Farbpalette*

Diese Karten sollen Dir helfen, die Farben besser kennenzulernen.
Schau Dir die Farben genau an! Es ist wichtig, daß Du die Karten an das Fenster hältst oder ins Licht.
Suche Deine Lieblingsfarben heraus und auch die, die Du weniger magst! Versuche eine Reihe zu bilden! Die hellste Farbe soll am Anfang liegen und die dunkelste am Ende! Benenne die einzelnen Farben mit Namen! Lege immer zwei Farbkarten übereinander und sage, welche Farben neu entstehen! (Nicht vergessen: Die Farben immer gegen das Licht halten!)Schaue Dir den Farbkreis an! Welche zwei Farben kannst Du übereinander legen, so daß

- orange
- violett
- grün entsteht?

Suche Dir im Raum fünf oder mehr Gegenstände aus, und benenne ihre Farben!

14) *Sterngucker*

Nimm eine lange Küchenpapierrolle, lege zunächst um das eine Ende Transparentpapier als Boden und befestige es gut mit einem fest um die Rolle schließenden Gummiring! Fülle nun allerhand kleine durchsichtige Dinge, Perlen, Sternchen und Schmelzgranulat so in die verschlossene Röhre, daß etwa die Hälfte des Bodens bedeckt ist. Nun schließe die vordere Seite der Röhre mit Tonpapier, das Du wiederum mit Klebstoff oder Gummi festmachst. Stich mit der Nadel in die Mitte des Tonpapiers ein Guckloch!
Halte das Kaleidoskop gegen das Licht und schaue hindurch! Was siehst Du?
Versuche nun, das Kaleidoskop beim Durchschauen zu drehen!
Was siehst Du dabei?

15) *Nachtdetektive*

Verdunkle Deinen Guckkasten! Schaue Dir die Farben auf dem schwarzen Papier an! Welche Farben kannst Du erkennen, wenn es rundherum dunkel ist?
Mache ein Nebelbild und lege die milchig-weiße Folie über die Farben!
Welche Farben kannst Du bei Nebel noch sehen?

16) *Farben-Memory*

Schneidet aus dem Pappkarton 24 Kärtchen in gleicher Größe aus! (Seitenlänge ca. 5 cm)
Malt jeweils 2 Kärtchen auf einer Seite mit der gleichen Farbe an!
(Der längeren Halt- und Strapazierfähigkeit wegen werden die Kärtchen mit Klarsichtfolie überzogen!)
Nun könnt Ihr damit Farben-Memory spielen.

17) *Malen mit Steinfarben*

Suche einen Stein aus! Probiere, ob Du damit auf dem Schulhof gut malen kannst! Male damit etwas Schönes auf den Schulhof! Schreibt Wegweiser auf den Schulhof!

18) *Klatschdruck*

Malt auf das Frühstücksbrettchen mit der Plaka- oder Fingerfarbe zügig ein Muster oder Bild oder auch nur Farben! Diese „Druckplatte" wird nun auf Papier gedruckt! Sind durch die Verquetschungen neue Farben entstanden?

19) *Kleister-Abdrucktechnik*

Füllt den dickflüssigen Kleister in eine Plastikschüssel, so daß der Boden bedeckt ist! Auf den Kleister gebt Ihr bunte Wasserfarbe! Nun malt Ihr mit dem Holzstäbchen ein Muster auf die Kleisteroberfläche! Anschließend legt Ihr ein Blatt Papier vorsichtig auf die Kleisteroberfläche und hebt es langsam ab! Was könnt Ihr beobachten?

20) *Ping-Pong-Technik*

Auf die Tischtennisbälle tragt Ihr mit einem Pinsel Farbe auf. Ein Blatt Papier wird auf das Serviertablett gelegt. Nun können die Tischtennisbälle auf diesem Tablett hin- und hergerollt werden. So zaubert Ihr viele bunte Farbstraßen!

21) *Wollfadenbilder*

Ihr tränkt verschieden dicke Wollfäden mit Wasserfarbe und legt sie zwischen zwei weiße Blätter, so daß die Enden an den Papierrändern herausschauen! Nun zieht Ihr an den Fadenenden in verschiedene Richtungen! Dabei müßt Ihr darauf achten, daß die beiden Papiere genau übereinanderliegen und sich nicht verschieben! Befestigt das Papier mit den Büroklammern! Welche Muster sind entstanden?

22) *Farbstudio*

Fülle Wasser in Dein Glas! Halte einen oder mehrere Kreppapierstreifen kurze Zeit ins Wasser! Warte, bis die Farben sich durchmischt haben! Nun erfinde einen Namen für Deine selbsterfundene Farbe und schreibe den Namen auf ein Etikett! Du kannst auch ein Werbungsbild für Deine Farbe auf das Etikett malen!
Macht eine Ausstellung von Euren Farben!

23) *Farbensammlung: eine Farbe – viele Sorten*

Suche in Katalogen nach Deiner Lieblingsfarbe! Schneide alle Bilder aus! Versuche, mehr als 20 verschiedene Arten von Deiner Lieblingsfarbe zu finden! Versuche, die verschiedenen Farben in einer Reihenfolge zu ordnen, stelle sie auf dem Ausstellungstisch aus! Vergleiche sie mit der Farbensammlung der anderen Kinder!

6. Tips und Hinweise

1) Möglichst alte Hemden o. ä. als „Forschungskittel" überziehen, damit die Kleidung vor Farbklecksen geschützt wird!

2) Das gesamte Projekt mit dem Fotoapparat festhalten und anschließend eine Ausstellung machen.

3) Evtl. einen „Farbentag" durchführen, an dem alle Kinder z. B. nur grüne Kleidung tragen und eine grüne Mahlzeit zubereiten aus Salat, grüner Götterspeise und Pfefferminztee! (Ideal auch für das Faschingsfest geeignet!)

4) In der Leseecke Bücher zum Thema bereitlegen („Das kleine Blau, das kleine Gelb", „Frederick", „Pezzettino", „Der rote Luftballon", „Der kleine Nerino" – siehe Literaturverzeichnis!)

5) Vorsicht bei Kleisterallergien! Die Haut kann sich von den Fingern ablösen.

7. Literatur

a) für Lehrkräfte

- Bausteine Kindergarten: Vom Zauber des Lichts. Heft 4, 1989
- Bausteine Kindergarten: So eckig, so rund, so gelb und so bunt. Heft 2, 1990
- Praxis Grundschule: Sehen / Optische Täuschung. H. 1, S.17 -22, 1982

b) für Kinder

- Galler, H.: Der kleine Nerino. Salzburg / München: Neugebauer, 1989
- Heller, E.: Die wahre Geschichte von allen Farben. Für Kinder, die gerne malen. Oldenburg: Lappan, 1994
- Highland, J.: Licht und Farben. (Reihe: Was ist was?). Nürnberg: Tessloff, 1985
- Lamorisse, A.: Der rote Luftballon. Ismaning: Eugen Diederichs Verlag, (seit 1982 vergriffen)
- Lionni, L.: Das kleine Blau und das kleine Gelb. Hamburg: Oetinger, 1962
- Lionni, L.: Pezzetino. Köln: Middelhauve Verlag, 1977
- Lionni, L.: Frederick. München: Middelhauve Verlag, 1967

c) Spiele

- „Bunte Ballons" (Ravensburger)
- „Farben-Domino" (Mertens-Kunst)
- „Tempo, kleine Schnecke" (Ravensburger)
- „Quips" (Ravensburger)

4. Feuer und Flamme

1. Materialliste

1) *Urzeitfeuer*

Holzscheite mit Mulde aus Holz, (z. B.) Holzstock, Heu, Stroh, Lupe

2) *Forschungsschachtel*

Streichhölzer, Kerzenhalter, Kerze, Wachsreste, Wattebäusche, Büroklammern, Walnußschalen, Steine, trockene Pflanzenteile, Papier, Glasscherben, Holz, Tiegelzange, Topf mit Sand

3) *Flamme*

Kerzenhalter, Kerze, Streichhölzer, ein Packen Kartonpappe, Buntstifte, große weiße Papierbögen, schwarzes Tonpapier, beschichtetes weißes Papier

4) *Feuer löschen*

mehrere Kerzen und Kerzenhalter, verschieden große Gläser

5) *Historisches Löschen*

großer Topf mit Sand, Zeitungspapier, dünne trockene Zweige, Holzstäbe, Lehm, Fahrradpumpe, kleiner Eimer, alles möglichst zweifach, Bilder einer mittelalterlichen Stadt, Wasser, Bild eines mittelalterlichen Fachwerkhauses
Lied: In London brennt es (vgl. 2.k)

6) *Feuerlöscher*

gefüllte Sprudelflasche, Winkelrohr mit Spritzdüse

7) *Kerzenfabrik*

Dochte aus Bastelladen, viele Wachsreste, Wachsgranulat, Walnußschalen, Eierschalen, kleine Blumentöpfe, kleine leere Konservendosen, Topf, Heizplatte bzw. heißes Wasser, Tiegelzange, evtl. Wäscheklammern

8) *Südseefeuer*

Kokosnußschale, getrocknete Palmwedel (vom Zimmerpflanzengeschäft), Holzstab oder Ast, Messer

9) *Springflamme*

Kerze, Streichhölzer

2. Unterrichtskurzskizze

a) *Kerzenmeditation*

– dabei Beachtung der unterschiedlichen Farben der Flamme, deren Bewegung, der Stimmung, die Kerzenlicht ausstrahlt, der Assoziationen, die Menschen dabei haben;

bei dieser Gelegenheit können auch Rituale wie das Anzünden von Geburtstags- oder Frühstückskerzen eingeführt werden.

b) *Feuer malen* und über die verschiedenen Varianten im Sitzkreis sprechen, z. B. Kerzen, Lagerfeuer, Tannenbaum, Feuerwerk, Gasofen, Kamin, Laterne, Zigarette, Osterfeuer, ...

c) *Klassenversuch: Feuer selber machen*

Dieser und auch alle anderen Feuerversuche sollten nach Möglichkeit im Freien durchgeführt werden, um Gefahren zu vermeiden. Die Kinder sollten trockenes Gras sammeln und zunächst der Reihe nach in Gruppen versuchen, wie die Steinzeitmenschen Feuer zu machen.
Bei entsprechendem Wetter können sie auch versuchen, mit der Lupe das Gras zu entzünden.

d) Unterrichtsgespräch: *wie die Menschen Feuer allmählich kontrollieren konnten* (Feuer durch Blitze, durch Reibung von Holzstücken, durch Feuersteine ...) und welche Funktionen Feuer hatte (Schutz, Wärme, Essenzubereitung).
– Geschichten in Gruppen zum *Feuer in der Steinzeit* erfinden und der Klasse erzählen

e) *Gefahrenhinweise:*

Bevor mit weiteren Versuchen fortgefahren wird, sollte unbedingt auf die Gefahren hingewiesen werden, die Feuer in sich birgt.
Die Kinder können von Bränden erzählen und sich gegenseitig über den Umgang mit Feuer belehren. Zum Schluß können sie aufgefordert werden, Zeitungsartikel zum Thema zu sammeln.

f) *Versuche: Was brennt*? (Forschungsschachtel)

Dazu können die Kinder selber weitere Materialien sammeln und nacheinander erforschen, ob „ihr" Material brennt. Gleichzeitig kann auch versucht werden, Funken mit der Südseemethode (vgl. 5.8) herzustellen und evtl. ein Feuer zu machen.

g) Intensive *Flammenbeobachtung in Gruppen*

Die Kinder sollen herausfinden, wo die Flamme einer Kerze am heißesten ist. Sie sollen in der Gruppe versuchen, mit Buntstiften ganz genau eine Flamme zu malen und diese dazu immer wieder beobachten. Mit schwarzem Tonpapier kann die Umgebung der Flamme verdunkelt werden. Mit beschichtetem weißen Papier kann eine „Rußschrift" gemacht und probiert werden, welche verschiedenen Schichten die Flamme hat – an dieser Stelle kann geklärt werden, weshalb Flammen unterschiedliche Farben und unterschiedliche Wärmezonen haben und weshalb Kerzen kleiner werden. Zuerst werden jedoch die verschiedenen Flammenbilder verglichen und gemeinsam im Gespräch am Beispiel einer noch brennenden Kerze geprüft.

h) Gruppenversuch: *Feuer löschen*

Die Kinder sollen im anschließenden Austausch erkennen, daß Sauerstoff für den Verbrennungsvorgang nötig ist. Vielleicht haben sie die Idee, daß Ersticken eine Löschmethode ist. Weitere Möglichkeiten des Löschens werden erprobt und diskutiert.

k) Feuer im Mittelalter:

Lied: „In London brennt es“ pantomimisch spielen und als Kanon aufführen.

Gespräch über die Brandprobleme im Mittelalter anhand eines Bildes

Darstellende Spielszenen: Feuer im Mittelalter

Gemeinsamer Versuch auf dem Schulhof

Bevor die Klasse nach draußen geht, sollte auf die großen Gefahren hingewiesen werden, die ein Feuer in einer mittelalterlichen Stadt bedeutet hat (schlechte Löschgeräte, Bauweise). Vielleicht kann sogar auf einen Brand in der eigenen Stadt eingegangen werden.

Auf dem Schulhof werden zwei Holzhaufen aufgerichtet. Wenn das Feuer gut lodert, beginnt das Löschen.

Beim Löschen mit der Luftpumpe / mit Sand / mit Wasser sollen die Kinder nachvollziehen, wie schwierig die Brandbekämpfung früher war.

– Pantomimisch und als Rollenspiel das Löschen in einer mittelalterlichen Stadt vorführen.

m) *Feuerlöscher*

– Nachbau eines modernen Löschgeräts und Diskussion

n) *Feueralarm*

Es bietet sich an, einen echten Probealarm (mit Sirene) zu inszenieren.

o) *Kerzen gießen*

p) Besuch bei der örtlichen *Feuerwehr*

q) *Abendwanderung mit Lagerfeuer*

Gemeinsam mit den Eltern über offenem Feuer Kartoffeln rösten

r) *Geräusche bei einem Kamin- oder Lagerfeuer auf Instrumenten* (aus Müll hergestellt, s. u.) imitieren

3. Lernvoraussetzungen der Kinder zur Thematik Feuer

Neugier und risikohafte Entdeckerlust animieren Kinder immer wieder zum Spiel mit dem Feuer. Da Feuer als faszinierendes Element viele ansprechende Reize für Kinder hat, ist dies ein wichtiger Erfahrungsbereich. Gleichzeitig bietet jedes Feuer für Kinder auch sinnfällig Veränderung. Beim Umgang mit Feuer gehen viele Kinder spontan entdeckerisch vor. Sie probieren, die Hand über die Kerzenflamme zu halten, kneten oft intensiv an fast flüssigen Kerzenresten herum oder zündeln. Hier können physikalische Aspekte ebenso angesprochen werden wie soziale, die auf den Aufbau einer bewußten verantwortungsvollen Haltung abzielen. Gleichzeitig birgt der Umgang mit Feuer auch Risiken mit sich. Diese Gefahren sollten nicht unterschätzt werden.

Häufig vorkommende Kinderfragen zum Thema Feuer hat Christiane Menz für eine dritte Grundschulklasse notiert:

„Wie entsteht Feuer? Welche Temperatur hat Feuer? Warum ist Feuer heiß? Warum raucht Feuer? Wieso ist Feuer bunt? Warum wird die Flamme bei Zug größer? Warum braucht Feuer Sauerstoff? Was ist nötig, damit Feuer brennt? Wie brennen verschiedene Stoffe? Wie brennt ein Feuerwerk? Gibt es etwas, das nicht brennt? Wie wurde das Feuer entdeckt? Wie haben die Menschen in der Steinzeit Feuer gemacht? Wie haben die Indianer Feuer gemacht? Wie macht man ein Lagerfeuer? Wie läßt sich mit einer Lupe Feuer machen? Wie funktioniert ein Feuerzeug? Wie wurden Feuerzeuge hergestellt? Wie werden Streichhölzer hergestellt? Wieso entstehen Funken, wenn man Feuersteine gegeneinanderschlägt? Wie kommt es, daß durch Reibung Feuer entsteht? Wie läßt sich Feuer löschen? Wozu ist die Feuerwehr da? Welche Aufgaben hat ein Feuerwehrmann? Was gehört zu einem Feuerwehrauto? Wie funktioniert ein Feuerlöscher?“ (Menz 1981, 169).

4. Didaktische Kurzbegründung

Feuer ist nicht nur ein subjektiv faszinierendes Element, sondern hat grundlegende gesellschaftliche Bedeutung als ursprünglicher Energieträger. Für den Wärmeschutz der Menschen, die Nahrungszubereitung sowie die Entwicklung sozialer Strukturen menschlicher Produktivität spielte das Feuer eine essentielle Rolle. Feuer ist wegen seiner unmittelbaren Veränderungswirkung auch ein sinnlich anschauliches Element der Umwandlung von Naturphänomenen und -prozessen. Gleichzeitig ist Feuer ein Verbindungsmoment zwischen magisch-mythischen Bedeutungsschichten und naturwissenschaftlich zu erkennenden Vorgängen.

Hier werden Materialien angeboten, die die inhaltlichen Voraussetzungen zum Verstehen des Brennvorgangs, der Brennstoffe und auch möglicher Gefahren bereitstellen sollen. Diese Kenntnisse können auch dazu genutzt werden, das Thema in die Sicherheitserziehung mit einfließen zu lassen. Hierzu sind ebenfalls Materialien zu Löschversuchen vorhanden. Die Kiste ist mit dem Gedanken zusammengestellt, Kinder für den Umgang mit Feuer zu sensibilisieren. Aufklärung und Gefahrentraining sind wichtiger und effektiver als Verbote.

5. **Handlungsanweisungen** (vgl. Materialliste)

1) *Urzeitfeuer*

Probiert, wie die Steinzeitmenschen Feuer zu machen! Reibt den Stab in der Mulde bis ein Funken entsteht und entzündet damit das Gras! Versucht auch, mit der Lupe Feuer zu machen!

2) *Forschungsschachtel*

Probiert, was brennt! Zündet ein Feuer an! Haltet die verschiedenen Materialien mit der Tiegelzange in die Kerzenflamme und legt sie dann im Topf ab!

3) *Flammen*

Zünde eine Kerze an! Beobachte die Flamme! Wieviele Farben hat sie? Lege schwarzes Tonpapier dahinter! Ziehe Schuhkartonpappe oder ein weißes Papier kurz durch die Flamme! Wo ist die Flamme am heißesten? Mache Rußbilder!
Führe die Pappe an verschiedenen Stellen schnell durch die Flamme und schau sie Dir danach an!

4) *Feuer löschen*

Stellt die kleinen und die großen Gläser über die brennenden Kerzen! Was passiert? Ihr könnt bei diesem Versuch auch die Zeit stoppen und eine Tabelle machen!

5) *Historisches Löschen*

Stellt Holzstäbe als Beispiel für Fachwerk auf den Boden! Legt dazwischen ein Flechtwerk aus Zweigen! Rührt Lehm mit wenig Wasser an und füllt die Zwischenräume mit Lehm aus! Laßt Eure „Fachwerkhauswand" trocknen! Stellt noch eine (kaputte) Holzschüssel als Beispiel für die Wohnungseinrichtung dahinter!
Bereitet nach mehreren trockenen Tagen dicht neben Eurem „Fachwerkhaus" im Topf ein Feuer vor!
Entzündet Zeitungspapier in dem Topf und versucht, das Feuer zuerst mit einer Luftpumpe zu löschen, dann mit einem Eimer Wasser!

Historisches Löschen

Klassenversuch:
Feuer selber machen

6) *Feuerlöscher*

Öffnet die Flasche und setzt das Winkelrohr auf, so daß die Öffnung luftdicht verschlossen ist! Versucht nun, damit Feuer zu löschen!

7) *Kerzenfabrik*

Stellt die Dosen in heißes Wasser und laßt darin das Wachs schmelzen! Mit der Tiegelzange könnt Ihr die Dosen greifen und das Wachs in die verschiedenen Behältnisse gießen. Ein Kind muß dabei immer einen Docht senkrecht von oben bis unten hineinhalten. Es ist bequemer, wenn der Docht an einer Wäscheklammer befestigt wird und von oben gerade in die Wachsmasse hineingesteckt wird. Vorsicht: Geschmolzenes Wachs ist sehr heiß!

8) *Südseefeuer*

Ritzt eine Kerbe in den Holzstab! Nun nehmt Palmstroh in beide Hände und reibt damit ganz schnell über der Kerbe hin und her! Haltet Fasern der Kokosschale in die Funken!

9) *Springflamme*

Zünde eine Kerze mit einem Streichholz an! Lösche das Streichholz und beobachte die Flamme! Zünde das nächste Streichholz an! Puste dann die Flamme aus! Halte sofort das brennende Streichholz neben den Kerzendocht! Beobachte, was passiert!

10) *Feuer in der Zeitung*

Sammelt Zeitungsartikel zum Thema Brände!

6. Tips und Hinweise

1) Es sei deutlich darauf hingewiesen, daß die Versuche mit offenem Feuer im Freien stattfinden sollen. Um auf gefährliche Situationen vorbereitet zu sein, sollten stets ein großer Topf mit Sand, eine Löschdecke und ein Wassereimer bereitstehen.

2) zu Südseefeuer: die trockenen Fasern der Kokosnuß dicht an die Funken halten, damit sie sich entzünden können!

3) Heißes Wachs ist gefährlich, denn Kinder könnten sich sehr schnell daran verbrennen.

7. Literatur

a) für Lehrkräfte:
- Faraday, M.: Die Naturgeschichte einer Kerze. Bad Salzdetfurth: Franzbecker Verlag, 1979
- Kremer, A. / Stäudel, L.: Baustein „Feuer". Soest: Landesinstitut für Schule und Weiterbildung, 1992
- Knoll, C.: Entdeckungsreise. Feuer und Wasser. Stuttgart: Klett 1994
- Menz, C.: Umgang mit Feuer. In: Köhler, B. / Schreier, H. (Hg.): Sachunterricht Natur 1–4. München: Urban & Schwarzenberg, 1981 (S. 163–180)
- Grundschulmagazin / Lehrer Journal 11 / 88, 12 / 88, 1 / 89

b) für Kinder:
- Mai, M.: Die Feuerwehr. (Reihe: Was ist was?). Nürnberg: Tessloff, 1993
- Scarry, H.: Die Feuerwehr ist da. München: Delphin-Verlag, 1989
- Veit, B. / Wolfrum, C. (Hg.): Vulkane. Ravensburg: Otto Maier, 1990

5. Haustierträumereien

1. Materialliste

1) *Erzählstein*

schön geformter Stein

2) *Haustiermemory*

36 Pappquadrate und Tierbilder (aus Zeitschriften, Werbeprospekten und alten Büchern, von der Klasse vorher gesammelt) zum Aufkleben

3) *Hufeisenspiel*

altes Hufeisen mit passenden Hufnägeln

4) *Tierfutterunterscheidungsquiz:*

verschiedene Futterarten z. B. Fischfutter, Hamsterfutter, Hundefutter, usw.

5) *Tierfutterfabrik*

Schüsseln, Löffel, Messer, Schneidebrett, Kartoffeln, Heu, Stroh, Körner, getrocknete Blätter, „Unkrautwurzeln“

6) *Tierfiguren*

verschiedene Tierfiguren aus Plastik oder Holz

7) *Haustierpuzzle*

Pappe mit aufgeklebtem Tierbild oder Tierfoto – als Puzzle in verschiedene Teile zerschnitten

8) *Tierstimmenerforschen*

Kassette mit Tierstimmen (können auch von den Kindern in der Vorbereitungsphase nach und nach aufgenommen werden)

9) *Tierbehaarungen*

verschiedene Haare, Federn oder Felle von Tieren

10) *Tiermodellierung*

Knetmasse

2. Unterrichtskurzskizze

a) Die Kinder erzählen einander im Sitzkreis, welche *Erfahrungen sie mit Haustieren* bereits gemacht haben (Erzählstein!). Die Kinder dürfen von ihren Erlebnissen mit (eigenen) Haustieren erzählen.

b) Sammlungsphase

Gemeinsam wird in den nächsten zwei Wochen das *Wissen der Kinder zusammengetragen*, es werden Bilder gesammelt, Tierstimmen aufgenommen, Tierbehaarung gesammelt, Fragen notiert, Wissensbereiche systematisiert.

c) Streicheltage:

Jeweils ein Haustier wird von einem Kind an einem Tag in die Klasse mitgebracht. Alle Kinder dürfen die Besitzerin / den Besitzer fragen, wie das Tier lebt; nicht beantwortete Fragen werden im Fragenbuch notiert.

d) *Kinderfragen sammeln*:

Einige Fragen, die Kinder in Bezug auf das Thema Haustiere beschäftigen, könnten sein:

Was fressen die verschiedenen Haustiere?
Wo und wie wohnen die Tiere am liebsten?
Wie alt werden die verschiedenen Tiere (Tierarten)?
Welche Tierkrankheiten können sie bekommen?
Was muß ich beim Umgang mit meinem Tier beachten?
Wie lebte das Tier als wildes Tier?

Diese oder ähnliche Fragen treten häufig auf und sollten, so gut es geht, durch die Erfahrungen, die Kinder während der Unterrichtseinheit sammeln, beantwortet werden. Die Fragen werden – nach Tieren geordnet – auf großen Wandzeitungen (oder in „Fragebüchern") notiert, damit die Kinder in der differenzierten Arbeit die Gelegenheit haben, ihre (Teil)antworten darauf festzuhalten.

e) Gruppenarbeit:

Die Kinder sollen sich in Wahlgruppen für ein bestimmtes Haustier zusammenfinden. Jede *Haustiergruppe soll für das „eigene" Tier möglichst viele Informationen* auf der Wandtafel zusammentragen. Außerdem soll eine Mappe, „Katzenmappe", „Pferdemappe", „Hundemappe", „Goldhamstermappe", etc. für die anderen Kinder der Klasse fertiggestellt werden, damit auch diese später in der Leseecke mehr über das Tier erfahren können.

f) *Berichtstag*:

Die Gruppen stellen ihre Ergebnisse vor. Dazu sollten möglichst die entsprechenden Haustiere in den Unterricht geholt oder im Film gezeigt werden.

g) *Differenzierte Arbeitsphase*:

Alle Kinder können gruppenweise an den verschiedenen *Stationen (s. Handlungsanweisungen)* arbeiten oder sich mit Tierbüchern beschäftigen. Dabei bekommen sie auch viele Informationen über andere Haustiere.

Sie können auch die Fragen auf der Wandzeitung weiter verfolgen und außerschulische Interviews mit Expertinnen und Experten machen.

Es ist sehr wichtig, daß die Kinder versuchen, auf ihre Fragen selbst Antworten zu finden, indem sie in Büchern nachschlagen, andere fragen oder bei Tierspezialistinnen oder Tierspezialisten (z. B. im Zoo oder im Tierhandel) nachfragen.

h) *Vom Wildtier zum Haustier*:

Teilt die Klasse in zwei Gruppen auf! Die eine ist die Wildtiergruppe, die andere ist die Haustiergruppe. Schreibt für Eure Tiere *Erlebnisgeschichten* auf! („Das kleine Wildpferd"; „Im Wolfsrudel"; „Die schnelle Wildkatze" … oder „Harro – der Schäferhund", „Nina, die schlaue Katze", „Pepe, das ängstliche Meerschweinchen")

i) *Tierfutterfabrik*:

Für verschiedene Tiere wird Fertigfutter hergestellt, getrockenet, abgepackt und mit einem werbeträchtigen Etikett versehen.

j) *Fütterungsversuch*:

Das selbstgemachte Fertigfutter wird diskutiert und Haustieren zum Fressen angeboten.

k) *Abschlußgespräch*:

Fragen an die Kinder: „Was haltet Ihr davon, *selbst ein Haustier* zu haben? Welche Aufgaben und Probleme ergeben sich dabei?"

l) *Evtl. Planung, ein kleines Haustier in der Klasse* zu pflegen

3. Lernvoraussetzungen der Kinder zur Thematik Haustiere

Haustiere als Lebewesen sprechen Kinder im Grundschulalter sehr an. Sie haben vielfältige Fragen, die weniger auf die zoologische Systematik zielen, als vielmehr auf Lebensbedingungen, das Verhältnis der Tiere zu Menschen und deren Fähigkeiten. Hier gilt es, im offenen Gespräch darauf zu achten, welches die Schwerpunkte der jeweiligen Klasse sind.

Haustiere sind für die meisten Kinder aber vor allem Lebewesen, auf die sie Kontakt- und Nähewünsche projizieren. Viele Kinder identifizieren sich sehr stark mit Tieren, sie wollen, daß es ihnen „gut geht". Schließlich sind Haustiere – ähnlich wie die Kinder – Lebewesen, die von den Erwachsenen des Hauses abhängig sind. Die Kinder fühlen sich Tieren zwar nah, aber auch stärker als diese. Deshalb bietet diese Thematik die Möglichkeit, pflegerisches Handeln motiviert zu erlernen. Insbesondere für Jungen gibt es fruchtbare Lernanlässe, bei der Pflege von Tieren aktiv zu werden. So lernen sie – entgegen der sonst auf Dominanz ausgerichteten männlichen Sozialisation –, sich selbst zurückzunehmen zugunsten der Bedürfnisse eines anderen Lebewesens. Sie lernen dabei – anstelle von Größephantasien –, simple Tätigkeiten von letztlich großer Bedeutung alltäglich zu verrichten.

4. Didaktische Begründungen

Bei vielen Kindern, die in der Stadt oder auf dem Land aufgewachsen sind, besteht der Wunsch nach einem eigenen Haustier. Die meisten von ihnen sind sich jedoch nicht der Verantwortung, Verpflichtung und Arbeit bewußt, die sie damit übernehmen müßten. Somit wird oft die falsche Entscheidung getroffen, wenn Eltern dem Wunsch ihrer Kinder nachgeben und ein Haustier besorgen. Durch die Heranführung an die Pflichten und Aufgaben, die mit einem Tier verbunden sind, könnte die Schule dazu beitragen, daß die Kinder sich selbst erst einmal prüfen, ob sie mit einem Haustier zurechtkommen.

Der Lehrer oder die Lehrerin könnte mit den Kindern ein Tier anschaffen, z.B. Goldfische, Meerschweinchen, Hamster, Schnecken und den Kindern die Pflege übertragen, so daß sie lernen, die Verantwortung zu übernehmen. Die Kinder bemerken dann, daß sie ein Tier regelmäßig füttern, den Käfig oder das Aquarium sauber halten, Futter besorgen müssen, usw. Vielleicht können einige Kinder mit ihrem Wunsch nach einem Haustier dann besser umgehen, indem sie die Schwierigkeiten zuverlässiger und langfristiger Verantwortung erkennen. Jeder Kontakt mit einem lebendigen Tier schafft Achtung vor der Natur und trägt mit dazu bei, daß Kinder ein Pflichtbewußtsein gegenüber Tieren und langfristig pflegerisches Verhalten entwickeln.

5. **Handlungsanregungen** (vgl. Materialliste)

1) *Erzählstein*

Setzt Euch im Sitzkreis in der Klasse zusammen und laßt den Stein herumgehen! Jeder darf den Stein genau anschauen, anfassen und untersuchen und ihn dann an sein linkes Nachbarkind weitergeben! Jedes Kind, das eine Geschichte über ein Erlebnis mit Haustieren erzählen möchte, darf dies tun, wenn es den Stein hat und somit an der Reihe ist!

2) *Haustiermemory*

Klebt immer je zwei zueinander passende Bilder von einem Tier auf die Karten! Dabei könnt Ihr selbst überlegen, ob Ihr Tier und Nahrung, zweimal dasselbe Tier, Tierbild und Namenskarte oder Tier und Feind als Paare nehmen wollt! Entscheidet gemeinsam, wie Ihr das Memory-Spiel machen wollt!
Spielt das Memory-Spiel!

3) *Hufeisenspiel*

Dieses Spiel kannst Du alleine oder mit mehreren Kindern spielen! Du mußt, bevor Du beginnst, alle Hufnägel aus dem Hufeisen nehmen und neben das Hufeisen legen! Jetzt kannst Du beginnen und Dir immer einen Hufnagel aus dem Haufen nehmen und probieren, in welches Loch er paßt! Wenn Ihr mit mehreren Kindern spielt, solltet Ihr den Hufnagel zurücklegen, falls er in das erste Probeloch nicht hineingepaßt hat, damit das nächste Kind sein Glück probieren kann!

Hufeisenspiel

Tierbehaarungen

4) *Tierfutterunterscheidungsquiz*

Schaue Dir die verschiedenen Futtersorten genau an und überlege, welches Futter zu welchem Tier gehören könnte, und versuche, es zu begründen! Was für Futter kennst Du noch, auch wenn es nicht in der Kiste vorhanden ist? Vielleicht kannst Du ja sogar etwas Tierfutter mitbringen, um es der Klasse vorzustellen. Welches Futter aus der Natur wird durch das Fertigfutter nachgemacht?

5) *Tierfutterfabrik*

Macht selbst Tierfutter: z. B. aus Löwenzahnblättern, gekochten Kartoffeln und anderen Zutaten. Mischt, formt kleine Kugeln oder Würfel und trocknet sie; gebt Eurem Tierfutter einen Namen und malt Packungsaufdrucke. Überlegt vorher, für welches Tier Euer Fertigfutter wohl geeignet ist!
Erfindet weitere neue echte Tierfuttersorten – insbesondere für das Tier Eurer Gruppe! Sucht Leute, die diese Tiere haben und fragt, ob Ihr Euer selbstgemachtes Tierfutter verfüttern dürft!

6) *Tierfiguren*

Stelle die Tiere auf und schaue sie Dir genau an! Kannst Du feststellen, welche von den Tieren Haustiere sind und welche nicht? Bilde zwei Gruppen und überlege Dir, wieso einige Tiere Haustiere sind und die anderen nicht! Schreibe fünf Haustiernamen in Dein Heft und dann die Namen der anderen Tiere daneben! Kannst Du einen Überbegriff für diese Tiere finden? Versuche, die Umgebung und das „Zuhause" der Tiere zu malen oder zu bauen!

7) *Haustierpuzzle*

Suche Dir etwas Platz auf dem Boden oder einem Tisch und versuche, das Puzzle zusammenzusetzen! Wenn Du es nicht alleine schaffst, laß Dir ruhig von anderen helfen!
Wenn Dir das Puzzlen Spaß gemacht hat, stelle Dir doch Dein eigenes Tierpuzzle her! Du brauchst eine Tierpostkarte oder ein auf Pappe geklebtes Tierbild, das Du in mehrere Teile schneidest. Suche einen kleinen Karton, in dem Du Dein Puzzle aufbewahren kannst!

8) *Tierstimmenforschen*

Hört Euch die Kassette aufmerksam an! Könnt Ihr erkennen, welche Tierstimmen zu hören sind? Versucht, die Tiere, deren Stimmen Ihr eben gehört habt, aus den Tierfiguren herauszusuchen! Habt Ihr die Stimmen der Tiere schon woanders gehört? Wo?
Versucht, die Tierlaute nachzumachen! Ihr könnt auch selbst weitere Tierstimmen aufnehmen.

9) *Tierbehaarungen*

Setzt Euch im Kreis zusammen und schaut Euch nacheinander die verschiedenen Tierhaare, Tierfelle und Tierfedern an! Fühlt die Haare, Felle und Federn! Was fällt

Euch auf? Welches Haar und welche Feder gehört zu welchem Tier und weshalb? Besprecht, weshalb einige Tiere ein dickeres Fell als andere Tiere haben und was es sonst noch an Unterschieden gibt!

10) *Tiermodellierung*

a) Nimm Dir etwas Knetmasse und probiere, ein Tier zu modellieren! Wenn Du keine Einfälle hast, nimm Dir eine Tierfigur und hole Dir Anregungen! Du kannst auch selbst „Märchentiere" erfinden und sie kneten. Ein Tier könnte zum Beispiel aus verschiedenen Tierkörpern bestehen.

b) Versucht selbst, die Tiere zu spielen!

- ich als Hundedenkmal
- ich gucke wie eine Katze
- ich bewege mich wie ein Hamster

11) *Tierfragebuch*

Nimm Dir das „Tierfragebuch" und überlege, was Du über Haustiere schon immer wissen wolltest! Formuliere eine Frage und schreibe sie in das Buch! Nun versuche die Antwort herauszubekommen, indem Du andere Kinder fragst oder in irgendwelchen Tierbüchern und Lexika suchst! Dann erzähle Deinem Lehrer oder Deiner Lehrerin, was Du herausbekommen hast und frage, ob Du es als Antwort in das „Tierfragebuch" hineinschreiben darfst!

6. Tips und Hinweise

1) Die Eltern vorher fragen, ob ihr Kind eventuell allergisch auf bestimmte Tiere reagiert.

2) Darauf achten (von den Kindern selbst darauf achten lassen), daß die Kinder sich die Hände waschen, bevor sie in die Pause gehen oder ihr Pausenbrot essen, wenn sie vorher mit den Tieren gespielt oder deren Käfig sauber gemacht haben.

3) Die Klasse immer gut lüften und für eine relativ hohe Luftfeuchtigkeit sorgen, wenn ein Tier im Klassenraum lebt.

4) Beim Tierfutter darauf achten, daß kein Fleisch oder Fisch oder sonstige aus hygienischen Gründen problematische Substanzen verwendet werden. Es sollte nur Futter für Tiere hergestellt werden, die pflanzliche Nahrung ohne besondere Haltbarkeitsprobleme brauchen.

5) Die Achtung vor den Tieren als eigenständigen Lebewesen immer wieder betonen!

7. Literatur

a) für Lehrkräfte

- Die Grundschulzeitschrift: Tiere in der Schule. 5. Jg. 1991 Heft 44
- Die Grundschulzeitschrift 8. Jg. 1994, Heft 77
- Hilldén, N.: Tiere sind ganz anders. In: G. R. Witte (Hg.): Zoo – Pädagogik – Unterricht. 1. Jg. 1991, Bd. I
- Reichen, J.: Bausteine für den Sachunterricht. Heimtiere Heft 1. Hamburg: Heinevetter Lehrmittel, 1993 (2. Aufl.)
- Schenk, P.; Baurmann, M.: Baustein „Umgang mit Tieren". Soest: Landesinstitut für Schule und Weiterbildung, 1994
- Schmidt, H.: Rennmäuse und Tanzmäuse. Minden: Lehrmeister-Bücherei Nr. 697, 1980
- Unterbrunner, U. / Meier, R.: Verantwortungsbewußte Umwelterziehung durch lebendiges Lernen. In: Die Grundschulzeitschrift 3. Jg. 1989, Heft 26, S. 8–14
- Witte, G. R.: Staunen – Ästhetik – Freude. Kinder begegnen Tieren in der Grundschule. In: Die Grundschulzeitschrift. 5. Jg. 1991, Heft 44, S. 4–6

b) für Kinder

- Adrian, C.; Jonas, D.: Haustierbuch für Kinder. Ravensburg: Ravensburger Verlag, 1984 (5. Aufl.)
- Cole, J.: Eine Handvoll Hund. Ravensburg: Ravensburger Verlag, 1980 (6. Aufl.)
- Frisch v., O.: Erklär mir die Haustiere. München: Piper, 1980
- Piers, H.: Dein Meerschweinchen. Ein Ratgeber für Kinder. Hamburg: Carlsen, 1993

6. Indianer

mit Ergänzungen und
überarbeitet von *Joest Leopold*

1. Materialliste

1) *Indianerdörfer aus Pappe*

a) Zeltlager der Cheyenne: Pappe, Papier, Tusche, Schaschlikspieße, Naturmaterialien (Steine, Äste, Sand, Moos ...)

b) Pueblo der Hopi: Pappe, Kartons, Schachteln, Tusche, runde Käseschachtel, Naturmaterialien (Steine, Äste, Sand)

2) *Halsketten*

Schnur, Kork, Perlen

3) *Kopfschmuck*

Wellpappe, Federn, Daunen, Schnur, Kartoffeln, Tusche, Messer, Locher

4) *Schilde*

feste Pappe, Kreppapier, Filzstifte, Kartoffeln, Tusche, Messer, Federn, Schnur

5) *Beile*

Ast, Pappe, Klebeband, Schnur

6) *Köcher*

Plakatrolle, Tonpapier, Kreppapier, Kartoffeln, Tusche, Schnur

7) *Bögen*

Eschenast, Schnur, farbiges Klebeband, Kerze, Messer

8) *Pfeile*

Holzstäbe, Korken, Federn, Klebeband, Messer

9) *Gesichtsbemalung*

Speiseöl, Kohle, Kreide, Gras, Hagebutten, Beeren, Karotten, Rinde, Kaffeebohnen, Mörser

10) *Tipi*

12 lange Bambusstangen, 4 alte Bettlaken, Schnur, Stofffarbe, Messer

11) *Winterzählung*

Pappe, Filzstifte, Kartoffeln, Tusche, Symbollegende

12) *Spielmaterialien*

a) Mokassinspiel: Schuhe, Stock, Pflaumenkerne

b) Reifen und Stab: Holzreifen, dicke Schnur, Kreppapier, Federn, Bambusstöcke

c) Tritt meinen Schwanz ab: Kreppapier in zwei Farben

13) *Popcorn*

1 Tasse Maiskörner, 150 gr Butter, 1 Teelöffel Öl, 1–2 Teelöffel Salz, 4 Eßlöffel gehackter Schnittlauch, Pfanne mit Deckel, Herd

14) *Hemden*

beigefarbenes T-Shirt, Stoffarbe, Nadel und Faden, Perlen, Lederstreifen

15) *Trommeln*

s. Kap. 'Musikinstrumente-selbstgemacht'

16) *Flöten*

s. Kap. 'Musikinstrumente-selbstgemacht'

2. Unterrichtskurzskizze

a) Einstiegsgespräch:

Anläßlich eines Indianerfilmes ein Gespräch: Was wißt ihr über 'Indianer'? führen.

b) Vorwissen sammeln

Die Kinder schreiben ihre Vorstellungen auf Zettel. Diese werden nach Themen (Waffen, Kleidung, Wohnen ...) unterschieden. Die Kinder suchen sich Themen zur Bearbeitung aus. Die Zettel werden in ein Kästchen mit vier Innenfächern (Vermutung; stimmt; stimmt nicht; stimmt nicht immer) zunächst im ersten, dem Vermutungsfach aufbewahrt.

c) Informationssuche und Modellbau

Die Kinder bekommen Bücher, etc. um Informationen einzuholen und Material zum Erstellen von Produkten. Ihre Aufgabe ist es, einige Plakate und einen Ausstellungstisch zu ihrem Thema zusammenzustellen. Immer, wenn sie Antworten zu Vermutungen gefunden haben, dürfen sie die Zettel in das entsprechende Fach umlegen.

d) Sitzkreis

Vorstellen der Ergebnisse, Erläuterungen geben

e) Vorbereitung eines Festes

Die Einladung wird mit 'indianischen' Symbolen verziert. Der Text wird spiralförmig auf einem Blatt Papier angeordnet, das die Kontur eines Bisonfelles hat. Die Schrift wird von der Mitte aus gelesen. Der Text sollte auf ein Lagerfest mit Tanz und Spiel hinweisen. Alle Kinder basteln sich 'Indianerkleidung', Gegenstände und schmükken den Klassenraum mit Decken, Symbolbildern etc. Zum Fest werden Schminkmaterialien zur Verfügung gestellt.

f) Ablauf des Festes

Stammesversammlung

Zu Beginn des Festes findet eine Stammesversammlung statt. Alle 'Indianer' treffen sich im Sitzkreis vor dem Tipi des 'Häuptlings' und singen ein Begrüßungslied. Anschließend bilden die Kinder zwei Stämme (Cheyenne und Hopi). In sportlichem Wettkampf werden sie gegeneinander antreten. In der ersten Stammesversammlung geben sich die Kinder metaphorische Namen (‘Wildes Pferd’, ‘Gelbe Sonne’, ‘Lachendes Auge’). Dieser Name wird auf ein Stirnband oder Umhänge-Namensschild geschrieben, damit sie sich untereinander mit ‘indianisch’ klingendem Namen ansprechen können.

Wettkampfregeln

Sportlichkeit und Fairneß stehen über den Spielen. Auf einem großen Bisonfell (Pappe) werden alle Punkte der beiden Stämme festgehalten.

Zum Wettkampf gehören:

- Wissensfragen auf kleinen Zetteln, die aus einem Lederbeutel gezogen werden
- Wettkampfspiele ‘Mokassinspiel’, ‘Tritt meinen Schwanz ab’, ‘Reifen und Stab’

Das Fest sollte bei schönem Wetter auf dem Schulhof durchgeführt werden. Zwischendurch wird selbstgemachtes Popcorn gegessen. Zum Abschluß könnte es am Lagerfeuer ‘gegrillte Bärentatzen’ (Schnitzel), ‘Bisonrippen’ (Würstchen), ‘Goldklumpen’ (Kartoffeln) und Maissalat geben.

1. Preis: Gefüllte Bisonhörner (Waffeltüten)

2. Preis: Gefüllte Erdäpfel (Schokoküsse)

3. Lernvoraussetzungen der Kinder zum Thema ‘Indianer’

Welches Kind kennt sie nicht: die ‘wilden Kerle’ mit Pfeil und Bogen aus dem ‘Wilden Westen’, die gefürchtet und zugleich bewundert werden? Das Bild vom ‘tapferen Indianer’, verbunden mit Abenteuerlust und Kampfesgeist hat in den Köpfen vieler Kinder einen festen Platz. Hierzu trägt vor allem unser Massenmedium Fernsehen bei. Fast alle Kinder kennen Karl Mays Mythosfigur ‘Winnetou’, der mit seinen Apache so manche gefährliche Situation meistert. „Indianer sind böse Männer, die in Zelten leben und mit Pfeil und Bogen schießen!“ oder „Indianer waren sehr mutig, und konnten toll reiten!“ so oder ähnlich berichten Kinder oft über die Indianer. Erwachsenensätze wie „Indianer weinen nicht“ oder „Indianerherz kennt keinen Schmerz“ unterstützen für Kinder die einseitig stereotype Sichtweise über ‘Indianer’ als kämpferische und schmerzunempfindliche Wesen.

Das Erfahrungsfeld der Kinder, wer oder was ‘Indianer’ waren oder sind, unterliegt einem undifferenzierten Bild, das sich im wesentlichen auf die aggressiv-kämpferische Komponente reduziert. Dies macht vor allem den Reiz für Jungen aus, zu Fasching in die Rolle des ‘Indianers’ zu schlüpfen, tapfer und mutig zu sein, im Kampf als Held zu siegen, gefürchtet zu werden und legitim von Waffen in der Auseinandersetzung mit ‘Cowboys’ Gebrauch zu machen.

4. Didaktische Kurzbegründung

Die Sichtweise der Kinder entspricht dem Wesen der als 'Indianer' bezeichneten Menschen nur sehr begrenzt. Gleichzeitig bedeutet die mediale Vermarktung des Themas 'Indianer' auch, daß ein differenzierter Blick auf die alltäglichen Lebensbedingungen dieser Kultur versperrt wird. Deshalb ist es wichtig, anknüpfend an die exotischen Vorstellungen der Kinder, zu einer gleichberechtigten Sicht zu gelangen, in der die 'Indianer' als Menschen verstanden und in ihrer Verschiedenheit akzeptiert werden. Durch die Unterrichtseinheit 'Indianer' kann den Kindern erfahrbar gemacht werden, daß die 'indianische' Kultur nicht nur aus dem Kampf besteht. Sie können durch das Kennenlernen verschiedener Sitten mit der früheren Lebensweise der 'Indianer' kindgerecht vertraut werden und damit anschaulichen Zugang zu anderen Kulturen finden sowie eigene eurozentristische Denkstrukturen relativieren. Deshalb sollen hier neben den Sachinformationen auch emotionale Identifikationsmöglichkeiten durch Handeln und Spielen im Bereich verschiedener kultureller Merkmale angeboten werden.

5. Sachinformationen

Nordamerika beherbergte eine Vielzahl an 'indianischen' Kulturen. Aus dieser Menge sollen aus didaktischen Gründen zwei große Ethnien herausgelöst und unterrichtlich bearbeitet werden. Um der historischen Vergleichbarkeit willen, muß es sich dabei um Kulturen handeln, die zeitgleich existierten. Darüber hinaus soll anhand dieser Ethnien eine gewisse Diversizität subsistentieller Art verdeutlicht werden. Dem populären Jägernomadentum steht der Gartenbau in Nordamerika am deutlichsten gegenüber. In diesen beiden Polen erschöpft sich zwar nicht die Wirtschaftsvielfalt nordamerikanischer Natives, Aneignung und Produktion bilden aber in ihrer Reinform die Grundlagen für nomadisierende und seßhafte Lebensweise. Des Verständnisses wegen können wir eine Reduktion auf die Cheyenne des 19. Jahrhunderts und die Hopi wagen.

Kurzinformation Cheyenne:

Die Cheyenne, eine Algonkin sprechende Ethnie, betraten ihren historischen Lebensraum, die Plains oder Kurzgrassteppe, erst im späten 18.Jahrhundert. Vor dieser Okkupation und vor der Spezialisierung auf die Bisonjagd, waren sie zeitweise semisedentär organisiert und betrieben neben der Jagd auch Gartenbau. Auf den Plains entwickelten sie sich zu Reiternomaden und übernahmen das Tipi. Im Zentrum ihres Zeremonialwesens stehen Welterneuerungskulte, die bei uns verkürzt als Sonnentänze bekannt sind und noch Reminiszenzen des Gartenbaus zu erkennen geben.

Kurzinformation Hopi:

Die Hopi, zur Uto-Aztec-Sprachfamilie gehörend, weisen eine große geschichtliche Tiefe ihrer Kultur im Südwesten der USA auf. Ihr Lebensraum erlaubt einen

Gartenbau, der mit Sturzwasser betrieben wird und der halbwüstenartigen Region zufriedenstellende Erträge abringt. Die Lebensweise der Hopi ist seßhaft. Sie bewohnen mehrere große Pueblo, deren Gründungen bereits in das 14. Jahrhundert zurückgehen und deren Wurzel bis in prähistorische Zeit verfolgt werden kann. Das Zeremonialwesen der Hopi orientiert sich am Jahreskreis und seinen bäuerlichen Terminen. Besondere Bedeutung haben in diesem Zusammenhang die Kivas, halbunterirdische Kammern, die den Aufstiegsort der Hopi aus dem Bauch der Erde symbolisieren, analog dem Wachsen ihrer Anbaupflanzen.

Um die vielschichtigen Kulturen verstehen zu können, und um auf weiterführende Schülerfragen antworten zu können, bedarf es unbedingt einer Vorbereitung des Lehrers. Die im Anhang des Kapitels aufgeführten Bücher geben den Interessierten verständliche Materialien an die Hand.

6. Handlungsanregungen

1) *Indianerlager aus Pappe*

Es können zwei verschiedene Lager gebastelt werden. In jedem Fall brauchst Du eine Unterlage aus Pappe. Sie soll 50 cm lang und 50 cm breit sein. Eine zweite Pappe dient als Hintergrund. Sie soll 50 cm lang und 25 cm breit sein.

a) Zeltdorf der Cheyenne:

Die Unterlage wird grün getuscht. Auf den Hintergrund wird eine Landschaft mit Hügeln, kleinen Wäldchen und einem Fluß aufgemalt. Tipis können aus Schaschlikspießen und Papier hergestellt werden. Als Eingänge dienen kleine Einschnitte. Malt die Zeltspitzen jeweils mit einer anderen Farbe an und errichtet das Lager in Kreisform. Die Eingänge sind dabei alle nach Osten ausgerichtet. Die Umgebung kann mit kleinen Steinen, wenigen Ästen und etwas Moos verschönert werden.

b) Pueblo der Hopi:

Die Unterlage wird mit Ocker eingetuscht. Auf den Hintergrund wird eine Landschaft mit schroffen Felsen, Kakteen und einem kleinen Maisfeld aufgemalt. Das Pueblo kann aus Kartons errichtet werden: drei rechteckige Schachteln so übereinander kleben, daß das nächsthöhere immer kleiner als das untere ist. Die Kartons werden auch mit Ockerfarbe angetuscht und erhalten kleine Fensteröffnungen und Dachluken als Eingänge. Als Leitern dienen gekerbte Eisstiele. Vor das Pueblo wird eine flache, runde Käseschachtel gestellt (Ockerfarbe!). Dies ist der heilige Raum der Hopi. Die Umgebung kann mit Steinen, toten Ästen und Sand verschönert werden.

2) *Ketten*

Die Länge der Schnur kannst Du selber bestimmen. Entscheide Dich, welche Dinge Du auf die Kette fädeln willst: Perlen, durchbohrte Holzscheiben oder Korkstückchen, bunt bemalt. Knote an beiden Enden der Kette Schlingen. In eine Schlinge knotest Du ein Stück Kork ein, damit Du die Kette öffnen und schließen kannst.

Kopfschmuck; Indianerketten

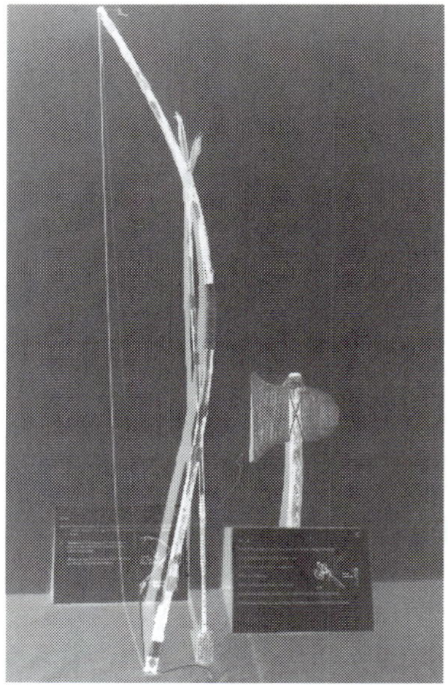

Beil, Bogen und Pfeile

3) *Kopfschmuck*

Schneide einen ca. 4 cm breiten Streifen Wellpappe zu. Er muß 5 cm länger sein als Dein Kopfumfang. Du bedruckst den Pappstreifen mit Hilfe des Kartoffeldrucks. Mit dem Locher stanzt Du an beiden Enden 2 Löcher. Danach bindest Du die beiden Enden mit einer Schnur zusammen. Jetzt kannst Du die Federn oben in die Wellpappe einschieben und außen Daunen ankleben.
Wenn Du keinen Federschmuck möchtest, binde Dir ein gefärbtes Stirnband um!

4) *Schilde*

Schneide ein kreisrundes Stück feste Pappe aus. Es muß 50 cm im Durchmesser aufweisen. Bemale und bedrucke Dein Schild mit Symbolen, die Du auf dem Symbolplakat findest. Beklebe den Schild mit bunten Kreppapierstreifen, die wie Fransen herunterhängen sollen. Zum Schluß bohrst Du an zwei sich gegenüber liegenden Punkten kleine Löcher in den Schild, um eine Schnur daran zu befestigen. Die Schnur soll so lang sein, daß Du Dir den Schild bequem umhängen kannst.

5) *Beile*

Male den Umriß eines Beiles auf die Pappe und schneide es aus. Kerbe den Ast ein, klebe das Beil in die Kerbe und umwickle es zusätzlich mit der Schnur. Nun kannst Du das Beil mit buntem Klebeband an Schaft und Klinge verzieren.

6) *Köcher*

Um Deine Pfeile aufzubewahren, brauchst Du einen Köcher. Du brauchst ein Stück Tonpapier. Es soll 40 cm lang und 25 cm breit sein. Diese Pappe kannst Du bemalen oder mit Kartoffeldruck verzieren. Danach klebst Du die Pappe zu einem Kegel zusammen, damit die Pfeile im Köcher halten. Zum Schluß kannst Du farbige Kreppapierfransen anbringen und eine Schnur zum Tragen befestigen.

Anstelle des Kegelköchers kannst Du auch eine Plakatrolle verzieren und als Köcher benutzen.

7) *Bögen*

Du brauchst nach Möglichkeit einen Eschenast oder einen anderen biegsamen Ast. Er soll von Deinen Füßen bis zu Deiner Brust reichen. Nun kerbst Du den Ast mit dem Messer an beiden Enden vorsichtig ein. Jetzt wird die Schnur straff gespannt, mit einer Kerze eingerieben und befestigt, so daß sich der Bogen biegt. Mit Klebeband kannst Du den Bogen verschiedenfarbig schmücken.

8) *Pfeile*

Schneide am Ende eines geraden Holzstabes eine Kerbe für die Bogensehne. Dann klebst Du Federn an das Pfeilende und verzierst den Stab mit buntem Klebeband. Als letztes befestigst Du einen Korken an der Pfeilspitze.

9) *Gesichtsbemalung*

Die nötigen Farben kannst Du aus den Naturmaterialien herstellen, indem Du sie mit dem Mörser zerkleinerst und danach mit ein wenig Speiseöl zu einer Paste vermischst. Farben, die Du nicht selbst herstellen kannst, können auch als Schminkfarben gekauft werden.
Folgende Bedeutungen haben die Farben bei den beiden Stämmen Cheyenne und Hopi:

Farbe	Zutat	Cheyenne	Hopi
Schwarz	Kohle	Nacht, Winter, Norden	Himmel, Adler
Weiß	Kreide	Morgen, Medizin, Osten	Morgen, Osten, Wolf
Grün	Gras	Wachstum, Sommer	
Rot	Beeren	Mittag, Leben, Süden	Mittag, Süden, Puma
Gelb	Karotten	Westen, Abend	Nacht, Norden, Berglöwe
Braun	Kaffeebohnen		
Blau			Abend, Westen, Bär
Bunt	Mischung		Erde, Maulwurf

Male Dir die vier Himmelsrichtungen auf die Stirn! Die Farben sollten in Form eines Kreuzes angeordnet sein und entweder von den Hopi oder Cheyenne stammen, je nach Deiner Stammeszugehörigkeit.

10) *Tipi*

Das Tipi war eine Zeltbehausung der Plains-Indianer, die auf den großen Grassteppen dem Bison hinterher zogen. Andere Stämme, wie die Hopi, lebten in festen Dörfern aus Stein oder Lehm. Im Waldland errichteten viele Stämme Rindenhütten und zwar kleine Wigwams oder große Langhäuser. Das Tipi allerdings bestand aus drei oder vier langen Holzstangen, die im Drei- oder Viereck zusammen gestellt wurden und kurz unterhalb der Enden verbunden wurden. Um dieses Grundgerüst stellte man weitere Stangen und deckte es mit zusammengenähten Tierhäuten zu. An der Spitze blieb eine Öffnung frei, damit der Rauch abziehen konnte. Für Euer Tipi verwendet Ihr Stoff. Besorgt Euch lange Bambusstangen und stellt sie so auf, wie es beschrieben wurde. Verbindet die Stangen mit Paketband.

Nehmt alte Bettlaken, näht sie zusammen und deckt sie über Euer Tipi-Gerüst! Für den Eingang laßt Ihr einfach einen Schlitz offen, der nicht vernäht wird. Wenn Ihr mögt, verziert Euer Tipi mit den Symbolen, die Ihr kennen gelernt habt.

11) *Symbole*

Siehe Tabelle ‘Symbole’

12) *Wissensfragen, Beispiele*

- Kennst Du ein ‘indianisches’Wort für Frau? SQUAW
- Wie heißt das Rundzelt der Bisonjäger? TIPI
- Nenne eine typische ‘Indianer’-Schuhart! MOKASSIN
- Welcher Spottname galt häufig für die Weißen? BLEICHGESICHT
- Nenne einen Begriff für ‘heilige Männer’! SCHAMANE
- Welche Stämme haben in Pueblos gelebt? HOPI,ZUNI
- Wie heißen die Gebiete, in denen die ‘Indianer’ heute häufig leben? RESERVATION
- Nenne Stämme der Plains! CHEYENNE, LAKOTA, COMANCHE
- Nenne Stämme des Südwestens! HOPI, ZUNI, NAVAJO

13) *Wettkampfspiel ‘Tritt meinen Schwanz ab’*

Jeder ‘Indianer’ bekommt einen langen Streifen Kreppapier um sein Fußgelenk gebunden, je nach seiner Stammeszugehörigkeit in einer anderen Farbe. Ein großes Spielfeld wird markiert. Der Stamm, der zuerst alle gegnerischen Bänder abgetreten hat, hat gewonnen. Dies ist kein authentisch ‘indianisches’ Spiel.

Symbole

 **Kanu**	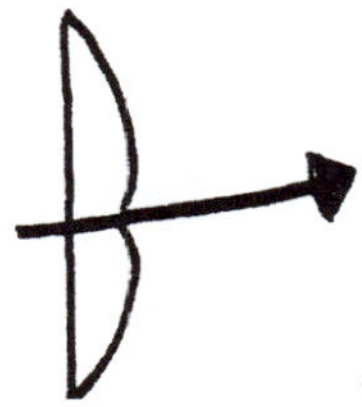 **Pfeil u. Bogen**	 **Berge**
 **Tipi**	 **Morgen**	 **Mittag**
 **Abend**	 **Sonne**	 **Mond**
 **Sternschnuppe**	 **Wirbelwind**	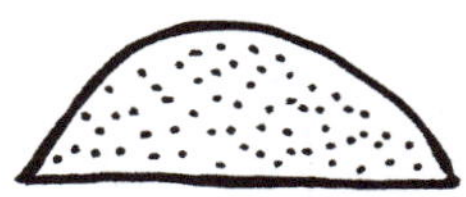 **Nacht, Sterne**

 **Fluss**	 **See**	 **Regen**
 **Fisch**	 **Feuer**	 **Mais**
 **Büffel**	 **Gans**	 **Weisser**
 **Indianer**	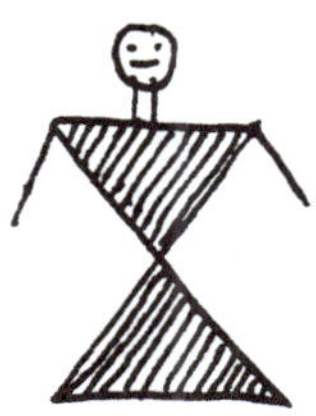 **Frau**	 1 2 3 4 **Zahlen**

14) *Wettkampfspiel 'Mokassinspiel'*

Beide Stämme sitzen sich gegenüber. Die Mitglieder eines Stammes ziehen jeweils einen Schuh aus (keine Sandalen) und stellen ihn in die Mitte. Der gegnerische Stamm dreht sich um, so daß ein Pflaumenkern in einem Schuh versteckt werden kann. Nun bemüht sich der gegnerische Stamm herauszufinden, in welchem Schuh der Kern versteckt ist. Ein Spieler betastet die Schuhe mit einem Stock und beobachtet zusammen mit seiner Mannschaft, ob der Gesichtsausdruck oder die Mimik etwas über das Versteck verrät. Ist sich der suchende Spieler sicher, dreht er den Schuh mit dem Stock um. Es gewinnt die Mannschaft, die am meisten Kerne entdeckt. Alle Spieler sollen reihum einmal suchen dürfen.

15) *Wettkampfspiel 'Reifen und Stab'*

Ein Holzreifen, z. B. aus der Sporthalle, wird so mit dicker Schnur verbunden, daß er wie ein grobes Spinnengewebe aussieht. Der Reifen wird außen mit Federn und Kreppapier verziert. Ziel ist es, einen Stab so nach dem rollenden Reifen zu werfen, daß er durch die Maschen des 'Spinnengewebes' trifft. Wird der Mittelpunkt des Gewebes getroffen, gibt es 5 Punkte. Die anderen Maschen zählen 1 Punkt. Wer vorbeiwirft, erhält keinen Punkt. Es gewinnt die Mannschaft, die am meisten Punkte hat. Alle Spieler sollen reihum einmal aus ungefähr 5 m Entfernung werfen, während ein Mitspieler den Reifen rollt.

16) *Popcorn*

Zutaten, siehe Materialliste

Zubereitung: In einer Pfanne das Öl und 1/3 der Butter erhitzen. Nun ein Maiskorn zur Probe hineingeben. Wenn es aufspringt, hat das Öl die richtige Temperatur. Jetzt werden die übrigen Maiskörner in die Pfanne gegeben und sofort der Deckel aufgelegt. Wenn alle Körner aufgesprungen sind, wird die Pfanne beiseite gestellt. In einer zweiten Pfanne wird die restliche Butter mit Salz und Schnittlauch erhitzt, bis das Salz aufgelöst ist. Das Gemisch wird über das Popcorn gegossen, umgerührt und sofort serviert.

17) *Tanzen*

Eine häufige Form des 'indianischen' Tanzes war der Rundtanz. Alle Kinder stellen sich im Kreis, vielleicht um ein Lagerfeuer, auf und fassen sich an den Händen. Jetzt gehen sie langsam und gleichzeitig acht Schritte rechts herum, dann wieder acht Schritte langsam links zurück. Dieser Tanz kann auch ohne Anfassen durchgeführt werden.
Ein zweiter Tanz wird aufeinander zu getanzt. Zwei Reihen stehen sich gegenüber und bewegen sich rhythmisch vier Schritte aufeinander zu und wieder zurück. Beim zweiten Mal sind es sechs Schritte, dann acht und schließlich wieder sechs und vier. Achtet darauf, daß Ihr genügend Platz zwischen den Tanzreihen habt.

7. Tips und Hinweise

- Für die Durchführung des Festes empfiehlt es sich, mindestens einen weiteren Erwachsenen zur Unterstützung heranzuholen.
- Feste und Spiele sollen immer dann beendet werden, wenn sie am schönsten sind. Nicht darauf warten, daß die Kinder keine Lust mehr haben, sondern so schließen, daß die Kinder sich gern daran erinnern.
- Bei den Bastelanregungen darauf achten, daß die Kinder keine zu perfekten Beispiele gezeigt bekommen, denn es besteht die Gefahr, daß sie die Lust verlieren. wenn sie es nicht genau nachbauen können.

8. Literatur

Für Lehrkräfte

Josephy, A. M.: Amerika 1492. Frankfurt 1992
Lindig, W. / Münzel, M.: Die Indianer Nordamerikas. München 1987
Leopold, J.: Indianische Weltsicht. Wyk 1996
Underhill, R.: Life in the Pueblos. Santa Fe 1991
Hartmann, H.: Die Plains- und Prairie-Indianer Nordamerikas. Berlin 1979

Für Schüler

Sommer, J.: Oxmox Ox Mollox. Münster 1994
Robbins, M. L.: Das Indianerbuch. Mühlheim 1997
Jürgens, A.: Blauvogel. Berlin 1950

7. Wo Licht ist, ist auch Schatten

1. Materialliste

1) *Kinderversuche / Freie Versuche*

verschiedene Lichtquellen
verschiedenartige undurchsichtige Gegenstände
verschiedenartige durchsichtige Gegenstände
weiße große Pappen oder alte helle Bettlaken als Projektionswände

2) *Bildmaterial*

Fotos oder Bilder von Lichtquellen und schattenwerfenden Gegenständen

3) *Laterne basteln / Laternenumzug*

Luftballons, Kleister, Transparentpapier, Teelichter, Draht und Laternenstock (oder anderen Stock) Achtung: Kleisterallergie!
Bastelanleitungen zur „Sonnenlaterne“ und zur „Rumpelstilzchenlaterne“ aus:

Barff, U. / Maier, J.: Heut basteln wir mit Pappe und Papier. Niederhausen / Ts.: Falken Verlag GmbH, 1992
Barff, U. / Maier, J.: Das große farbige Bastelbuch für Kinder. Niederhausen / Ts.: Falken Verlag GmbH, 1988

4) *Lieder singen*

Laternenlieder
Lied zum Fingerschattentheater (auf der Hörspielcassette: Heut steigt der Mond übers Dach).

5) *Figurenschattentheater*

Figuren: schwarzer (oder andersfarbiger) Fotokarton, buntes transparentpapier, Holzstäbchen, Klebstoff, Scheren
Lichtquelle: Schreibtisch- oder Nachttischlampe, die sich zum Anstrahlen von Dingen eignet
Wandschirm: großer Kartondeckel, Seidenpapier, Klebstoff, Farbe zum Bemalen
evtl. vorgegebene Textvorlage
evtl. Instrumente oder Musik zur akustischen Untermalung

6) *Personenschattentheater*

Lichtquelle: Tageslichtprojektor
Wandschirm: großes weißes Bettlaken, zwei Kartenständer

7) *Projektorschattentheater*

Tageslichtprojektor
Papier und Schere

8) *Kombination Lied und Schattenspiel*

Lied „Die tapfere Maus“ (Praxis Grundschule: Heft 5 September 1993. S. 20–23)
Tonpapier, Schere, Holzstäbchen, Klebestreifen
Schattentheaterwand
Musikinstrumente

9) *Geschichten lesen*

Geschichten, die das Thema „Licht und Schatten“ behandeln, insbesondere solche, die das Problem der angsteinflößenden Schatten darstellen. Beispiele s. Literaturverzeichnis

10) *Brettspiel zum Thema „Licht und Schatten“*

Selbst ausgedacht! *Benötigt wird*: Ein selbstgemachter Spielplan mit Start- und Zielfeld sowie Ereignis-, Wissens- und Phantasiefeldern; verschiedenfarbige Spielfiguren und selbstgemachte Karten

11) *Museumsecke*

verschiedene Gegenstände zum Thema „Licht und Schatten“, die die Kinder zusammentragen (Ring, Nagelfeile, Flöte, Klebstift, Filzstift etc.)
Ausstellungsfläche
Schnüre und Wäscheklammern (zum Aufhängen von Fotografien und Zeichnungen)

12) *Scherenschnittportrait / Portraitsilhouette*

Lampen mit kräftigem gebündelten Licht
schwarzes Scherenschnittpapier (DIN A3)
weißes Zeichenpapier (DIN A3)
Bastelkleber
Bleistifte
kleine spitze Scheren
Klebeband

13) *Schattenspiele auf dem Schulhof*

Kreide
Papierbögen, Stifte

14) *Die Sonnenuhr*

Gerader Stock / Metallstab, Kreide, Reifen, halbrunder Pappkreis für die Uhrzeitskala, Folie

15) *Bei Kerzenschein durch den abgedunkelten Klassenraum gehen*

Kerzen
evtl. Kassette mit Meditationsmusik

2. Unterrichtskurzskizze

a) *Spiele mit dem Schatten auf dem Schulhof*:
- Schattentreten
- aus zwei Kindern einen Schatten machen
- Schattenzauber (z. B. die Schatten reichen sich die Hand, die schattenspendenden Kinder nicht)
- weitere Schattenspiele erfinden und ausprobieren

b) Unterrichtsgespräch über *Licht-Schattenerfahrungen*

c) *offene Kinderversuche* / Arbeit mit Differenzierungsaufgaben
Die Kinder dürfen mit den Gegenständen für freie Kinderversuche (1.) in Partner- oder Gruppenarbeit frei experimentieren, um Fragen und Antworten zum Thema zu entwickeln;
- Arbeit mit dem Bildmaterial (2.)
- Scherenschnittportrait / Portraitsilhouette:
- Parallel zu allen Arbeitsphasen kann das Brettspiel zur Differenzierung eingesetzt werden

d) *Sitzkreis: Auswertung der Versuchserfahrungen*

e) *Schattenmannequins*
Es werden interessante Schattenbilder aus Personen oder mit Gegenständen auf dem Schulhof oder hinter einer Leinwand (Personenschattentheater) gemacht, die anderen denken sich möglichst lustige Namen für jede Vorführung aus.

f) Einrichten einer *Museumsecke*:
Die Lehrkraft bringt einige Gegenstände zum Thema „Licht und Schatten" mit und bittet die Kinder, weitere Dinge von Zuhause mitzubringen. Gemeinsam wird dann überlegt, wie die Museumsecke eingerichtet wird, um die Gegenstände schließlich dort auszustellen.

g) Weitere *Schattenspiele und -versuche auf dem Schulhof*:
Spielerische Erfahrungen mit Licht und Schatten sammeln, indem die Kinder Spiele wie z. B. Schattenfangen, Schattentürme bauen, Tausendfüßler usw. ausprobieren. Es werden Schattenumrisse mit Kreide zu verschiedenen Tageszeiten von einem festgelegten Standpunkt ausgehend auf den Schulhof gezeichnet. Von jedem Kind wird ein Schattenbild auf Papier geworfen und gezeichnet. Die Schattenbilder werden im Flur vor der Klasse aufgehängt – möglichst nahe der Museumsecke. Die Kinder anderer Klassen sollen raten, wer auf welchem Bild dargestellt ist oder auf Zetteln den Schattenbildern Namen geben.
Gleichzeitig wird eine *Sonnenuhr* gemeinsam gebaut.
Die Kinder können Schattenspielunterricht in der großen Pause für andere Klassen anbieten.

h) Vorbereitung eines *Schulfestes mit Schattentheater*. Gemeinsam wird überlegt, mit welcher Methode den anderen Klassen Schattentheater vorgeführt wird. Die ausgewählte Variante wird geplant, vorbereitet, erprobt und aufgeführt.

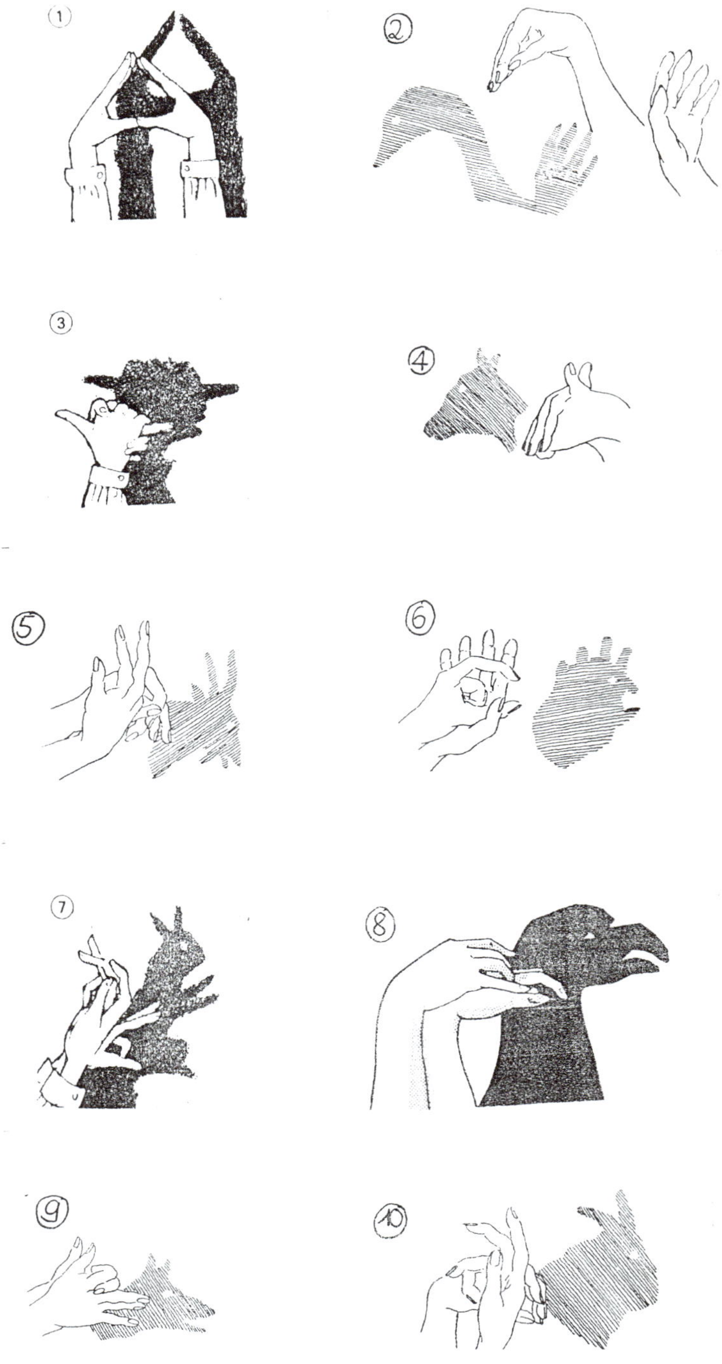

Quelle: Blecher, W.: Das Müll-Monster: Schattenspiele für Kinder. München DTV 1991.

h1) Lied zum Fingerschattentheater singen; Fingerschattentheater vorbereiten
- besonders geeignet für lustige Geschichten oder Tiergeschichten in Theaterform

h2) *Personenschattentheater*
- besonders geeignet für die Darstellung sozialer Konflikte in der Schule
- hinter einer Bettlakenleinwand sind die Schauspielenden nicht leicht zu erkennen
- Beispiel: Schule vorstellen für die neuen ersten Klassen mit Gegenständen wie Tageslichtprojektor, großen Buchstaben, Pausenspielgeräten etc.

h3) *Figurenschattentheater*:
- besonders geeignet für kurze erfundene oder bekannte Geschichten (z. B. Märchen) in Gruppen mit einer Schattentheaterbühne im Bananenkarton (Deckfläche ausgeschnitten und mit Seidenpapier als Bühnenbildschirm beklebt)

h4) *Projektorschattentheater*
- besonders geeignet für spontane Rollenspieldialoge, wenig Vorbereitungsaufwand

h5) Schattensingspiel (Kombination *Lied und Schattenspiel*):
- Lied „Die tapfere Maus“
- Drehbuch gemeinsam entwickeln
- ein Mitglied der Gruppe stellt dabei jeweils die Maus dar und die anderen jenes Objekt oder Tier, das die Maus bedroht
- das Publikum soll raten dürfen, welches Tier gemeint ist
- „Bühnenbild“ mit Schattenrissen der Tiere

i) Die *Schatten der Welt*
- Schattenbilder anfertigen von 9jährigen Kindern aus Afrika, Amerika, Asien, Australien und Europa (alle mittags an einem bestimmten Platz in der Welt)
- vor dem Theateraufführungsraum ausstellen, alle Zuschauenden bekommen Zettel und sollen raten, welches Schattenbild ein Kind aus Afrika, Amerika, Asien, Australien oder Europa darstellt (→ Menschen sind gleich und nicht unterscheidbar)

j) *Laternen basteln in Fließfertigung*:

Im Projekt „Fließbandarbeit“ werden *von der Klasse Laternen für den Eigengebrauch und für einen Kindergarten hergestellt*. Jedes Kind hat wie in einer „echten“ Fabrik nur einen kleinen Arbeitsschritt über längere Zeit hinweg zu leisten (z. B. Muster auflegen, Umriß zeichnen, Seite ausschneiden, Transparentpapier zuschneiden, Transparentpapier aufkleben ...)

k) *Laternenumzug* mit den selbstgebastelten Laternen und den eingeübten Liedern

l) *Schatten und Angst*:
- Geschichten bei Kerzenschein im abgedunkelten Klassenraum lesen
- im Sitzkreis wird eine Geschichte, die das Problem der angsteinflößenden Schatten beschreibt, vorgelesen (s. Literaturverzeichnis) und besprochen
- Bild zu den Angstsituationen malen

m) *Bei Kerzenschein durch den abgedunkelten Klassenraum* gehen:

Der Klassenraum wird abgedunkelt und Kerzen werden verteilt. Alle Kinder und die Lehrkraft gehen dann durch den Klassenraum. Hierbei können auch unterschiedliche Musikstücke eingesetzt werden. Anschließend wird im Sitzkreis gemeinsam über Gefühle und Eindrücke gesprochen.

3. Lernvoraussetzungen der Kinder zur Thematik Licht / Schatten

Untersuchungen von Hartmut Wiesner und Jürgen Claus (1985) zeigen, daß bei Grundschulkindern in der Regel kein ausreichendes Wissen über Licht und Schatten vorhanden ist, ihnen diese Phänomene aber leicht verständlich nahegebracht werden können.

Das Thema „Licht und Schatten“ kann folgende Kinderfragen auslösen und behandeln:

- Was ist Licht?
- Was ist Schatten?
- Wie entsteht Schatten?
- Geht es auch ohne Schatten?
- Wie empfinde ich den langen Morgenschatten?
- Wann ist abends auf dem Bürgersteig mein Schatten vor mir, wann hinter mir zu sehen?
- Wie kann ich meinen Schatten größer machen?
- Wann ist ein Schatten am dunkelsten?

4. Didaktische Begründungen

Das Thema „Licht und Schatten“ eröffnet neue Perspektiven alltäglicher Phänomene in der Umwelt. Licht und Schatten sind den Kindern vertraut, wirken aber dennoch nicht langweilig, sondern oftmals faszinierend, mystisch und geheimnisvoll. Sie liefern somit vielseitige Anreize zur Auseinandersetzung. Die Schatteneffekte intensivieren emotionales Erleben bei Theateraufführungen. Generell stehen Schatten exemplarisch für die Mehrdeutigkeit von Phänomenen, eine Person wirft einen Schatten, aber der Schatten ist nicht identisch mit der Person. Umgekehrt sind die Schatten vieler verschiedener Personen ähnlich, aber die Personen nicht.

Schatten können jedoch auch angsteinflößend auf Kinder wirken; somit bietet das Thema auch die Möglichkeit, das psychologische Syndrom Angst – Dunkelheit – Schatten aufzuarbeiten. Dabei sollen die Kinder erfahren, daß sie mit ihren Ängsten nicht allein sind und daß diese auch ernst genommen werden. Die Kinder lernen, besser mit ihren Ängsten vor Dunkelheit und Schatten umzugehen und werden somit in ihrem Selbstbewußtsein gestärkt.

Wenn wir vom Licht sprechen, können wir dies nicht tun, ohne den Begriff der Dunkelheit einzubeziehen. Licht wird nur erfahrbar, weil wir die Dunkelheit kennen. Unser Leben geschieht und vollzieht sich im gleichmäßigen Rhythmus von Licht und

Dunkelheit – diese Tatsache prägt unsere Lebensgewohnheiten (Aufstehen-Schlafengehen). Auch unsere alltäglichen Begegnungen mit Menschen und Dingen sind von Licht- und Dunkelerfahrungen geprägt und lösen in uns Gefühle wie Geborgenheit, Wärme, Schutz, Ruhe, bzw. Angst, Alleinsein und Einsamkeit aus. Auch diese wichtigen emotionalen Elemente des Lichtes sollten erfahrbar und verstehbar gemacht werden.

Ziel des Themas „Licht und Schatten" im Sachunterricht soll es sein, vorhandene Erfahrungen im Umgang mit Licht und Schatten bewußter zu machen und den Erfahrungsbereich der Kinder zu erweitern. „Licht und Schatten" soll dabei exemplarisch für Naturphänomene mit ihren vielschichtigen Bedeutungen stehen.

Faszinierend ist auch die historische und weltweite Dimension der Thematik. Die SchülerInnen können frühere Lichtquellen kennenlernen, und somit etwas über vergangene und fremdkulturelle Lebensweisen der Menschen erfahren.

Die Schatten zeigen die Grundformen von Menschen. Als Schatten sind alle gleich. Farbige Kleidung, Schmuck oder Hunger verschwinden im Schattenbild. Dies ist ein Moment, um im Unterricht Erfahrungen gegen Ethnozentrismus aufzubauen.

5. **Handlungsanregungen** (vgl. Materialliste)

1) *Kinderversuche / Freie Versuche*

Seht Euch die Gegenstände an und probiert einfach aus, was sich damit machen läßt! Alles ist erlaubt!

Figurenschattentheater

2) *Bildmaterial*

Seht Euch die Bilder an, sprecht darüber und versucht, sie in irgendeiner Form zu ordnen!
Vielleicht fällt Euch zu einem Bild eine Geschichte ein.

3) *Laterne basteln*

Die Arbeit für das Laternenbasteln wird aufgeteilt, damit viele Laternen in kurzer Zeit auch für andere Kinder hergestellt werden können.
Blast den Luftballon auf und beschmiert ihn dann mit Kleister! Dann beklebt ihn mit ganz vielen bunten Transparentpapierstücken, so daß der Luftballon nachher in mehrere Transparentpapierhüllen eingewickelt ist. Nun müßt Ihr den Ballon trocknen lassen! Schneidet anschließend ein Loch in den oberen Teil des Ballons und befestigt dort vorsichtig einen Draht an zwei gegenüberliegenden Seiten! Nun könnt Ihr einen Stock am Draht anbringen. Stellt ein Teelicht in den Laternenballon!

Diese Arbeit macht Ihr dann nicht nur bei Eurer Laterne, sondern auch bei den Laternen für die anderen Kinder. Auf diese Weise stellt Ihr wie in einer Fabrik für viele Kinder Laternen her.

Laternenumzug: Mit Eurer selbstgebastelten Laterne macht Ihr einen Laternenumzug. Dazu könnt Ihr die eingeübten Laternenlieder singen. Vorsichtig müßt Ihr natürlich mit dem Kerzenfeuer sein, damit Eure Laterne nicht anfängt zu brennen!

4) *Lieder singen*

Hört Euch das Lied auf der Kassette an! Worum geht es in dem Lied? Habt Ihr so etwas auch schon einmal ausprobiert? Singt das Lied gemeinsam in der Klasse!

Übt in der Klasse Laternenlieder für einen Klassenlaternenumzug ein!

5) *Figurenschattentheater*

Überlegt Euch in Gruppen, was für eine Geschichte Ihr als Figurenschattentheater nachspielen wollt, um sie anschließend den anderen vorzuspielen!

Schneidet den Deckel eines Bananenkartons fast aus! Klebt in die geöffnete Fläche Seidenpapier! Schneidet nun Figuren für Euer Theater aus und klebt sie an den Holzstab! Achtet darauf, daß Eure Figuren gut in diese Bananenkartonbühne passen! Dann fangt an, das Theaterstück aufzuschreiben und zu proben!

6) *Personenschattentheater*

Befestigt das Bettlaken im Raum, stellt dahinter die Lampe auf! Ihr sollt jetzt selbst Schattenfiguren werden. Überlegt, was Ihr anderen Kindern als Schattenfiguren vorführen könnt! Steht so, daß Ihr von der Seite (im Profil) für die Zuschauenden zu sehen seid!

Projektorschattentheater

Kombination Lied und Schattenspiel

7) *Projektorschattentheater*

Schneidet Figuren und ein Bühnenbild aus (z. B. Haus, Auto, Baum, Kind, Pferd)! Legt die Figuren auf den Tageslichtprojektor, bewegt sie mit dem Finger und denkt Euch eine Geschichte aus! Ihr könnt Projektorschattentheater zu fast allen Unterrichtsthemen machen.

8) *Kombination Lied und Schattenspiel*

Singt gemeinsam das Lied von der tapferen Maus! Überlegt dann, wovor die kleine Maus Angst haben könnte! In Gruppen könnt Ihr dann eine von den möglichen Angstsituationen nachspielen! Dabei spielt ein Kind von Euch die Maus und die anderen das Tier oder den Gegenstand, der die Maus bedrohen soll. Die anderen Gruppen dürfen davon nichts erfahren. Sie sollen nämlich später beim gegenseitigen Vorspielen raten, was für ein Tier in Eurer Gruppe die Maus bedroht. Eine besonders gute Szene könnt Ihr dann zum Schattentheater umarbeiten. Dazu braucht Ihr eine Schattenbühne und Instrumente, mit denen Ihr passende Musik zu Eurer Aufführung machen könnt. Entscheidet Euch, ob Ihr mit Figuren oder als Personen das Schattentheater spielen wollt und bereitet es vor!

9) *Geschichten lesen*

Hört Euch die Geschichte aufmerksam an! Sprecht darüber!

10) *Brettspiel zum Thema „Licht und Schatten“*

Denkt Euch die Spielregeln für das Spiel aus! Schreibt weitere Fragekarten, z. B.:

1. Wo entsteht der Schatten?
2. Welches ist die größte Lichtquelle?
3. Welche Gegenstände gehören zusammen, um Licht zu machen?
4. Wie breitet sich das Licht aus?
5. Werfen undurchsichtige Gegenstände Schatten?
6. Wieviele Schatten hat ein Ball, wenn von vier Seiten Lampen leuchten?
7. Welches ist die älteste Lichtquelle?
8. Wie heißt die Uhr, die mit Hilfe von Schatten die Zeit anzeigt?

Phantasiekarten: Macht Schattenbilder mit den Fingern von:
Haus, Schwan, Frau mit Hut, Pferd, Ziege, Hahn, Baum und andere Karten

11) *Einrichten einer Museumsecke*

Fragt Eure Eltern, Verwandte und Freunde, ob sie Euch Gegenstände mitgeben, die Ihr in einer „Licht und Schatten – Museumsecke“ ausstellen könnt.

12) *Scherenschnittportrait / Portraitsilhouette*

Scherenschnittporträts herstellen: Das Scherenschnittporträt wird immer zusammen mit einem anderen Kind angefertigt. Ein Kind setzt sich auf einen Stuhl neben die Pinnwand, auf der ein großes weißes Blatt Zeichenpapier befestigt ist. Das Zimmer wird verdunkelt, die helle Lampe so aufgestellt, daß der Kopf von Eurem Mitschüler / Eurer Mitschülerin seitlich angestrahlt wird und einen Schatten auf das weiße Papier wirft.

Jetzt wird der Schattenumriß des Kopfes mit einem Bleistift langsam abgemalt. Das Papier wird danach abgenommen und der Schattenumriß vorsichtig mit einer kleinen Schere ausgeschnitten. Danach wird der Umriß auf schwarzes Scherenschnittpapier geklebt und noch einmal vorsichtig ausgeschnitten.

13) *Schattenspiele auf dem Schulhof*

Beobachtet Eure Schatten auf dem Schulhof. Wann sind sie größer, wann kleiner, und wann zeigen sie in welche Richtung? Legt die großen Papierbögen auf den Schulhof! Zeichnet die Schatten nach und schneidet sie aus!
Probiert Schattenspiele aus, wie z. B. Schattenfangen oder Schattentürme bauen!

14) *Die Sonnenuhr*

Stellt den dünnen Stab auf dem Schulhof fest auf! Zeichnet einen Kreis mit Hilfe eines Reifens um den Stab herum! Tragt auf dem Kreis ein, wo der Schatten des Stabes um 8 Uhr, 10 Uhr und 12 Uhr hinfällt. Kommt nachmittags zur Schule und zeichnet weitere Striche auf dem Kreis ein, schreibt die genaue Uhrzeit daneben! Bald könnt Ihr den Kreidestrich durch einen mit Folie überzogenen Halbkreis aus Pappe ersetzen und um den Stab befestigen. Fertig ist die Sonnenuhr.

15) *Bei Kerzenschein durch den abgedunkelten Klassenraum gehen*

Ihr könnt allein, zu zweit oder auch in Kleingruppen durch den dunklen Klassenraum gehen. Achtet darauf, wie Ihr Euch fühlt und was Ihr denkt, um dies später den anderen erzählen zu können!

6. Tips und Hinweise

1) Schattenspiele auf dem Schulhof:

Es muß berücksichtigt werden, daß die Schatten am frühen Morgen recht lang sind und gegen Mittag sehr viel kürzer! Im ersten Fall können z. B. gut „hohe Türme" gebaut werden, während das Schattenfangen aufgrund des großen Schattens sehr einfach wäre. Sonnenstandsbeobachtungen sind wichtige Voraussetzungen, um die Veränderungen der Schattenbilder im Tagesverlauf zu verstehen.

2) Herstellen eines Scherenschnittportraits bzw. einer Portraitsilhouette:

- Der Klasssenraum sollte leicht abgedunkelt werden!
- Wenn an den Wänden keine ausreichend großen, freien Flächen zum Aufhängen der Papierbögen vorhanden sind, können die Schultische hochkant gestellt werden und diese Funktion übernehmen!
- Wenn mehrere Kinderpaare gleichzeitig das Scherenschnittportrait anfertigen sollen, müssen mehrere Lampen zur Verfügung stehen! (Auch an Mehrfachsteckdosen und Verlängerungskabel denken!) Günstig ist in diesem Fall eine kreisförmige Anordnung der Lampen. Sie schließt störende Schattenbildungen durch andere Lampen aus!

3) Einrichten einer Museumsecke:

- Bei einigen Ausstellungsgegenständen zum Thema „Licht und Schatten" ist evtl. Vorsicht geboten, wie etwa bei Feuerzeugen, Streichhölzern usw.!
- Ein Informationsbrief oder -gespräch mit den Eltern über die Bereitstellung von Ausstellungsgegenständen ist sinnvoll!

4) Laternenumzug:

- Es müssen früh genug Begleitpersonen organisiert und die Erlaubnis der Eltern eingeholt werden!

7. Literatur

a) für Lehrkräfte

Praxis Grundschule:

- Heft 1. Jan. 1982. Das Schattenspiel. S. 23–26
- Heft 4. Sep. 1982. Schattenspiele. S. 9–12
- Heft 2. Mai 1983. Sonderheft: Bewegte Bilder – Schatten – Spiegelungen
- Heft 1. Jan. 1991. Das Schattenspiel. S. 41–44

Die Grundschule:

- Heft 10. Okt. 1981. Schattenfiguren. S. 430ff
- Heft 3. März 1982. Schattenspiele mit dem Arbeitsprojektor. S. 115ff
- Heft 6. Juni 1982. Kinderängste / Schulängste.

- Heft 12. Dez. 1982. Schattenspiele mit dem Arbeitsprojektor. S. 592ff
- Heft 11. Nov. 1989. Laterne, Laterne. S. 66ff
- Heft 9. Sep. 1992. Sonne, Erde, Mond. S. 27ff

Ehrenwirth Grundschulmagazin:

- Heft 9. Sep. 1981. Die Sonne als Wegweiser. S. 15
- Heft 10. Okt. 1981. Helle Farben schützen in der Dunkelheit. S. 13

Grundschulmagazin:

- Heft 9. Sep. 1987. Wir beobachten den Lauf der Sonne. S. 15 / 16
- Heft 11. Nov. 1991. Wir bestimmen mit der Sonnenuhr die Himmelsrichtung. S. 19
- Heft 5. Mai 1992. Museumsecke. S. 15

- Adams-Ray, B. / Barthels, C.: Spielt mit den Schatten! Eine Kartei für Kinder im Kindergarten und in der Grundschule. Bremen: Pädagogik Kooperative e. V., o. J.
- Blecher, W.: Das Müll – Monster: Schattenspiele für Kinder. München: Dt. Taschenbuch – Verlag, 1991.
- Grimm, H.: ... und weiter geht's mit allen Sinnen – 2: Pflanzen, Tiere, Welt entdecken; Ideen für den fächerübergreifenden Unterricht vom 1. bis zum 4. Schuljahr. Lichtenau: AOL Verlag, 1992
- Highland, J.: Licht und Farbe. (Reihe: Was ist was?). Hamburg: Neuer Tessloff Verlag, 1984
- Haehnel, G. / Söll, F.: Wege zum Menschenschattenspiel. 34 Karten für Menschen von 10 bis 100. Bremen: Pädagogik-Kooperative e. V. (Goebenstr. 8, 28209 Bremen) o. J.
- Jennings, T.: Licht und Energie. Reihe: Versuchen und Verstehen. Mühlheim an der Ruhr: Verlag an der Ruhr, 1992
- Laulajainen, L. / Louhi, K.: Hannibal und sein Schatten. Hildesheim: Gerstenberg 1992
- Wiesner, H. / Claus, J.: Stundenblätter Licht und Schatten. 1.–3. Schuljahr. Stuttgart: Klett, 1985

b) für Kinder

- Alexander, L.: Angst im Dunkeln. Sesamstraße. Nürnberg: Tessloff Verlag, 1986
- Bergström, G.: Milla mitten im Dunkeln. Hamburg: Friedrich Oetinger Verlag, 1992
- Müller, T.: Lukas im Schattenwald. Ravensburg: Maier, 1993
- Wölfel, U.: Der Nachtvogel. In: Texte für die Primarstufe. 2. Schuljahr. Hannover: Schroedel Schulbuchverlag, 1972

c) Spiele

- Bobber, H.-L.: Türkisches Schattentheater Karagöz: eine Handreichung für lustvolles Lernen. Frankfurt / M: Puppen und Masken, 1983
- Franke-Benn, C.: Die Wayangwelt: Namen und Gestalten im javanischem Schattenspiel; ein lexikalisches und genealogisches Nachschlagewerk. Wiesbaden: Harrassowitz, 1984
- Hoenerbach, W.: Das nordafrikanische Schattentheater. Mainz: Rheingold, 1959
- Kaminski, G. / Unterrieder, Else: Der Zauber des bunten Schattens: chinesisches Schattenspiel einst und jetzt. Klagenfurt: Carinthia, 1988
- Raab, A.: Das europäische Schattenspiel. Donauwörth: Auer, 1970
- Simon, R. / Knetsch, C.: Das chinesische Schattenspiel: Bali-Java-Lombok. Köln: Du Mont, 1981

8. Nichts als Luft?

1. Materialliste

1) *Wind mit der Luftpumpe*

Luftpumpe

2) *Luft erfahren mit allen Sinnen*

Dose, Gummistampfer, duftendes Glas, in dem vorher stark parfümierte Reinigungssubstanzen abgefüllt waren, Glühbirne, Plastikflaschen (z. B. leere Haarwaschmittelflaschen), kleine Federn, etc.

3) *Luft ist in vielen Dingen*

Wasserglas, Schwamm, Watte, Brot, Erde, Sand, Kies, andere Dinge, die sich dazu eignen, unter Wasser getaucht zu werden

4) *Luft in der Flasche*

Flasche mit recht weiter Öffnung, Trichter, Schlauch und Knete

5) *Luft im Trichter*

Trichter, Luftballon, Schüssel oder Plastikwanne mit Wasser

6) *Der Luftballon in der Flasche*

Flasche, Luftballon

7) *Papierkugeln in eine Flasche pusten*

Flasche, Papierkugeln

8) *Die Filmdose im Wasser*

Becherglas (z. B. Marmeladenglas) mit Wasser, Filmdose

9) *Wasserabfüllung*

Flasche, Trichter, Wasser, Waschbecken

10) *Untergang des Taschentuchs*

Glasbehälter oder Plastikwanne halbvoll mit Wasser gefüllt, Glas, Papiertaschentuch

11) *Joghurtbecher im Wasser*

Glasbehälter oder Plastikwanne halbvoll mit Wasser gefüllt, Joghurtbecher, Nagel

12) *Wasserströmung*

Schüssel mit Wasser, leere Flasche, knickbarer Strohhalm

13) *Luft ist „dehnbar" – eine Erfahrung mit Hilfe der Luftpumpe*

Luftpumpe

14) *Der bewegbare Luftballon*

Luftballon

15) *Die springenden Bälle*

2 Bälle, der eine mehr, der andere weniger stark aufgepumpt;
möglichst eine Ballpumpe

16) *Die Münze auf der Flasche*

leere kalte Flasche, Münze, eventuell Stövchen

17) *Der Luftballon auf dem Flaschenhals*

Luftballon, Flasche, Stövchen

18) *Der Heißluftballon*

1 leichte Mülltüte (z. B. 35 l), Blumendraht, Tesafilm, Campingbrenner oder Kartuschenbrenner

19) *Der Solarballon*

Dünne schwarze Folie (Abdeckplane oder Allzweckplane), 12,5 m lang, 4 m breit, 0,4 mm dick, erhältlich in Geschäften für Garten-, Bau- oder Landwirtschaftsbedarf, schwarzes Klebeband, Schnur, Drachenschnur, Sonnenschein

20) *Die fliegenden Zeichenblätter*

2 gleich große Blätter

21) *Die fliegende Zeitung*

Zeitung

22) *Rennen mit dem Regenschirm*

Regenschirm, alternativ ein großes Stück Pappe, Stoppuhr

23) *Der Fallschirm*

leichte Mülltüte oder Plastiktüten, dünnes Nähgarn oder Wollfäden, kleine Gewichte (z. B. Korken, Zapfen)

24) *Bau von Papierfliegern*

DIN-A 4 Papier, Schere, Tesafilm, Klebstoff, Büroklammern, Faltanregungen

25) *Indiaca – Spiel*

fester Stoff, z. B. von Stofftragetaschen, Sand, lange Federn mit hartem Kiel, Bindfaden

26) *Luft ist schwer*

Lineal, 1 Bogen Zeitungspapier

27) *Luft auf einer Waage*

Balkenwaage, 2 Luftballons, Nadel, Bindfaden

28) *Bau Dir einen Fächer*

ein Zeichenblatt, kleinere Gegenstände (z.B. Papierkugeln, Bleistiftspitzer, Streichholzschachteln, Füller, Löschblatt ...)

29) *Das Fächerwettspiel*

4 Fächer, ein großes Zeichenblatt, ein kleines Papierknäuel

30) *Das Windrad*

ein oder mehrere Windräder (Windmühlen)

31) *Welcher Ballon fliegt am weitesten?*

mehrere Luftballons

32) *Unser Körper braucht Luft*

eine Uhr mit Sekundenzeiger, Meßband, ein Luftballon

33) *Die Kerze im Glas*

Kerze, Teller, Wasser, Streichhölzer, großes Glas

34) *Sprichwörter und Redensarten zum Thema Luft*

Sprichwörter auf Karten, darunter Platz zum Malen

35) *Luftgeschichten*

gesammelte Bilder zum Thema Luft, z.B. blauer Himmel, Autoabgase

36) *Luftverschmutzung testen*

a) Bettlaken, Klebestreifen
b) 1 Rolle transparente Bucheinbandfolie, Sammeltüten zum Beschriften (z.B. Butterbrottüten), gepflückte grüne Blätter von verschiedenen Standorten (Zimmer, Garten, an Nebenstraße im Vorort, an vielbefahrener Hauptstraße, aus Park im Stadtzentrum, aus entlegener Hecke u.a.)
c) Benzin in gut verschlossenem Behälter, feuerfestes Gefäß, kleiner Metalldeckel
d) Watte, Filtertüten, feste kleine Gummiringe

37) *Drachensteigen*

90 Liter Müllsack, zwei Weichholzleisten (Fichte oder Kiefer) 78 cm lang mit 3x5 mm^2 Querschnitt, Paketband oder Klebeband (Tesaband) 19 mm breit, schmalen Klebefilm (Tesafilm), ein Bambusstäbchen, Pappe für die Schablone, geflochtene Perlonschnur 1 mm dick, Taschenmesser, Schere, Folienstift, Drachenkordel mit Handspule

2. Unterrichtskurzskizze

a) *offene Eingangsphase*:
- mit einer Luftpumpe Wind erzeugen
- Versuch Nr. 8 als Klassenversuch im Sitzkreis
- offenes Gespräch zu verschiedenen Anregungsobjekten (Feder, Dose, Gummistampfer, duftendes Glas, in dem vorher stark parfümierte Reinigungssubstanzen abgefüllt waren, Glühbirne etc.)
- Luft mit allen Sinnen durch Hören, Fühlen, Sehen, Riechen oder Schmecken zu erfahren und herausfinden, daß Luft in vielen Dingen ist
- gemeinsame Atemübungen (z. B. Arme langsam heben und einatmen, Arme senken und ausatmen)

b) Gesprächskreis über Luft:
- alle nennen die jeweiligen *Gedanken und Assoziationen*
- Impuls: Alle spielen: „Vor Schreck die Luft anhalten“
- offene Fragen werden auf einer Folie (oder Wandzeitung) notiert

c) *Vorbereitung* der themendifferenzierten Arbeitsphase:
- Aufteilen der Klasse in Arbeitsgruppen
- jede Gruppe darf *etwa acht Versuche erproben*
- die Gruppen müssen sich einigen, mit welchem Versuch sie beginnen wollen
- variierte Atemübungen (auf Zehenspitzen beim Einatmen stellen, in die Knie gehen beim Ausatmen, mit den Armen einen Kreis nach oben beim Einatmen darstellen, nach unten beim Ausatmen)

d) Arbeitsteilige Gruppenarbeit:

Die Gruppen gehen nach dem Büffet-Prinzip von Versuch zu Versuch mit Ausnahme der beiden materialaufwendigen Versuche Nr. 19) Der Solarballon und 25) Das Indiaca-Spiel. Den Ballon können jedoch auch die anderen Gruppen steigen lassen, und mit den Indiaca-Bällen können die Kinder aus mehreren Gruppen spielen.

e) Gesprächskreis:
- *Vorstellen der Ergebnisse* und Diskussion
- anderen Kindern *„Luft schenken“* (gestisch und evtl. sprachlich ergänzen, z. B.: „Ich schenke Miriam viel Luft, damit sie beim schnellen Reiten immer genug Luft bekommt“ oder: „Ich schenke Ayhan viel Luft, damit er sich bei der nächsten Mathearbeit konzentrieren kann.“)
- Bilder und Geschichten (Ergebnisse von Nr. 34 und 35) werden ausgestellt

f) *Zweite Versuchsphase*:
- die Kinder können einzelne fragwürdig / interessant wirkende Versuche der anderen Gruppen noch einmal ausprobieren
- wer will, kann jetzt Luft malen oder Luft spüren

g) Abschlußgespräch:
- das *Vorführen der Versuche für Kinder anderer Klassen* wird geplant, die Kinder nehmen sich in Zweier- bzw. Dreiergruppen je einen Versuchsaufbau vor, bei dem sie erklärend den Kindern aus der anderen Klasse bei den Versuchen helfen

h) *Luftverschmutzung als Problem*:

a) gemeinsam wird das mit einem aufgeklebten Kreuz vorbereitete Laken an einer sicheren Stelle im Freien mehrere Tage lang ausgelegt; danach wird in der Klasse das Klebeband abgezogen und verglichen.

b) die Kinder erhalten die Aufgabe, grüne Blätter an verschiedenen Standorten zu pflücken und vorsichtig ohne Berührung der Blattfläche in die Schule mitzubringen.
- die mitgebrachten Blätter mit Klebefolie abdecken, abziehen und die Schmutzpartikel von der Folie auf Papier abdrucken
- Beschriftung des Abdrucks nach Fundort des Blattes
- Wiederholung des Abdrucks
- die Ergebnisse nach Standort sortiert betrachten und auswerten

c) auf dem Schulhof Benzin verbrennen und die Verschmutzungseffekte an einem vorher durch Folienabdruck gesäuberten Blatt überprüfen

d) die Abgase eines Autos mit dem am Auspuff befestigten Wattefilter überprüfen
- Auswertung der Versuchsergebnisse
- Abschlußgespräch

i) Die Kinder sollen die Welt mit weniger / ohne Luftverschmutzung entwerfen:
- z. B. Fahrzeuge ohne Luftverschmutzung zeichnen
- Stadtpläne, die nicht soviel Autoverkehr erforderlich machen, erfinden

3. Lernvoraussetzungen der Kinder zur Thematik Luft

Kinder haben bereits vor der Schule viele Erfahrungen mit Luft gesammelt, ohne daß diese bewußt verarbeitet wurden. Sie haben im Grundschulalter vielfach die Vorstellung, Luft sei „nichts“. Diese Vorstellung eröffnet didaktisch große Chancen, über die Oberflächensicht hinauszugehen und auch das vorerst nicht Sichtbare zu entdecken.

Viele Eigenschaften der Luft sind den meisten Kindern selbstverständlich, weil sie ständig von ihr umgeben sind.

So haben wahrscheinlich viele Kinder bereits die Erfahrung gemacht, daß aus einer scheinbar „leeren Flasche“, wenn sie unter Wasser getaucht wird, Luftblasen herausblubbern.

Auch werden viele Kinder bereits beobachtet haben, daß ein aufgeblasener Luftballon im Zickzack durch den Raum fliegt, wenn er losgelassen wird.

Schule hat hier die Aufgabe, an bereits gemachte Erfahrungen anzuknüpfen, sie fragwürdig und bewußt zu machen und so ein tieferes Eindringen in die Problematik zu ermöglichen.

Gerade weil Luft so alltäglich ist, wird es besonders wichtig für Kinder, „hinter die Kulissen von Luft zu schauen“ und sie in ihren vielschichtigen Bedeutungen zu erfassen.

Dazu gehört vor allem auch die faszinierende Seite von Luft – insbesondere das Fliegen. Fast jedes Kind hat sich – vermutlich als Kompensation zum Leiden am Klein-

Sein – schon oft gewünscht oder vorgestellt, fliegen zu können. Der Bau von Flugobjekten jeder Art spricht dieses uralte Bedürfnis der Menschheit an und sollte möglichst intensiv im Unterricht zugelassen werden.

4. Didaktische Begründungen

4.1 „Sachanalytische" Anmerkungen

Die Erde hat eine Atmosphäre, die bis in eine Höhe von über 1000 km reicht. Die Atmosphäre besteht aus Luft, die nach oben hin immer dünner wird; der Übergang in den Weltraum ergibt sich in Abstufungen.

Luft selbst ist ein Gasgemisch, das hauptsächlich aus Stickstoff (78,1%) und Sauerstoff (20,9%) besteht. Die Zusammensetzung der Luft darf sich nur in geringen Grenzen ändern, da sie sonst gesundheitsgefährdend wird.

Luft besteht aus kleinen Teilchen, durch die bewegte Luft eine bremsende bzw. schiebende Kraft besitzt. So ist es anstrengender, gegen den Wind zu rennen als mit dem Wind.

Das Gasgemisch Luft ist physikalisch gesehen ein Körper, der einen bestimmten Raum ausfüllt. Nach einer physikalischen Regel kann sich dort, wo ein Körper ist, kein anderer Körper befinden. Daher kann Luft beispielsweise Wasser verdrängen.

Gasförmige Körper sind in der Lage, Form und Volumen relativ leicht zu ändern. Luft läßt sich somit unter Druck auf einen relativ kleinen Raum zusammendrücken. Läßt der Druck nach, dehnt sich die Luft wieder aus. Zu einer Ausdehnung von Luft kommt es auch, wenn sie erwärmt wird, sie wird dann leichter und strömt nach oben. Wird die Luft abgekühlt, zieht sie sich zusammen, wird dichter und sinkt dann nach unten. Auf diesen Erscheinungen beruht das Zustandekommen von Wind.

4.2 Didaktische Überlegungen

Luft ist ein sich ständig wandelndes, immer vorhandenes und kaum wahrnehmbares Alltagsphänomen und bietet sich von daher besonders für kreative und entdeckende Versuche an. Wegen der Lebensbedeutsamkeit haben sich vielfältige kulturelle Bedeutungsschichten um dieses Phänomen gelegt, die es im forschenden Umgang mit Luft ebenfalls freizulegen gilt.

Luft ist aber nicht nur für alle Lebewesen auf der Erde lebensnotwendig, sondern trägt gegenwärtig verschärft auch die Belastungen der Umwelt mit Schadstoffen in sich. Wegen der Bedeutung von Luft für die Lösung ökologischer Probleme ist sie ein Phänomen von großer gesellschaftlicher Relevanz, für dessen Erkennen wichtige Grundlagen in der Schule gelegt werden müssen, damit die Kinder später kompetent die mit Luft zusammenhängenden Umweltprobleme einzuschätzen vermögen. Wegen der Nicht-Voraussagbarkeit zukünftiger Entwicklungen müssen möglichst breit gefächerte, aspektreiche Lernprozesse gefördert werden.

Als Beispiel für die vielfältigen Möglichkeiten der Kinder, bei der Arbeit mit den Materialien handelnd eigene Erfahrungen zu sammeln, sei die physikalische Eigenschaft von Luft erwähnt, bei Erwärmung aufzusteigen. Wichtige Erfahrungen können

Kinder machen, wenn sie sich aus einer Mülltüte einen Heißluftballon bauen, aber auch, indem sie sich mit lufthaltigen Hüllen wärmen.

Die Kinder sollen bei den Experimenten genau beobachten und die Ergebnisse exakt beschreiben. Methodisch könnte dieses gestaltet werden, indem die Kinder beispielsweise „ihre" Experimente in einer Auswertungsphase der gesamten Klasse vorstellen oder die Beobachtungen und Ergebnisse in einem Klassenbuch „Luft" festhalten. Auch wäre es möglich, einen Experimentiertag für andere Klassen vorzubereiten, an dem die Kinder der eigenen Klasse als „Expertinnen und Experten" mit anderen Schülern und Schülerinnen zusammen die Experimente durchführen. Bei den Überlegungen hierfür sollte in der Klasse genau bedacht werden, welche Experimente – gerade auch unter Sicherheitsaspekten – für einen solchen Tag geeignet sind.

5. **Handlungsanregungen** (vgl. Materialliste)

1) *Wind mit der Luftpumpe*

Mache mit Hilfe einer Luftpumpe Wind!

2) *Luft erfahren mit allen Sinnen*

Kannst Du Luft hören, fühlen, sehen, riechen oder schmecken?
Versuche, diese Frage mit Hilfe einer leeren Plastikflasche, z.B. einer Haarwaschmittelflasche und einigen leichten Federn zu beantworten! Suche Dir andere Dinge oder Orte, an denen Du Luft hören, fühlen, sehen, riechen oder schmecken kannst!

3) *Luft ist in vielen Dingen*

Lege verschiedene Dinge z.B. ein Stück Schwamm, Brot, Holz oder Watte in ein Glas mit Wasser! Beobachte genau, was geschieht!
Wenn Du Erde, Sand oder Kies beobachten willst, müssen diese zuerst im Glas sein und dann mit Wasser übergossen werden!
Findest Du noch andere Gegenstände, die Du mal ins Wasser tauchen und beobachten möchtest?
Lege Dir eine Versuchstabelle an, sie könnte so aussehen:

Gegenstand/ Stoff	Steigen Luftbläschen auf? ja	Steigen Luftbläschen auf? nein
Schwamm		
Brot		
Holz		
Watte		
Sand		

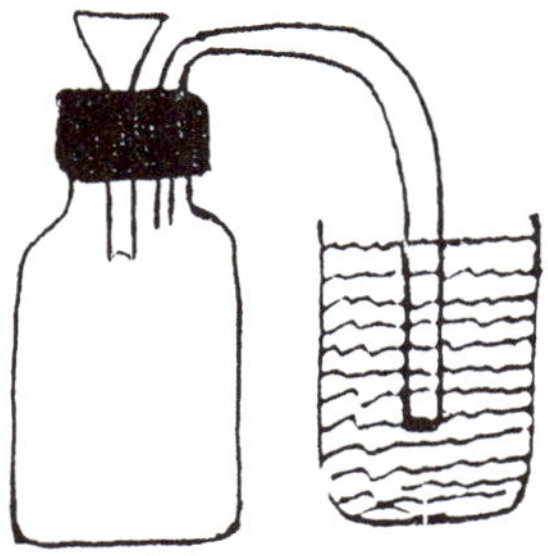

Luft in der Flasche

4) *Luft in der Flasche*

Stecke den Trichter und das eine Ende des Schlauches nebeneinander in die Flasche! Dann nimmst Du die Knete und füllst die Zwischenräume so aus, daß keine Luft mehr durch die Ritzen kommt. So hast Du einen „Korken" aus Knete.
Stelle ein Glas mit Wasser neben die Flasche und führe das zweite Ende des Schlauches ins Wasser! Nun gieße langsam Wasser durch den Trichter in die Flasche!
Was beobachtest Du an dem Schlauchende, das im Wasser liegt?

5) *Luft im Trichter*

Fülle das Waschbecken oder eine Schüssel mit Wasser! Ziehe den Luftballon über die kleine Öffnung des Trichters! Tauche dann den Trichter mit der großen Öffnung nach unten in das Wasser! Beobachte genau den Luftballon!
Kannst Du Dir erklären, was geschehen ist?

6) *Der Luftballon in der Flasche*

Nimm einen Luftballon und ziehe ihn über den Hals einer Flasche! Stülpe ihn dann in die Flasche hinein und blase ihn dann auf! Was stellst Du fest?

7) *Papierkugeln in eine Flasche pusten*

Drehe Dir eine kleine Papierkugel und lege diese in den Hals einer Flasche! Versuche, die Papierkugel in die Flasche zu pusten! Ist es Dir gelungen? Kannst Du erklären, was geschehen ist?

8) *Die Filmdose im Wasser*

Füllt ein Glas, z. B. ein Marmeladenglas, mit Wasser! Legt in dieses Glas eine festverschlossene, nur mit Luft gefüllte Filmdose hinein! Was passiert? Stecht ein winziges Loch in die Filmdose! Haltet sie wieder ins Wasser!

9) *Wasserabfüllung: (mit Hilfe eines Trichters in eine Flasche füllen)*

Am besten führst Du den Versuch im Waschbecken oder in einer größeren Plastikwanne durch. Nimm eine leere Flasche und stecke einen Trichter hinein! Drücke den Trichter ganz fest auf den Flaschenhals und versuche, die Flasche mit Wasser zu füllen!

Damit der Versuch funktioniert, ist es wichtig, daß Du den Wasserhahn so weit aufdrehst, daß der Trichter wenigstens halb mit Wasser gefüllt ist.
Wiederhole den Versuch! Halte aber jetzt den Trichter lose in den Flaschenhals! Wie erklärst Du Dir den Unterschied?

10) *Untergang des Taschentuchs*

Fülle eine Plastikwanne oder einen Glasbehälter ungefähr halbvoll mit Wasser! Nun stopfe ein Papiertaschentuch auf den Boden eines Glases, so daß es nicht herausfällt, wenn Du das Glas umdrehst! Dann drücke das Glas mit der Öffnung nach unten auf den Grund der Wanne! Anschließend ziehst Du das Glas langsam und immer noch mit der Öffnung nach unten aus der Wanne wieder heraus! Was geschieht mit dem Taschentuch?

11) *Der Joghurtbecher im Wasser*

Fülle eine Plastikwanne oder einen Glasbehälter ungefähr halbvoll mit Wasser! Bohre mit einem Nagel ein Loch in den Boden eines Joghurtbechers! Nun drücke den Becher mit der Öffnung nach unten auf den Grund der Wanne! Halte dabei das Loch mit einem Finger ganz fest zu! Beobachte, was geschieht, wenn Du den Finger vom Loch nimmst!

12) *Wasserströmung*

Fülle eine Schüssel mit Wasser und versenke eine leere Flasche! Hebe die Flasche vorsichtig ein Stück aus dem Wasser, so daß die Öffnung im Wasser bleibt, nach unten zeigt und das Wasser nicht aus der Flasche herausfließt! Atme tief ein und blase dann mit einem geknickten Strohhalm Luft in die Flasche, indem Du das Ende des Strohhalms in die Flasche hältst! Was beobachtest Du?

13) *Luft ist „dehnbar" – eine Erfahrung mit Hilfe der Luftpumpe*

Nimm eine Fahrradluftpumpe und ziehe die Pumpstange heraus! Halte dann die Öffnung mit dem Daumen zu und drücke die Pumpstange wieder herein! Was beobachtest Du, wenn Du die Pumpstange plötzlich losläßt?
Führe den Versuch noch einmal durch! Halte aber dieses Mal die Pumpstange fest und nimm den Daumen rasch von der Öffnung!
Was beobachtest Du? Kannst Du an der Öffnung etwas sehen, hören oder fühlen?

14) *Der bewegbare Luftballon*

Puste einen Luftballon auf und verschließe ihn gut! Dann drücke ihn etwas zusammen und laß ihn wieder los! Was beobachtest Du?

15) *Die springenden Bälle*

Besorge Dir einen prall aufgepumpten Ball und einen Ball mit wenig Luft! Welcher Ball springt öfter, wenn Du ihn mit gleich viel Kraft auf den Boden wirfst?
Untersuche den Ball mit wenig Luft genauer! Nimm Dir eine Ballpumpe, pumpe Luft in den Ball und beobachte! Wie oft mußt Du pumpen, bis beide Bälle gleich oft springen?
Lege Dir eine Tabelle an!

16) *Die Münze auf der Flasche*

Nimm eine leere Flasche, möglichst aus dem Kühlschrank! Feuchte den Rand der Öffnung an und lege eine Münze vollständig auf die Öffnung! Umfasse die Flasche mit beiden Händen und beobachte die Münze beim Erwärmen! Es geht besonders gut, wenn mehrere Kinder gleichzeitig mit ihren Händen anfassen.
Du kannst die Flasche auch auf ein Stövchen stellen! Sei vorsichtig beim Anzünden der Kerze! Achte darauf, daß Du die Flamme auspustest, wenn Du sie nicht mehr brauchst! Laß die Flasche nicht zu heiß werden!

17) *Der Luftballon auf dem Flaschenhals*

Ziehe einen Luftballon über einen Flaschenhals, stelle die Flasche auf ein Stövchen und beobachte! Sei vorsichtig beim Anzünden der Kerze! Achte darauf, daß Du die Flamme auspustest, wenn Du sie nicht mehr brauchst!

18) *Der Heißluftballon*

Nimm Dir Blumendraht, der doppelt so lang ist, wie die Länge der flachgezogenen Öffnung der Tüte. Biege aus dem Blumendraht einen Ring, der ungefähr auf die Öffnung einer Mülltüte paßt! Den Draht klebst Du dann mit einigen wenigen Streifen Tesafilm um die Tütenöffnung! Wenn Du keinen Draht hast, kannst Du auch einige Büroklammern als Gewichte verwenden. Halte nun die Öffnung über eine Gasflamme mit einem Abstand von 30 cm, damit keine Gefahr besteht, daß die Tüte schmilzt oder anbrennt! Wenn die Tüte nach oben zieht, laß sie los...!

19) *Der Solarballon*

Eine 12,5 m lange und 4 m breite Folie wird auf dem Boden ausgerollt und in der Mitte (bei 6,25 m) durchgeschnitten – das Material für 2 Ballons liegt bereit.
Lege die beiden Längskanten einer Hälfte so aufeinander, daß sie sich 4 cm überlappen! Dann mit Klebefolie der Länge nach zusammenkleben! Anschließend das eine Ende mit einer Schnur wie einen Wurstzipfel zusammenbinden! Der Ballon wird nun mit Luft gefüllt, indem zwei Kinder die freie Öffnung weit aufhalten und mit ihm durch die Gegend rennen. Der „Rennwind" füllt den Solarballon. Dann wird auch diese Öffnung zugebunden, am besten gleich mit der Drachenschnur, an der später der Ballon hängt, wenn er in die Höhe steigt. Einige Minuten muß der Ballon dann noch in der prallen Sonne liegen, damit sich die Folie und Luft erhitzten können. Laß den Ballon aber nicht wegfliegen, da er stundenlang fliegen würde und so den Luftverkehr gefährden könnte!

20) *Die fliegenden Zeichenblätter*

Nimm zwei gleich große Blätter Zeichenpapier! Knülle eines davon zusammen und lasse dann beide Blätter zur gleichen Zeit von einem Tisch oder einer Leiter fallen! Welches Blatt kommt früher unten an?

21) *Die fliegende Zeitung*

Laß eine Zeitung zuerst zusammengefaltet und senkrecht fallen! Breite dann die Zeitung aus und lasse sie noch einmal fallen! Was beobachtest Du? Wie kannst Du diese Beobachtung erklären?

22) *Rennen mit dem Regenschirm*

Nimm einen Regenschirm und gehe damit auf den Schulhof! Spanne den Regenschirm auf, halte ihn vor Deinen Bauch und renne eine bestimmte Strecke! Ein anderes Kind sollte Deine Zeit mit der Stoppuhr messen. Laufe dann die Strecke nochmal, jetzt aber mit geschlossenem Regenschirm oder ganz ohne Schirm! Laß Deine Zeit wieder von einem anderen Kind stoppen!
Diesen Versuch kannst Du auch mit einem großen Stück Pappe machen. Beim ersten Lauf hältst Du die Pappe als Schild vor Deinen Bauch. Vor dem zweiten Lauf knickst Du die Pappe in der Mitte.
Welcher Lauf war schneller?

23) *Der Fallschirm*

Aus einer Plastiktüte oder einem Müllbeutel schneidest Du ein 30×30 cm^2 großes Quadrat aus. An den 4 Ecken stanzt Du jeweils ein Loch. Durch jedes dieser Löcher wird ein Faden (10 cm) gezogen, verknotet und in der Mitte an einem leichten Gewicht (z.B. Korken, Zapfen) ebenfalls verknotet. Laß am Ende den Fallschirm vom Stuhl, von einer Leiter oder aus dem Fenster fliegen!

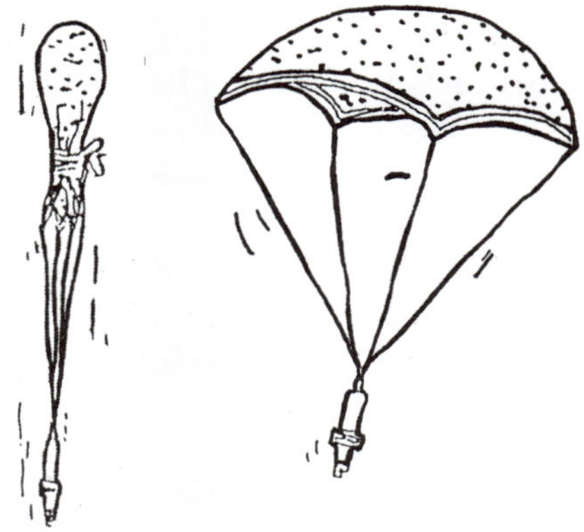

Der Fallschirm 'Luft bremst'

24) *Bau von Papierfliegern*

Baut verschiedene Papierflieger! Dazu braucht Ihr DIN-A 4 Papier und mitunter Tesafilm, Klebstoff, Schere und Büroklammern. Versucht, verschiedene Modelle zu bauen! Erfindet den schnellsten, den weitesten Flieger, den Flieger mit Links- und Rechtskurve!

25) *Indiaca – Spiel*

Indiaca ist ein Spiel, das aus Südamerika stammt. Das ursprünglich von den Indianern stammende Spiel wurde früher aus zusammengesetzten Maisblättern hergestellt. Heute besteht der Spielball meist aus Leder, auf dessen Oberseite sich 3–4 Führungsfedern befinden.

Um selber einen Indiaca – Ball herzustellen, kannst Du verschiedene Stoffe, z. B. eine Stofftragetasche, ausprobieren. Fülle den Stoff mit Sand, stecke in die obere Öffnung 3 oder 4 Federn hinein und binde dann die Öffnung mit einem Band fest zusammen!
Der Ball darf nur so schwer sein, daß er ohne viel Kraft nach oben geschlagen werden kann, aber er darf nicht so leicht sein, daß er vom leichtesten Windhauch weggetragen wird.

Spielregel: Indiaca könnt Ihr mit mehreren Kindern spielen. Ihr steht alle im Kreis und schlagt den Indiaca-Ball mit der Handfläche von unten in die Luft. Ziel ist es, daß der Ball möglichst nicht auf den Boden fällt.

26) *Luft ist schwer*

Mit diesem Versuch kannst Du ausprobieren, wie schwer Luft ist.

Lege ein Lineal so auf die Tischkante, daß es fünf Zentimeter darüber hinausragt! Drücke sanft auf das freie Ende des Lineals, bis es kippt und auf den Boden fällt! Lege das Lineal auf dieselbe Stelle zurück und breite einen Bogen Zeitungspapier über dem Lineal und dem Tisch aus! Was passiert, wenn Du jetzt gegen das freie Ende des Lineals drückst?

27) *Luft auf einer Waage*

Besorge Dir eine Balkenwaage! Puste zwei Luftballons ungefähr zur gleichen Größe auf und binde jeweils einen an jeden Arm der Waage fest! Bringe die Waage so genau wie möglich zum Gleichstand! Stich dann mit einer Nadel in einen Ballon, so daß die Luft entweicht! Was kannst Du beobachten?

28) *Bau Dir einen Fächer*

Falte aus einem Zeichenblatt einen Fächer!
Probiere aus, was Du mit dem Fächer alles vom Tisch fächern kannst (z. B. Papierkugeln, Bleistiftspitzer, Steichholzschachteln, Füller, Löschblatt ...).
Malt den Fächer mit chinesischen Mustern an! Spielt eine fächelnde Personengruppe am chinesischen Kaiserhof!

29) *Das Fächerwettspiel*

Ihr könnt mit dem Fächer ein Wettspiel für 4 Kinder spielen!
Das Spielfeld entsteht aus einem großen Zeichenblatt, das Ihr durch zwei Linien in vier Felder aufteilt.
Spielregel: Jedes Kind sitzt vor seinem Spielviertel. Das Papierknäuel liegt in der Mitte des Spielfeldes. Ziel ist es, mit dem Fächer das Papierknäuel möglichst oft in die Spielfelder der anderen Kinder zu fächern. Dabei dürfen die Fächer aber nicht über dem Spielfeld, sondern nur daneben bewegt werden. Wem es gelingt, das Knäuel in das Feld der anderen Kinder zu fächern, erhält einen Punkt. Wer nach 5 Minuten die meisten Punkte hat, hat gewonnen.

30) *Das Windrad*

Probiert mit einem Windrad (Windmühle) aus, wie Ihr es im Freien halten müßt, damit es sich schnell dreht.
(Die Anleitung, ein Windrad zu bauen, ist unter dem Abschnitt Wetter zu finden).

31) *Welcher Ballon fliegt am weitesten?*

Puste einen Luftballon voll auf und laß ihn losfliegen! Beobachte, wie weit er fliegt! Beobachtet auch, wie weit er fliegt, wenn er nur halb oder etwas aufgeblasen ist!

32) *Unser Körper braucht Luft*

Wir atmen immer, auch wenn wir nicht daran denken. Wieviel Luft Ihr braucht, könnt Ihr ausprobieren. Dazu braucht Ihr eine Uhr mit Sekundenzeiger, ein Maßband, einen Luftballon, einen Partner / eine Partnerin.
Ihr könnt Eure Atemzüge eine Minute lang zählen. Wie oft in der Minute müßt Ihr atmen, wenn Ihr Euch angestrengt habt?
Wie viele Sekunden könnt Ihr die Luft anhalten?
Untersucht, wieviel Luft in die Lunge paßt! Dazu ganz tief einatmen und dann die Luft in einen Luftballon blasen! Den Luftballon gut zuhalten und mit einem Maßband messen, wie dick der Ballon ist!
Ihr könnt auch mit einem Maßband messen, wie groß Euer Brustumfang beim Einatmen und beim Ausatmen ist.

33) *Die Kerze im Glas*

Diesen Versuch solltest Du zusammen mit dem Lehrer oder der Lehrerin durchführen. Befestige die Kerze gut auf dem Teller (z. B. auf flüssigen Wachstropfen)! Gieße Wasser in den Teller! Zünde die Kerze an und stülpe das Glas über die brennende Kerze! Was passiert?

34) *Sprichwörter und Redensarten zum Thema Luft*

Male zu einem Sprichwort ein Bild! Laß die anderen raten, welches Sprichwort Du gewählt hast!

35) *Luftgeschichten*

Suche weitere Bilder zum Thema Luft! Erfinde dazu eine Geschichte! Erzählt Euch gegenseitig diese Geschichten!

36) *Umweltdetektive*

a) Klebt auf ein Bettlaken ein kleines Muster! Legt das Bettlaken mehrere Tage so nach draußen, daß niemand es anfassen wird! Vergleicht den Unterschied zwischen der beklebten und unbeklebten Stelle!

b) Pflückt drei grüne Blätter an verschiedenen Stellen: an Straßen mit viel Verkehr, an Nebenstraßen, im Garten, mitten im Wald, im Stadtpark, im Wohnzimmer! Faßt die Blätter nur am Stiel und nicht an der Blattfläche an! Schreibt den Fundort genau auf! Transportiert sie vorsichtig in einer Tüte zur Schule! Schneidet Euch in Blatt-

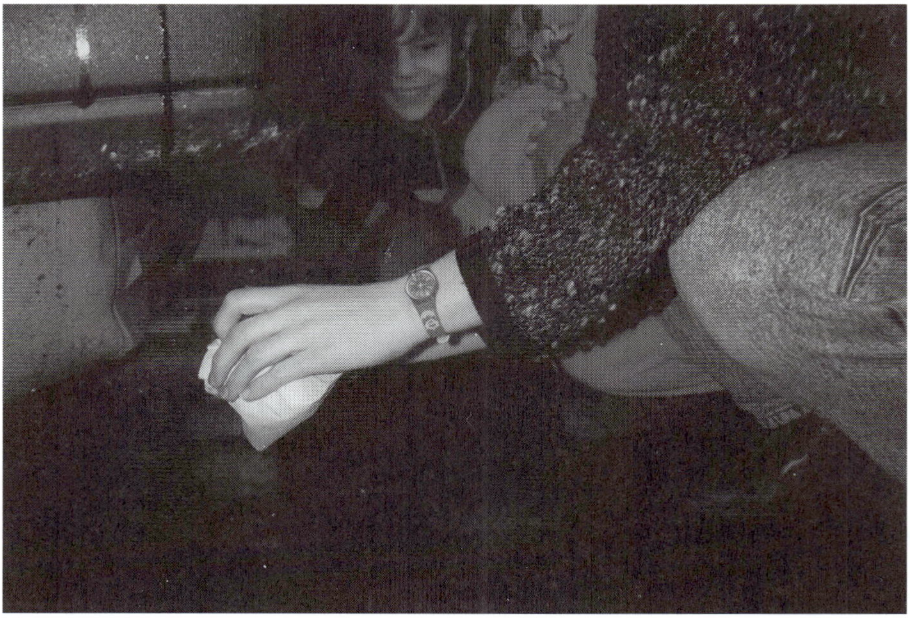

Umweltdetektive: Luftverschmutzung

Umweltdetektive: Luftverschmutzung testen

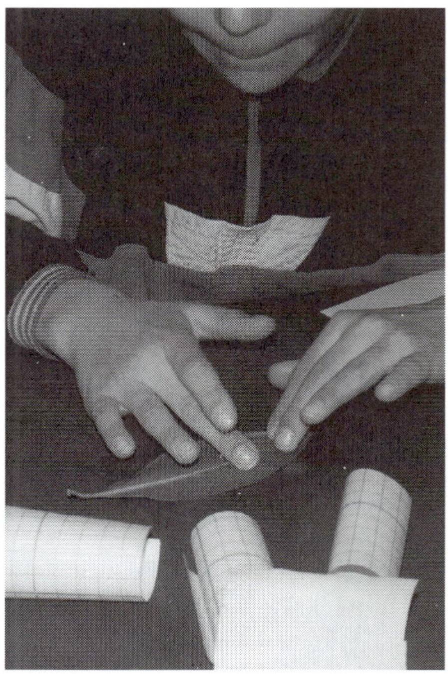

Umweltdetektive: Blattabdrücken

größe Bucheinbandfolie zurecht, legt sie vorsichtig auf ein Blatt, zieht die Folie wieder ab und klebt sie dann auf ein weißes Blatt Papier. Schreibt den Fundort genau auf! Vergleicht mit den Blattabdrücken von anderen Fundorten!

c) Gießt zusammen mit Erwachsenen eine sehr kleine Menge Benzin in einen kleinen Metalldeckel! Stellt den Deckel in ein feuerfestes Gefäß (alten Topf z. B.) und laßt Eure Lehrerin das Feuer anzünden! Beobachtet die Flamme und die Luft darüber! Haltet ein durch Folienabziehen von Schmutz befreites Blatt in die Luft über das Benzinfeuer! Macht auch von diesem Blatt einen Abdruck mit Bucheinbandfolie! Was seht Ihr?

d) Befestigt sorgfältig mit einem Gummiring am Auspuff eines Autos (ohne Katalysator) eine Filtertüte mit Watte! Laßt eine erwachsene Person das Auto starten! Nehmt nach ca. 2 Minuten Euren Schmutzfilter wieder ab! Was seht Ihr?

37) *Drachensteigen*

Schneidet ein möglichst großes Rechteck aus der Plastiktüte! Klebt an den beiden Längsseiten dünne Holzstäbe mit Paketband fest! Schneidet ein größeres Luftloch (z. B. in Mundform) in die Tüte und umrandet die Schnittstelle mit Paketband! Rollt die Schnüre auf die Handspule! Befestigt die Schnüre sehr gründlich an den Stäben (Knoten und Paketband)!

Die genaue Bastelanleitung mit Zeichnungen findet sich in Praxis Grundschule Heft 4 / 90, S. 32f

Drachensteigen

6. Tips und Hinweise

1) zu Versuch Nr. 9: Wenn der Flaschenhals größer als der Trichter ist, kann im ersten Teil des Versuches die noch vorhandene Öffnung zwischen Flaschenhals und Trichter auch mit Knetgummi abgedichtet werden, damit keine Luft entweichen kann. Es ist wichtig, daß das Wasser schnell in den Trichter gegossen wird. Ansonsten könnte die Luft durch den Trichter entweichen und das Experiment würde mißlingen.

2) Der Heißluftballon (Versuch Nr. 19)

Bei diesem Versuch ist besondere Vorsicht nötig, da Brand- und Verbrennungsgefahr durch Herabtropfen von brennenden Folienteilen besteht. Als ungefährliche Variante bietet sich „Der Solarballon“ an.

3) Versuch Nr. 24: Für den Bau der Papierflieger eignen sich die Kopiervorlagen mit genauen Hinweisen und Zeichnungen, die die Herstellung Schritt für Schritt illustrieren, aus Praxis Grundschule, Heft 4 / 90.

7. Literatur

a) für Lehrkräfte

Praxis Grundschule:

- Heft 4. 1990. Heißluftballons. S. 36
- Heft 4. 1990. Solarballon. S. 39
- Heft 4. 1990. Anleitung zum Bau v. Papierfliegern mit Faltplänen und Schnittmustern

Die Grundschule:

- Heft 8. 1978. Bremswirkung der Luft – Fragestellungen und Versuchsanordnungen in offenen Situationen. (von Claus Claussen) S. 173–177
- Heft 5. 1977. „Luft" im Sachunterricht. Beispiele aus dem Medienverbund des Schulfernsehens. (von H. Strohmeyer, S. Thiel und G. Velthus) S. 217–221

Grundschulmagazin:

- Heft 2. 1983. Sachinformationen und Unterrichtsvorschläge zu „Luft nimmt Raum ein" in: Wagner, Reinhold: Luft nimmt einen Raum ein. S. 17f.
- Walkstein, J.: Lehrerhandreichung zur CVK-Experimentierbox. Berlin: Cornelsen-Verlag, 1983
- Wiebel, K.-H.: Natur Be-Greifen. Experimentierkartei. Lichtenau: Freiarbeit Verlag, 1987

b) für Kinder

- Oberdorfer, G.: Das springende Ei und andere Experimente für die 5 Sinne. Bern: Zytglogge Verlag, 1993
- von Randow, T. (Deutsche Bearbeitung): Papierflieger. Modelle zum Selberfalten. Hg. Mander, Dipple und Gossage. München: Heimeran, 1979

9. Mädchen und Jungen

1. Materialliste

1) *Die Knopfklasse*

Leere Filmdosen mit Deckel (für jedes Kind der Klasse eine), Glas mit vielen verschiedenen Knöpfen (mindestens 100 Stück), Klebeetiketten, um die Dose mit dem eigenen Namen zu beschriften

2) *Der rote Schuh*

Karton mit einem Paar (roten) Stöckelschuhen, evtl. Stoppuhr

3) *Die Schminkschachtel*

Schachtel mit Schminkutensilien (Lippenstifte, Nagellacke, Puder, Cremes, Pinsel etc.)

4) *Verkleidungskiste*

Gürtel, Haarspangen, Armreifen, Haarschleifen, Ohrclips, Ketten, Ringe, Broschen, Tüllgardinenreste

5) *Das moderne Schulbuch*

Sachunterrichtsbuch, eine Vielzahl ausgeschnittener Bilder von Mädchen und Jungen, ausgeschnittene Männer- und Frauenbilder, Kataloge und Zeitschriften, um weitere Personenbilder auszuschneiden

6) *Gaby und Bruno*

Schachtel mit Kopien der Tafelkinder „Gaby und Bruno", Folien, die auf die Kopien gelegt und bemalt werden können; das Mädchengesicht ist in Größe und Umriß ähnlich dem Jungengesicht, nur Haare und Kleidung machen den Unterschied. (Quelle: Gabriele Stanzel 1986)

7) *Buben und Könige*

Papierblätter mit aufgeklebten halbierten Skatkarten (Buben und Könige)

8) *Hotelwettbewerb*

Karton mit Kindergeschirr, Servietten und Zubehör

9) *Die Wendepuppe*

Geschlechtsneutrale Holzpuppe als „Schablone", die aus einem ca. 1,5 cm dicken Brett mit Armen, Beinen und Kopf ausgesägt worden ist; diverse Stoffreste, Glanzfolienstücke, Wollreste, Kleider, Haare, verschiedene ausgeschnittene Münder, Fellreste als Bärte etc.

10) *Spielzeugkiste*

Schachtel mit ausgeschnittenen Spielzeugwaren aus Katalogen, Spielzeugkataloge

11) *Das Aufnehm-Spiel*

Langes Kordelband oder Wollfäden von 4,20 m Länge, die zu zweit zu einer Kordel zusammengedreht werden (s. Anleitung Kap. 20)

12) *Kodo*

Gruselige Gummi-Figur, textile Accessoires, feminin wirkende Stoffe, Schleifen, Kreppapier und andere Verwandlungsaccessoires

13) *Witziges Monster*

He-man-Figur mit Stoffen, Schleifen, Kreppapier und anderen Verwandlungsaccessoires

14) *Würfel-Puzzle*

Würfel mit Bild-Elementen, die richtig zusammengesetzt sechs Bilder von Jungen und Mädchen in nicht-stereotypen Alltagssituationen zeigen

15) *Graf Konrad (von Oldenburg)*

Papier und Stifte

16) *Bildgeschichten machen: Wie stellst Du Dir Deine Zukunft vor?*

Papier, Stifte und Fragen wie:

1. Wo möchtest Du später wohnen?
2. Welchen Beruf hast Du?
3. Welche Kleidung trägst Du?
4. Wie willst Du leben? (allein, mit anderen Menschen, mit Deiner Familie usw.)
5. Wie verbringst Du Deine Freizeit?

17) *Baby-Bilder*

viele ausgeschnittene und gesammelte Baby-Bilder, auf denen das Geschlecht nicht durch Farbe der Kleidung oder sonstige Merkmale erkennbar ist

18) *Barbie und Ken*

Barbie-Puppe, Ken-Puppe, Stoffreste, Wolle, Glanzpapierreste, Kreppapierreste

2. Unterrichtskurzskizze

a) Einstiegsphase: *Eine Klasse aus Knöpfen*

a. Jedes Kind sucht sich einen Knopf als Ich-Knopf aus (vgl. Handlungsanweisungen).
b. Alle sortieren im Sitzkreis die Knöpfe auf 2 Haufen: Auf den einen kommen die Jungenknöpfe und auf den anderen die Mädchenknöpfe. Im Anschluß an dieses symbolische Spiel wird über die verschiedenen Stereotypien, aber auch die Abweichungen von Jungen und Mädchen intensiv im Sitzkreis gesprochen.

b) *Wie stellst Du Dir Deine Zukunft vor?*
- schriftliche Beantwortung der Frage in Einzelarbeit
- schreiben oder zeichnen, Comics oder Bildgeschichten erstellen
- Vergleich der Zukunftspläne von Jungen und Mädchen – insbesondere Berufswünsche und Vorstellungen vom Zusammenleben

c) Die total verrückte *Modenschau*

Vorbereitung: Benötigt wird eine große Klamottenkiste mit möglichst viel geschlechtstypischer Kleidung und Accessoires, improvisierter Laufsteg.

Ablauf: Alle Kinder sind gleichzeitig Teilnehmende und Publikum einer Modenschau. Die Mädchen erhalten dazu die Aufgabe, sich typisch männlich zu kleiden und die Jungen verwandeln sich in reizende Mannequins. Anschließend präsentiert sich jedes Modell auf dem Laufsteg. Die Lehrerin / der Lehrer moderiert und hebt die geschlechtsspezifischen Körper- und Kleidungsmerkmale besonders hervor.

Anschließend: Gespräch über die Gefühle beim gespielten Rollenwandel, welches Geschlecht konnte leichter in die andere Rolle schlüpfen?

d) *Der rote Schuh*

Alle Kinder versuchen, *auf Stöckelschuhen möglichst lange zu gehen*, ohne zu kippeln. Für jedes Kind wird die Zeit gestoppt. Am Nachmittag ist es freiwillige Hausaufgabe, unauffällig im Wohnviertel Frauen mit hohen Stöckelschuhen zu beobachten und auf die Uhr zu schauen, wie lange diese das fehlerfrei schaffen.

e) *Hotelwettbewerb für alle*

Die Klasse wird in reine Mädchen- und reine Jungengruppen eingeteilt. Jede Gruppe bekommt einen Tag zugewiesen, an dem sie den Frühstückstisch in der Klasse wie in einem Luxushotel decken soll. Eine Jury aus der Lehrerin / dem Lehrer und je einem Jungen und Mädchen wird vorher gewählt.

Die Gruppen haben mindestens einen Tag Zeit für die Vorbereitung. Die Reihenfolge wird ausgelost.

f) *Ich als Baby*

Alle Kinder treffen sich im Sitzkreis. Die Kinder haben Baby-Fotos mitgebracht. Der Reihe nach dürfen sie die Fotos den Mitschülern / Mitschülerinnen zeigen und in die Mitte legen. Die Bilder werden unter den Fragestellungen: „Kann ich sehen, ob es ein Junge oder ein Mädchen ist? Woran?“ betrachtet. Besonders wichtig ist es festzustellen, wie wenig in dem Alter stereotype Vorstellungen zu belegen sind. Ratespiel mit anderen Babybildern (Material 17).

g) *Differenzierte Arbeitsphase*:

Die Kinder sollen sich in gemischten Gruppen (mit jeweils zwei oder drei Kindern) zusammenfinden. In der Klasse sind die Handlungsmaterialien (Nr. 3–7 und Nr. 9–15) *in 12 Stationen* nach dem Muster des Circle-Trainings aufgestellt. Es wird zu jeweils freien Stationen gewechselt, bis alle Kinder an mehreren Stationen waren.

h) *Auswertungsgespräch im Sitzkreis*

i) Das *Kinderbuch „Artur und Clementine“* wird im Kreis vorgelesen und – bezogen auf die stereotypen Erwartungen darin – diskutiert.

j) Zweite differenzierte Arbeitsphase (s. o.)

k) Zweiter Auswertungskreis

l) Die *Geschichte* von Apiet, einem *Mädchen aus einer matrilinearen Kultur,* wird vorgelesen und im Hinblick auf prinzipiell andere kulturelle Möglichkeiten diskutiert.

m) Barbie und Ken

Die Mädchen verändern mit den Materialien (Nr. 18) *Ken, die Jungen Barbie*; anschließend verändern die Jungen Ken, die Mädchen Barbie; Vergleich der Ergebnisse.

n) Phantasiereise: Eine gerechte Welt für alle

Die Lehrkraft leitet eine *Phantasiereise* ein. In dieser Welt dürfen die Jungen weinen, wenn sie traurig sind, dürfen Mädchen mit Puppen spielen, wenn sie wollen, können aber auch riesige Brücken bauen, kümmern sich die Väter genauso um die Kinder wie die Mütter ...
Die Ideen für die Phantasiereise werden aus den konkreten Wünschen der Kinder der Klasse zusammengestellt.

o) Die Kinder sollen eine *Welt für Jungen und Mädchen phantasieren.* Sie dürfen Geschichten schreiben, modellieren, malen, zeichnen oder Bildgeschichten machen. Die Ergebnisse werden auf dem Schulflur ausgestellt.

3. Lernvoraussetzungen der Kinder zur Geschlechterthematik

Kinder leben heute in einer Zeit, in der die Geschlechterstereotype immer mehr ins Wanken geraten. Mädchen wollen nicht mehr auf die bloße Hausfrau- und Mutterrolle festgeschrieben werden. Sie protestieren, wenn ihnen nicht gleiche Rechte zugebilligt werden. Gleichzeitig sind sie durch Modelle und die gesellschaftlichen Konstruktionen der hierarchisch gegliederten Geschlechter eingebunden in Sozialisationsprozesse, die ihnen ein individuelles Ausscheren aus gesellschaftlichen Definitionen schwer macht. Auch Jungen sind in ambivalente Identitätsprobleme hinsichtlich ihres Geschlechts einbezogen. Sie müssen nach den tradierten Erwartungen patriarchaler Normen stark und groß sein, sind aber gleichzeitig besonders in der Umbruchsituation der Geschlechterbeziehungen verunsichert und ängstlich. Der Umgang mit Angst und Schwächegefühlen wird wiederum durch die vorherrschenden Normen erschwert. Von daher besteht für beide Geschlechter eine spannungsgeladene Situation um die Geschlechterthematik, die nach Orientierung verlangt.

4. Didaktische Grundlegung

Mädchen und Jungen werden bereits von ihrem ersten Lebenstag an mit verschiedenen erzieherischen Botschaften und Reaktionen konfrontiert. Auch wenn tatsächlich noch kein Unterschied in ihrem jeweiligen Verhalten zu erkennen ist, beschreiben Eltern – bewußt oder unbewußt – ihre weiblichen Kleinkinder als ruhiger und zurückhaltender, während den Jungen Eigenschaften wie Kraft und Lebhaftigkeit zugeordnet werden. Die Umwelt reagiert also von früh an und es ist somit nicht überraschend, wenn Mädchen und Jungen im Laufe ihrer Entwicklungsprozesse unterschiedliche geschlechtsspezifische Fähigkeiten und Interessen ausprägen. In der gegenwärtigen wissenschaftlichen Diskussion ist die Rede davon, daß die Geschlechter in einer Gesellschaft weitgehend durch kulturelle Zuschreibungen konstruiert werden. Wir wissen, daß in anderen Kulturen andere Geschlechternormen gelten und daß die Menschen dort auch anderes geschlechtstypisches Verhalten zeigen.

In vielen Kulturen – auch in unserer – werden die verschiedenen Erwartungen an die Geschlechter von einem hierarchisch-patriarchalen Verhältnis überformt. Derartige partriarchale Herrschaft schlägt sich etwa in der Abwertung von Frauen und der ihnen gesellschaftlich zugeschriebenen Hausarbeit nieder. Dies steht im Widerspruch zur Verfassungsnorm der Gleichberechtigung im Grundgesetz. Die Hoffnung auf Gleichberechtigung von Mädchen und Jungen in der Schule hat sich bis heute nicht erfülllt. Die schulischen und außerschulischen Sozialisationsprozesse von Mädchen und Jungen verlaufen trotz einiger veränderter Erziehungsnormen immer noch in vielen Dimensionen stereotyp. Insbesondere durch die Peergroup der Kinder werden deutliche Normansprüche daran, wie ein „richtiger Junge“ und ein „richtiges Mädchen“ sich verhalten soll, vertreten.

Zwar haben sich die Erziehungsvorstellungen von Eltern schon deutlich verändert, aber nicht die tatsächlichen Sozialisationsprozesse. Die Verschiedenheit der Sozialisation wird dadurch problematisch, daß gleichzeitig mit der stereotypen Zuordnung eine hierarchische Ordnung zuungunsten des weiblichen Geschlechts vermittelt wird und beide Geschlechter rigiden – vor allem von der Kinder-Peergroup vermittelten – Erwartungen unterliegen.

Die Mädchen und Jungen spüren den Widerspruch zwischen erzieherischer Intention und gelebter Realität oft sehr schnell, können sich auf der eigenen Identitätssuche aber nicht davon distanzieren. Wie sollen Mädchen beispielsweise Stärke und Selbständigkeit erfahren, wenn sie ihre Mütter als sich immer wieder am Mann orientierende Persönlichkeiten wahrnehmen? Wie sollen Jungen fürsorgliches Verhalten bei von der Familie abwesenden Vätern lernen? Die Art, wie Kinder ihre Mütter und Väter tagtäglich erleben, beeinflußt die Geschlechtsrollenausprägung entscheidend mit. Ebenso einprägsam sind die ungleichen Erfahrungen in Schule, Medien und anderen gesellschaftlichen Bereichen. Im Hinblick auf kompensatorische Erziehung wurden die Defizite der Jungensozialisation lange Zeit vergessen. Mangelnde soziale Kompetenz und unterentwickelte Liebesfähigkeit machen auch heute noch so manchen Jungen zum „einsamen Helden“.

Pädagogische Arbeit als Arbeit mit Mädchen und Jungen zu betrachten bedeutet, an die unterschiedlichen Sozialisationserfahrungen anzuknüpfen.

Gegenwärtig werden mehrere Ansätze zu (pädagogischen) Veränderungen des Geschlechterverhältnisses diskutiert:

- die gesellschaftlichen Sozialisationsbedingungen verändern (Quotierung für Frauen)
- neue Erfahrungen im Schulleben ermöglichen, die Kontrapunkte zur bisherigen Sozialisation bieten (Hausarbeit für Jungen, Öffentliches Auftreten für Mädchen)
- gezielte Jungenarbeit zum Umgang mit Angst / Schwäche insbesondere im außerschulischen Bereich
- kritische Reflexion von Diskriminierung und Stereotypen im Unterricht

Hier werden nur Vorschläge für den Unterricht gesammelt und nicht die insgesamt wirksameren langfristigen pädagogischen Veränderungsstrategien. Deshalb wird der dafür besonders geeignete Bereich der kritisch-reflexiven Arbeit an Stereotypen in den Vordergrund gestellt.

Dabei geht es auch um Erwartungen an Weiblich- und Männlichkeitsbilder sowie um Selbst- und Fremdwahrnehmung. Deshalb sollen hier einerseits Handlungserfahrungen für alle gefördert werden, die eine positive Identifikation mit Situationen aus dem weiblichen Lebenszusammenhang ermöglichen (Nr. 2, 3, 4, 8, 11). Andere Handlungssituationen sollen an vorhandene Entwicklungen zur Relativierung von Stereotypen anknüpfen und eine kritische Reflexion ermöglichen (Nr. 1, 7, 10). Wiederum andere sollen auf die Konstruktion der Geschlechterdifferenz hinweisen (Nr. 1, 6, 7, 9, 15, 17). Schließlich sollen spielerisch die stereotypen Bilder verändert (Nr. 9, 12, 13, 18) oder Anlaß zur Reflexion geboten werden (Nr. 5, 10, 14, 16).

5. **Handlungsanregungen** (vgl. Materialliste)

1) *Die Knopfklasse*

a. Jedes Kind sucht sich einen Knopf aus und sagt, was es dabei gedacht hat, daß gerade der zu ihm paßt. Der Ich-Knopf wird in eine Filmdose gesteckt und der eigene Name darauf geschrieben.

b. Alle sortieren im Sitzkreis die Knöpfe auf 2 Haufen: Auf den einen kommen die Jungenknöpfe und auf den anderen die Mädchenknöpfe. Knöpfe, die schon auf einem Jungen- oder Mädchenhaufen liegen, dürfen nicht mehr weggenommen werden.
Redet miteinander, mit welchen Gedanken Ihr welche Knöpfe dem einen oder dem anderen Haufen zugeordnet habt!

2) *Der rote Schuh*

Versuche, in dem roten Schuh zu stehen! Wer kann am besten darin gehen? Wieviele Minuten schaffst Du?

Das 'Tafelkind' Gaby

Das 'Tafelkind' Bruno

3) *Die Schminkschachtel*

Schminkt Euch, damit Ihr witzig ausseht!
Schminkt Euch, damit Ihr anders ausseht!

4) *Verkleidungskiste*

Verkleidet Euch alle als Mann!
Verkleidet Euch alle als Frau!

5) *Das moderne Schulbuch*

a. Sucht in dem Buch Männer und Frauen, Jungen und Mädchen, und zählt, wieviele es gibt!
b. Schneidet aus Katalogen Menschen aus! Ihr könnt auch die fertig ausgeschnittenen Bilder nehmen.
c. Verwandelt die Männer und Jungen in Frauen und Mädchen!
d. Verwandelt die Frauen und Mädchen in Männer und Jungen!
e. Verteilt es ganz gerecht im Buch!

6) *Gaby und Bruno*

Legt die Folien auf die Bilder! Gibt es Unterschiede? Ihr könnt die Bilder weitermalen!

7) *Buben und Könige*

Male die Buben und Könige fertig!

8) *Hotelwettbewerb*

a. Jede Gruppe soll einen schönen Tisch für die Gäste decken.
b. Welche Gruppe kann besonders kunstvoll Servietten für den Hoteltisch falten?

9) *Die Wendepuppe – Mädchen und Junge gleichzeitig!*

Die Holzpuppe soll beides in einem sein: Mädchen und Junge. Du kannst Wolle und Stoffe benutzen, um die Puppe auf der einen Seite zum Jungen und auf der anderen Seite zum Mädchen zu machen.

Die Wendepuppe

10) *Die Spielzeugkiste*

Welches Spielzeug möchtest Du haben? Welches Spielzeug halten viele Erwachsene für Mädchenspielzeug? Welches halten sie für Jungenspielzeug? Welches ist für beide? Welches macht Dir wirklich Spaß?

11) *Das Aufnehm-Spiel*

Fragt andere, wie aus diesem Band schöne Muster mit Finger- und Handbewegungen gemacht werden! Probiert sie aus! Versucht, sie ganz schnell zu schaffen!

Eine Möglichkeit des Anfangs ist diese:

Grundstellung 1: Man steckt die Hände in die Kordel und spannt sie. Dann wickelt man mit einer Drehung der Hände die Kordel noch einmal um jede Hand. Nun streckt man die Hände und steckt den rechten Zeigefinger von unten unter die Schnur, die über die linke Handfläche läuft, dann zieht man die Hände auseinander, so daß die Kordel wieder gespannt ist. Man steckt den linken Zeigefinger von unten unter die Schnur, die über die rechte Handflläche läuft, und zwar zwischen den beiden Zeigefingerschnüren. Die Hände sollt Ihr danach wieder auseinanderziehen. Achtet darauf, daß dies in der richtigen Reihenfolge geschieht: erst rechts, dann links!

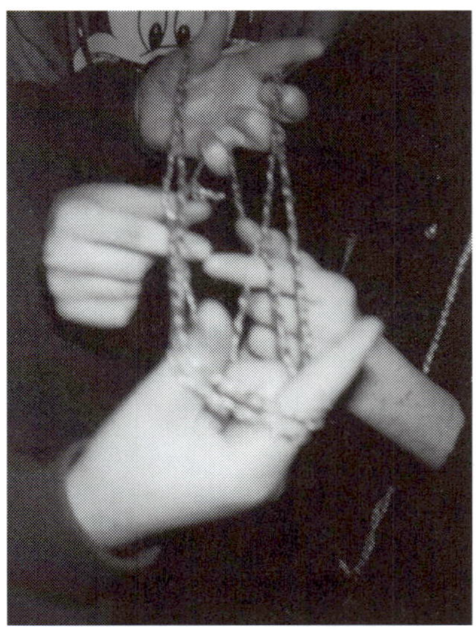

Das Aufnehm-Spiel

Grundstellung 2: Man legt die Kordel um beide Zeigefinger. Man steckt die Daumen von unten zwischen die beiden Schnüre. Haltet die Hände so, daß Ihr die Handrükken seht. Man macht mit beiden Daumen eine ganze Umdrehung (zuerst weg nach unten, dann hin nach oben), so daß um die Daumen und Zeigefinger Schlaufen liegen. Schaut im Buch „Das Hexenspiel" nach, wenn Ihr noch mehr können wollt!

12) *Kodo*

Kodo wünscht sich nichts sehnlicher, als anders auszusehen. Eines Tages kommt eine gute Fee, und Kodo darf sich ein anderes Aussehen wünschen. Als erstes wünscht er sich schönes güldenes Haar. Als zweites kleine Zähne ... was meinst Du, was er sich noch alles wünschen wird? Probiert aus, welche Wünsche Kodo haben kann, um wirklich anders auszusehen!

13) *Witziges Monster*

Mache die Figur durch Benutzen der Materialien witzig!

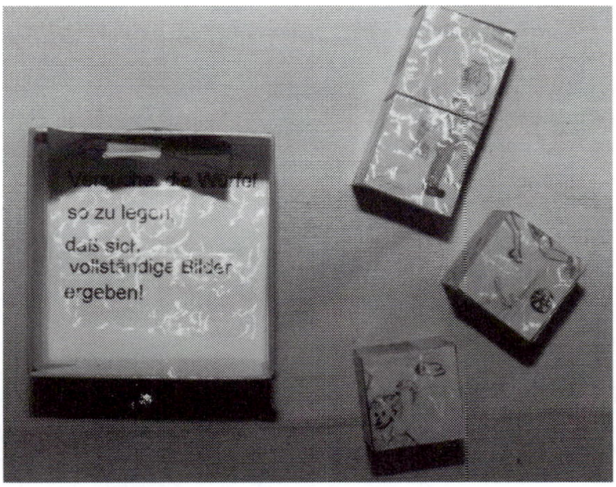

Würfelpuzzle: Mädchen / Jungen

14) *Würfel-Puzzle*

Versuche, die Würfel so zu legen, daß sich vollständige Bilder ergeben. Was siehst Du?

15) *Graf Konrad (von Oldenburg)*

Male Graf Konrad den Ersten von Oldenburg! Er lebte im 14. Jahrhundert. Es gibt kein echtes Bild von ihm. Wie stellst Du ihn Dir vor?

16) *Bildgeschichten machen: Wie stellst Du Dir Deine Zukunft vor?*

Macht Bildgeschichten über Eure Zukunft! Vergleicht sie! Redet darüber!

17) *Baby-Bilder*

Welches sind Mädchen, welches sind Jungen? Gebt den Babies Namen!

18) *Barbie und Ken*

Verändert Ken und Barbie, daß sie möglichst gleich wirken, verändert sie, daß sie möglichst witzig wirken, verändert sie, daß sie möglichst in Eure Klasse passen!

6. Tips und Hinweise

1) Dieses Thema wäre gut geeignet, um dazu einen thematischen Elternabend anzubieten, da alle Erziehenden gerade bei diesem Thema zusammenwirken sollten.

2) Die eigenen Ansprüche und Erwartungen an die Ziele dieser Unterrichtseinheit dürfen nicht utopisch hoch gesteckt werden. Die Veränderung von Stereotypen und im Verhalten der Mädchen und Jungen ist ein langfristiger Prozeß.

3) Gerade bei der Zuordnung von Knöpfen brauchen die Kinder viel Zeit. Die Erfahrung zeigt, daß Jungen wie Mädchen sich gerade am scheinbar neutralen Objekt „Knopf" um die nicht zum Geschlechtsstereotyp gehörenden Dinge „reißen" und damit Grenzen überschreiten.

7. Literatur

a) für Lehrkräfte

- Effers, J. / Schuyt, M.: Das Hexenspiel. Finger-Fadenspiele neu entdeckt. Köln, 1980
- Kaiser, A.: Hausarbeit in der Schule? Pfaffenweiler: Centaurus, 1992
- Röhner, C.: Das starke und das schwache Geschlecht. In: G. Pfister / R. Valtin: Mädchen Stärken. Frankfurt: Arbeitskreis Grundschule, 1993, S. 135–155
- Stanzel, G.: „Mädchen und Jungen". In: Enders-Dragässer, Uta / Stanzel, Gabriele (Hg.): Frauen Macht Schule. Frankfurt: Feministisches Forschungsinstitut Frankfurt, 1986
- Valtin, R.: Mit den Augen der Kinder. Freundschaft. Geheimnisse, Lügen, Streit und Strafe. Reinbek: Rowohlt, 1991

b) für Kinder

- Browne, A.: Das Schweinebuch- zum Abgewöhnen. Frankfurt: Alibaba Verlag, 1986
- Kaiser, A.: Die Geschichte von Apiet. In: dies.: Leben der matrilinearen Minangkabau. In: Eine Welt in der Grundschule, 1993. H. 4, S. 1–12
- Turin, A. / Bosnia, H.: Arthur und Clementine. Zürich: Limmat, 1982
- von Luttizt, B.: Bumfildel wünscht sich eine Puppe. In: Buck, S. / Wolff, W.: Texte und Fragen. Lese- und Arbeitsbuch für die Primarstufe. 2. Frankfurt: Diesterweg, 1975
- Welsh, R. / Lobe, M.: Lutz und Lene. In: dies.: Das Kindernest. Freiburg: Herder o. J.

10. Magnetische Spiele

1. Materialliste

1) *Magnetische Botschaften*

Magnetbuchstaben und Magnetzahlen (bekanntes Kleinkinderspielzeug, z. B. für Magnetpinnwände)

2) *Das Angelspiel*

Stöcke, Fäden, kleine Magnete, Klebestreifen, Büroklammern, bunter Fotokarton, eine Kiste, kleine magnetische und nichtmagnetische Gegenstände

3) *Das Magnetspiel*

Magnetische und nichtmagnetische Dinge, ein Magnet, Papier, Spielsteine, Würfel, Spielbrett für Mensch-ärgere-Dich-nicht oder Pappe zum Selberbasteln des Spielbrettes

4) *Gegenstände untersuchen*

Magnete, magnetische und nichtmagnetische Dinge

5) *Magnetische Wege*

Magnete, Pappe, Büroklammern, evtl. Spielzeugautos, Klebestreifen, vier gleichhohe Gegenstände, z. B. Holzwürfel

6) *Das Magnetlabyrinth*

Magnete, Pappe, Büroklammern, evtl. Spielzeugautos

7) *Segeln*

Magnete, Büroklammern, Pappe, Papier, Klebstoff

8) *Ein selbstausgedachtes Magnetspiel*

Magnete, Pappe, Büroklammern

9) *Die Klammer aus dem Becher*

Büroklammer, leerer Joghurtbecher, Magnet

10) *Können Magnete durch Materialien hindurchwirken?*

Magnete, magnetische Dinge, Dinge, die wir zwischen den Magnet und das Angezogene halten können (z. B. Papier, Pappe, Plastik, Glas, Holz, aber auch Wasser in einer Schale)

11) *Die Klammerschlange*

Magnete, Büroklammern

12) *Wie stark ist ein Magnet?*

verschiedene Magnete, Büroklammern und andere magnetische Dinge, evtl. eine Waage

13) *Abstoßen oder Anziehen*

Magnete (verschiedene, darunter zwei starke mit zwei verschieden bemalten Polen)

14) *Magnet wegschieben, ohne ihn zu berühren*

Magnete mit zwei verschieden bemalten Polen

15) *Fliegender Magnet*

Magnete mit zwei verschiedenen Polen

16) *Magnetische Felder*

Eisenspäne, Magnete, Platte aus Pappe, Plastik oder Glas

17) *Selbstgebauter Magnet*

Magnet (mit zwei bemalten Polen), Eisennagel, Büroklammern

18) *Einen Magneten überlisten*

Metallkugel (aus Eisen, Kobalt oder Nickel), länglicher, zweifarbiger Magnet (Stabmagnet mit verschieden gekennzeichneten Polen), Stahlnagel

19) *Der Kompaß*

Kompaß, Dinge, die vom Magneten angezogen werden (eisen-, kobalt- oder nickelhaltig)

20) *Ein selbstgebauter Kompaß*

Kompaß, Klebeband, dünnes, pfeilförmig geschnittenes Stück Kork, Büroklammer aus Stahl

21) *Film drehen*

Videokamera, Leerkassette, Kassettenrecorder

22) *Zaubervorführungen*

Magnete, Schuhkarton als Bühne, dazu kleiner Stoffvorhang, Material nach freier Erfindung der Kinder

2. Unterrichtskurzskizze

a) Einstiegsphase:

Als Einstieg in die Unterrichtseinheit Magnetismus bietet sich an, *mit magnetischen Buchstaben* den anderen Kindern *Botschaften* auf eine Eisenfläche (oder Magnettafel) zu schreiben.

b) Danach können die Kinder das *Angelspiel* basteln, welches sicherlich vielen bekannt ist, ohne daß ihnen bisher das Phänomen, daß Magnete eisenhaltige Dinge anziehen, aufgefallen ist.

c) Anschließend können die Kinder in Gruppenarbeit möglichst eigenständig den Magnetismus erforschen. Dazu sind verschiedene *Stationen mit den Handlungsmaterialien* Nr. 3) bis 20) aufgebaut.

d) *Auswertungsgespräch* (nach ca. drei Stationen):
Jede Gruppe berichtet über die Erfahrungen an den eigenen Stationen. Die Kinder sammeln Fragen und Hypothesen.

e) *Zweiter Stationendurchlauf*:

Jetzt wird im Uhrzeigersinn der Stationsstandort gewechselt, bis alle Kinder an allen Stationen waren.
Es besteht die Möglichkeit, daß nicht jedes Kind alle Versuche durchführt, die Versuche 4), 10) und 13) sind jedoch grundlegend. Die Spiele 5), 6) und 7) sind so ähnlich, daß sie möglichst von verschiedenen Gruppen gebastelt werden können.

Die einzelnen Gruppen können regelmäßig der Klasse von ihren Arbeitsergebnissen berichten und Überlegungen, Vermutungen und Anregungen austauschen.

f) *Auswertungsgespräch*

g) Videofilm:

Erstellen eines selbstgemachten Videofilmes über Magnete für eine andere (erste) Klasse. Dazu wird gemeinsam entschieden, welche Versuche besonders wichtig für einen Lehrfilm sind.
Sie werden in der Freien Arbeit vorgeführt und aufgenommen. Andere Kinder haben die Gelegenheit, dazu Ansagetexte auf Kassette zu sprechen.

3. Lernvoraussetzungen der Kinder zur Thematik Magnete

Viele Kinder haben im Alltag schon Erfahrungen mit Magneten und deren Eigenschaften gemacht, ohne daß es ihnen bewußt ist. So wirkt es fast selbstverständlich, daß Magnetkupplungen die Waggons einer Spielzeugeisenbahn zusammenhalten können oder daß die Seife mit Magnetkraft am Seifenhalter hängt. Ähnlich ist es bei Magnetpfeilwurfspielen, Schrankverschlüssen und eisenhaltigen Pinnwänden.

Gleichzeitig sind Kinder von Zaubervorführungen besonders angezogen. Der unbekannte und unerwartete Effekt dabei kann mit den frühen Kindheitserfahrungen verglichen werden, wenn sie die ersten „wundersamen" Folgen, wie das Erleuchten einer Glühbirne bei Betätigung eines Plastikschalters an der Wand, erleben. Sie brauchen auf dem Weg des Größerwerdens Kompetenzerlebnisse mit unerklärlichen Zusammenhängen und Folgen. Dazu gibt der Magnetismus ein exemplarisches Feld von nicht erkennbaren, aber überprüfbaren Wirkzusammenhängen. Weil der Magnetismus auf viele Kinder faszinierend wirkt, eignet er sich besonders dafür, die Kinder anzuregen, zauberhafte Vorgänge zu entschleiern und sich und ihre Umwelt bewußt wahrzunehmen und zu erforschen. Das Thema Magnetismus könnte für die

Kinder eine erste Begegnung mit naturwissenschaftlichen Denkweisen und Phänomenen darstellen und ihr Interesse daran wecken oder fördern.

Gleichzeitig eröffnen die spielerischen Versuche die Möglichkeit zu kreativem Umgang mit der Frage des Magnetismus.

4. Didaktische Begründungen

4.1 „Sachanalytische" Anmerkungen

Magnete sind Stoffe, die eisen-, nickel- und kobalthaltige Gegenstände anziehen. Magnete und Stoffe, die von Magneten angezogen werden, bestehen aus Molekülen mit magnetischem Nord- und Südpol. Bei Magneten und magnetisierten Stoffen zeigen alle Nord- und Südpole der Moleküle in eine Richtung. Bei nichtmagnetisiertem Eisen, Kobalt und Nickel liegen die Moleküle wirr durcheinander, so daß sich ihre magnetischen Kräfte gegenseitig aufheben.

Schon im Altertum kannten die Menschen ein Eisenerz, Magnetstein genannt, das ein natürlicher Magnet ist. Heute können Magnete auch künstlich hergestellt werden, indem z. B. heißer, flüssiger Stahl beim Abkühlen mit starken Magneten in Berührung gebracht wird. Dabei richten sich die Molekularmagnete bleibend in eine Richtung aus. Verschiedene Stahllegierungen können die Magnetkraft länger halten als andere. Manche Magnete können das 40fache ihres Eigengewichtes anziehen, andere viel weniger.

An den Enden eines Magneten, den Polen, ist die Kraft am stärksten. Jeder Magnet hat zwei Pole. Meist ist der Nordpol rot, der Südpol grün gezeichnet.

Die Erde hat ein magnetisches Kraftfeld, welches bewirkt, daß sich eine frei schwingende Magnetnadel wie beim Kompaß immer in eine bestimmte Richtung einstellt. Es zeigt stets der Nordpol der Magnetnadel nach Norden, der Südpol der Magnetnadel nach Süden, es sei denn, die Magnetnadel wird durch Eisen, Kobalt oder Nickel bzw. durch andere Magnete abgelenkt.

Um jeden Magneten herum bildet sich ein magnetisches Feld, das magnetische Kraftlinien zwischen den Polen aufweist (vgl. Versuch 16).

Die Fernwirkung des Magneten beruht darauf, daß sich um ihn herum ein Kraftfeld bildet.

4.2 Didaktische Überlegungen

Da die Unterrichtseinheit Magnetismus wahrscheinlich eine der ersten Begegnungen der Kinder mit naturwissenschaftlichen / physikalischen Problemen ist, sollte der Lehrkraft bewußt sein, daß dabei eventuell in den Köpfen einiger Kinder die Weiche dafür gestellt wird, ob sie später meinen, Physik würde ihnen liegen oder nicht.

Insgesamt bietet das hier zusammengestellte Material Anlaß für spielerisch-entdekkendes, kommunikatives Lernen, bei dem die Kinder intensive Erfahrungen durch differenziertes forschendes Tun erwerben können.

Der Magnetismus hat aber vor allem deshalb seinen Sinn im Grundschulunterricht, weil hier ein Übergang vom magisch-mythischen Denken hin zum Begreifen unsichtbarer Kräften gefördert werden kann. Kinder gewinnen Selbstsicherheit, wenn sie Dinge aktiv gestalten und souverän verändern dürfen. Kinder können in der Unterrichtseinheit Magnet lernen, mit diesen fremden Kräften umzugehen, die gleichzeitig in vielen Alltagsgeräten wirken.

Der Elektromagnetismus spielt in den Motoren unzähliger Maschinen und Geräte eine wichtige Rolle (z. B. in Lokomotiven, CDs und Kassetten, Computern, Telefonen und Haushaltsgeräten) und hat entscheidend zu den tiefgreifenden technischen Umwandlungen im letzten Jahrhundert beigetragen.

5. Handlungsanregungen (vgl. Materialliste)

1) *Magnetische Botschaften*

Mit Magnetbuchstaben und -zahlen kannst Du Botschaften auf bestimmten Türen oder anderen Stellen schreiben. Vielleicht gibt es im Klassenraum sogar eine Magnettafel; an der halten die Magnetbuchstaben und -zahlen besonders gut.

2) *Das Angelspiel*

Das Angelspiel eignet sich für zwei bis sechs Personen.
Befestige am Stock einen Faden, der unten eine Schlaufe hat! Durch diese Schlaufe ziehst Du ein Stück Klebestreifen, an dem Du einen kleinen Magnet festklebst. Du brauchst auch Fische, die Du aus bunter Pappe ausschneiden kannst. Vorn am Fischmaul befestigst Du eine Büroklammer und schreibst auf jeden Fisch eine Punktzahl. Eine Kiste, die Du bekleben oder anmalen kannst, soll das Wasser sein.

Spielregeln: Jedes Kind angelt einmal reihum. Dabei darf keines in die Kiste gukken. Am Schluß zählt jedes Kind die Punkte auf seinen Fischen zusammen. Wer die meisten Punkte hat, hat gewonnen.

Abwandlung: Ihr könnt auch spielen, daß Ihr keine Fische, sondern Schätze angelt. Dafür legt Ihr Dinge, die von Magneten angezogen werden und Dinge, die nicht von Magneten angezogen werden, in die Kiste. Wieder angelt Ihr reihum. Am Schluß vergleicht Ihr das, was in der Kiste geblieben ist, mit dem, was Ihr geangelt habt. Wenn noch etwas in der Kiste geblieben ist, das von Magneten angezogen wird, habt Ihr alle verloren. Habt Ihr jedoch gründlich gefischt, so habt Ihr alle gewonnen. Vielleicht fällt Euch noch eine Spielabwandlung ein.

3) *Das Magnetspiel*

Dieses Spiel eignet sich für zwei bis vier Personen. Ihr benötigt dazu einen Magnet, magnetische und nichtmagnetische Dinge, Papier, Spielsteine, einen Würfel und ein Spielbrett eines Mensch-ärgere-Dich-nicht-Spiels.
Erst baut Ihr das Spielbrett auf. Dann schneidet Ihr acht kleine, viereckige Papierstücke aus. Die legt Ihr auf irgendwelche Spielfelder. Die magnetischen und nichtmagnetischen Dinge legt Ihr auf einen Haufen.

Spielregeln: Jedes Kind bekommt gleichviele Spielsteine. Der Würfel geht reihum. Wer auf ein Papierfeld kommt, muß sich einen Gegenstand vom Haufen nehmen und ihn an den Magneten halten. Wird er angezogen, so darf das Kind noch einmal würfeln. Wird er nicht angezogen, so muß es aussetzen. Der benutzte Gegenstand wird beiseite gelegt und das nächste Kind würfelt. Ihr könnt das Spiel ohne Rausschmeißen spielen. Gewonnen hat das Kind, das als erstes seine Spielsteine ins Ziel gebracht hat.

4) *Gegenstände untersuchen*

Was können Magnete anziehen? Du kannst mit dem Magneten prüfen, welche Dinge aus dem Klassenraum angezogen werden und welche nicht. Vielleicht hat Deine Lehrerin oder Dein Lehrer weitere Dinge gesammelt, die Du prüfen kannst. Schreibe alles in eine Tabelle!

wird angezogen	wird nicht angezogen

5) *Magnetische Wege*

Nimm ein Stück Pappe, und male eine Straße darauf! Lege vier Gegenstände (z. B. größere Holzwürfel), die etwa gleich hoch sind, darunter! Schneide Dir dann ein Auto aus Pappe aus, und klebe Büroklammern unter das Auto oder nimm ein fertiges Spielzeugauto! Jetzt kannst Du das Auto auf die Straße stellen. Was passiert, wenn Du den Magneten unter der Pappe hin und her bewegst?

6) *Das Magnetlabyrinth*

Du kannst auf das Stück Pappe anstatt einer Straße ein Labyrinth malen. Kannst Du das Auto mit der Büroklammer durch das Labyrinth führen, ohne es anzufassen? Nimm wieder den Magneten zu Hilfe!

7) *Segeln*

Nimm eine Büroklammer, und biege das innenliegende Ende als Mast nach oben! Schneide nun ein kleines Dreieck aus Papier, und falte es in der Mitte! Lege die Knickstelle um den Mast, und klebe beide Hälften zusammen, damit Dein Boot ein Segel bekommt! Male auf das Stück Pappe einen See oder Fluß, und lasse Dein Boot mit Hilfe des Magneten fahren!

8) *Ein selbstausgedachtes Magnetspiel*

Denke Dir ein Spiel selbst aus! Vielleicht fällt Dir etwas Tolles ein.

9) *Die Klammer aus dem Becher*

Wirf eine Büroklammer in einen leeren Joghurtbecher und versuche, sie mit dem Magneten wieder herauszuholen! Dabei solltest Du aber nicht in den Becher fassen!

10) *Können Magnete durch Materialien hindurchwirken?*

Du kannst ausprobieren, ob der Magnet die magnetischen Dinge auch anzieht, wenn Du etwas dazwischen hältst, das selber nicht magnetisch ist? Was passiert, wenn Du viel dazwischen hältst? Du kannst Deine Ergebnisse in eine Tabelle schreiben oder zeichnen.

Material	Beobachtungsergebnis

11) *Die Klammerschlange*

Können mehrere Büroklammern am Magneten untereinander hängen? Probiere es aus!

12) *Wie stark ist ein Magnet?*

Du kannst auf verschiedene Weise herausfinden, wie stark ein Magnet ist. Hierfür benötigst Du verschiedene Magnete, Büroklammern und andere magnetische Dinge. Kannst Du bei manchen Magneten mehr Büroklammern untereinander hängen als bei anderen? Zähle die Büroklammern und notiere, was Dir auffällt!
Für diesen Versuch brauchst Du zusätzlich noch eine Waage. Gibt es Magnete, die schwerere Dinge hochheben können als andere? Du kannst die Magnete wiegen und auch die Gegenstände, die sie hochheben können.
Suche Dir einen Gegenstand aus, der von Magneten angezogen werden kann! Halte ihn an verschiedene Magnete, und nimm ihn wieder weg! Ist das Wegnehmen bei manchen Magneten schwerer als bei anderen?
Kann ein kleiner Magnet genausoviel anziehen wie mehrere kleine Magnete zusammen? Probiere es aus!
Wo hat ein länglicher, zweifarbiger Magnet die meiste Kraft? Denke Dir selbst aus, wie Du das herausbekommen kannst! Male Dein Ergebnis auf!

13) *Abstoßen oder anziehen*

Probiere mit verschiedenen Magneten aus, ob sie sich anziehen oder abstoßen! Es gibt Magnete, die eine rote und eine grüne Seite haben. Beobachte genau, welche Seiten sich anziehen und welche sich abstoßen! Was fällt Dir auf?
Du kannst versuchen, zwei sich abstoßende Magneten aneinander zu drücken und anziehende auseinander zu ziehen. Was merkst Du?

14) *Magnet wegschieben, ohne ihn zu berühren*

Versuche, einen zweifarbigen Magnet mit einem anderen wegzuschieben, ohne ihn damit zu berühren! Versuche noch, ihn dabei unterschiedlich schwer zu beladen! Was passiert?
Kannst Du einen Magnet mit Hilfe eines anderen ziehen? Kannst Du ihn auch dabei beladen? Zeichne auf, was alles passieren kann!

15) *Fliegender Magnet*

Lege einen Magneten auf den Tisch! Kannst Du ihn mit einem anderen Magneten hochfliegen lassen?

16) *Magnetische Felder*

Lege den Magneten unter die Platte aus Pappe (oder aus Plastik oder aus Glas)! Streue dann die Eisenspäne darauf! Kannst Du etwas entdecken? Versuche zu malen, was Du siehst! Was passiert, wenn Du den Magneten hin und her bewegst? Achte darauf, daß der Magnet die Eisenspäne nicht direkt berührt, sie sind schwer zu lösen!

17) *Selbstgebauter Magnet*

Nimm einen langen Eisennagel, und halte eine Büroklammer daran! Was passiert? Streiche nun mit einem Ende eines starken Magneten in einer Richtung über den Eisennagel! Was passiert, wenn Du jetzt die Büroklammer an den Nagel hältst?

18) *Einen Magneten überlisten*

Ein starker Magnet kann einen Gegenstand mit so viel Kraft anziehen, daß Du ihn nur schwer wieder losbekommst. Es gibt eine Methode, den Gegenstand wieder zu lösen, ohne ihn anzufassen: Du brauchst dazu eine eisenhaltige Kugel, einen Stabmagneten und einen Stahlnagel.
Der Nagel darf keine Magnetkraft haben und die Kugel nicht anziehen. Ziehe nun die Kugel mit dem Magneten an! Berühre die am Magneten hängende Kugel mit der Nagelspitze und ziehe den Nagel vom Magneten weg!
Was ist passiert?

19) *Der Kompaß*

Nimm Dir selbst einen Kompaß und probiere aus, was Du damit alles machen kannst! Du kannst ihn z. B. drehen, schütteln oder über den Kopf halten. Was passiert? Was geschieht, wenn Du etwas, das von Magneten angezogen werden kann, in die Nähe des Kompasses hältst und hin und her bewegst? Wie kannst Du Dir das erklären? Wie reagiert die Kompaßnadel auf Magnete? Vielleicht fallen Dir noch mehr Versuche ein.

20) *Ein selbstgebauter Kompaß*

Du kannst Dir einen Kompaß bauen!
Erst mußt Du aus einer Büroklammer einen schwachen Magneten machen, dessen Spitze später nach Norden zeigen soll. Dafür nimmst Du Dir einen Stabmagneten mit verschieden bemalten Polen und streichst etwa 20 mal mit der blauen, grünen oder grauen Seite (nicht mit der roten!) über die Büroklammer, und zwar immer zur Spitze hin. Klebe nun die Büroklammer auf das Stück Kork. Lege den Korken mit der magnetisierten Büroklammer vorsichtig ins Wasser! Wenn sich das Korkstück nicht mehr bewegt, kannst Du mit dem Kompaß überprüfen, ob die Büroklammerspitze wirklich nach Norden zeigt.

21) *Film drehen*

Überlegt, welche Versuche interessant auf einem Film aussehen! Probiert mit dem Kassettenrecorder aus, was Ihr als Erklärung zum Film sagen könnt! Erst wenn alles gut geprobt ist, kann Eure Lehrerin mit der Videokamera filmen. Zeigt den Film anderen Klassen!

22) *Zaubervorführungen*

Überlegt Euch eine Zaubervorführung mit Magneten für das Einschulungsfest der neuen ersten Klassen!

7. Literatur

a) für Lehrkräfte

- Praxis Grundschule: Magnetismus-Lernkartei. Heft 5, 1991, S. 27–36
- Venzel-Schubert, R.: Magnetismus. Physik-Versuchekartei. 2. Auflage. Bremen: Pädagogik-Kooperative e. V., 1994

b) für Kinder

- Vaughan, J. (Hg.): Mein Erstes Buch vom Magnetismus. Nürnberg: Tessloff Verlag, 1991

11. Veränderung des Müllpegelstandes beim Schulfrühstück

1. Materialliste

- Zollstock
- Gummihandschuhe
- Pappscheiben mit Mülleimerdurchmesser
- Plakatkarton
- verschiedene Verpackungsarten von Schulfrühstücksbestandteilen (Getränkekarton, Brotdose, Alufolie, Einwegflaschen, Joghurtbecher, Butterbrotpapier ...)

2. Unterrichtskurzskizze: Beschreibung eines Vorhabens im 3. Schuljahr

a) *Zur Motivierung des Vorhabens*:

Lernausgangssituation war ein Tag, an dem die Mülltonne der Klasse 3a schon in der dritten Stunde überquoll. Die Kinder erkannten im Unterrichtsgespräch, daß nicht nur „die anderen", sondern auch sie selbst mit an der Entstehung von Müllbergen beteiligt sind und waren ganz begeistert, die Menge des Schulmülls bei sich und in anderen Klassen zu messen und nach Verbesserungsmöglichkeiten zu suchen.

b) Zum *Problem von Messung und Methode*:

Als in der Schule praktikable Methode wurde die Messung der Füllhöhe vn Mülltonnen mit Zollstöcken ausgewählt. Da durch die Bildung von Lufträumen die Vergleichbarkeit bei einer Längenmessung der Müllhöhe nicht ohne Probleme gegeben ist, kamen die Kinder auf die Idee, den Berg in der Mülltonne zuerst mit einem Pappdeckel flach zu drücken. Pädagogisch wertvoll war gerade in dieser Vorbereitungsphase, daß die Kinder einsehen konnten, wie relativ die Meßergebnisse im Umweltbereich sind und wie schwer es ist, einigermaßen praktikable Meßgrößen zu gewinnen.

c) *Zum Verlauf der Messungen*:

Dieses Meßvorhaben lief in der nächsten Zeit zunächst parallel zum sonstigen Unterricht. So zogen ab diesem Tag jeweils zwei Kinder der Klasse gegen Ende der Frühstückspause mit Zollstock, Gummihandschuhen, Notizzettel, Pappscheibe und Stift gewappnet zunächst in die Parallelklassen und später auch ins zweite Schuljahr. Sie gaben sich große Mühe, sehr sorgfältig zu messen. Schon allein das ungewöhnliche *Auftreten einer Meßgruppe im eigenen Klassenraum* führte dazu, daß die anderen Klassen sich Gedanken machten, warum gemessen wurde. Sie erfuhren durch Nachfragen, daß der Sinn der Messungen sei, weniger Müll in der Schule entstehen zu lassen. Gerade weil der Sinn der Messungen an den ersten beiden Tagen quasi als Geheimnis gehandelt wurde, genoß er in den Augen der Kinder einen besonders hohen Stellenwert.

d) *Der Pegelstand sinkt*:

Schon am dritten Meßtag war ein deutliches Schrumpfen des Mülltonneninhaltes in allen beteiligten Klassen feststellbar, wie die spätere graphische Auswertung der Messungen deutlich ergab. D. h., die Kinder kannten sehr wohl schon ohne weitere Aufklärung Möglichkeiten der Müllvermeidung, es fehlte nur der Anstoß dazu, das Wissen in die Tat umzusetzen. Nachdem die Kinder durch Plakate, einen Informationsbesuch in den beteiligten Klassen und die verteilten Briefe auf weitere konkrete Möglichkeiten der Müllvermeidung aufmerksam gemacht worden waren, ging in allen untersuchten Klassen die Müllhöhe in den Restmülltonnen deutlich zuzück. Eine Klasse (3c) meinte sogar, sie sei selber schon so perfekt in der Müllvermeidung (z. T. nur 4 cm Pegelstand in der Mülltonne; am letzten Meßtag für die 3c war die Restmülltonne sogar gänzlich leer), daß es für sie eine Beleidigung sei, wenn andere Kinder ihnen sagten, wie Müll besser vermieden werde. Einige Kinder dieser Klasse bekamen daraufhin den Auftrag, ihr Wissen weiterzugeben und am Ausstellungstisch im Schuleingang anderen Kindern zu erklären, wie man Müll vermeidet.

e) *Umsetzung der Meßergebnisse in Graphiken*:

Die Meßergebnisse wurden anschließend von den Kindern in Graphiken umgesetzt. Die Kinder haben für jeden Tag graphisch in Säulendiagrammen (z. T. mit den Ampelfarben als Symbol) gezeichnet, welche der drei Parallelklassen am wenigsten Müll erzeugt hatte. Der Vergleich der verschiedenen Meßtage zeigte deutlich, daß die Kinder immer „besser“ wurden, d. h. immer weniger Abfall in die Schule mitbrachten, je mehr sie über das Problem gehört und über die müllsparenden Möglichkeiten beim Schulfrühstück nachgedacht hatten. Eine Ausnahme war allerdings völlig unerklärlich. An einem Tag war in allen untersuchten Klassen fast gar kein Müll in der Mülltonne. Diese Unregelmäßigkeit regte die Kinder sehr zum Nachdenken an. Schließlich fiel zwei Kindern ein, daß das der Tag war, an dem in der gesamten Schule (mit tatkräftiger Hilfe der Elternschaft) ein gesundes Frühstücksbüffet mit viel Rohkost, am Stück gekauftem Brot und Getränken aus großen Pfandflaschen angeboten worden war. Eine Schülerin schlug vor, man solle das immer machen und nicht nur einmal im Jahr. Vielleicht ist dies eine Richtung, in der auf dem Weg zur restmüllfreien Schule weiter nachgedacht werden sollte.

f) *Auswertung der Ergebnisse*:

Vorerst war es für die Kinder jedenfalls eine erstaunliche Erkenntnis, daß die *individuelle* Verpackung von Schulfrühstück derart viel Müll hervorbringt, denn am Tag nach dem *gemeinsamen Frühstücksbüffet* waren die Mülltonnen nicht mehr ähnlich hoch gefüllt wie an den Vortagen. Erst allmählich wurde durch die Aufklärung und den durch die ständigen Messungen geweckten Ehrgeiz die Müllhöhe stabil erniedrigt. Die 3a war hinterher sehr stolz, daß sie es durch ihre Aktion geschafft hatte, tatsächlich die Müllmenge in der Schule deutlich zu verringern.

g) *Aktionen zur Müllvermeidung an der Schule*:

Im zweiten Schritt wurden in der 3a im Unterricht Möglichkeiten der Müllvermeidung gesammelt. Daraus wurde zunächst einmal eine mündliche *„Informationsrede“* geübt, um möglichst gut die anderen Klassen zu überzeugen, weniger Müll beim Schulfrühstück entstehen zu lassen.
Die Kinder waren anfangs sehr aufgeregt, einer anderen Klasse etwas durch einen Vortrag beizubringen, wurden dann aber durch die anderen Kinder ermutigt.
Gleichzeitig wurden Plakate zum Teil als Collage mit „Fundstücken“ aus den Mülltonnen gemalt und geklebt. Diese Plakate wurden in den Fluren nahe bei den Klassenzimmertüren der anderen Klassen an den Wänden befestigt.
Als weiterer Aktionsschritt wurde eine kleine Ausstellung als Kontrast zwischen „gut verpacktem“ und „schlecht verpacktem“ Schulfrühstück nahe einem der Haupteingänge aufgestellt. Ein Informationsbrief wurde zur Erläuterung dazugelegt.
Um die Aktion auf die gesamte Schule auszuweiten, hat die Klasse dann Briefe an die anderen Kinder geschrieben und in den Pausen verteilt. Im Anschluß daran sollten noch weitere Kontrollmessungen in unregelmäßigen Abständen in allen Klassen vorgenommen werden, damit die durch die einmalige Aktion kurzfristig entwickelte Verhaltensveränderung auch stabilisiert wird.

3. Lernvoraussetzungen der Kinder zum ökologischen Themenbereich „Müll“

Grundschulkinder haben altersgemäß noch nicht so viele Möglichkeiten, analytisch oder kritisch mit ökologischen Problemen umzugehen, auch wenn sie emotional durchaus stark betroffen sind. Sie sind fast täglich mit ökologischen Katastrophenmeldungen konfrontiert. Umso wichtiger ist es, diesen kleinen Menschen Wege und Möglichkeiten zu eröffnen, in ihrem konkreten Lebensumfeld kleine Verbesserungen anzubahnen, damit die Kinder sich nicht hilflos ausgesetzt fühlen, sondern Hoffnung für die Zukunft schöpfen können. Wenn Kinder konkret ihren eigenen Schulmüll reduzieren, wird dabei nicht nur exemplarisch die Sensibilität für Möglichkeiten der Müllvermeidung geschärft, sondern auch der Gefahr hilfloser Gefühle entgegengesteuert. Die Überforderungserfahrungen, die aus realen ökologischen Problemen für das kindliche Denkvermögen, seine Erlebnis- und Erfahrungswelt folgen, werden so gemildert.

Da ökologische Probleme meist sehr wenig sinnlich anschaulich und dem Erkenntnisstand von Grundschulkindern fremd sind, ist es besonders wichtig, daß Kinder selbst Einblick in die abstrakte Welt der ökologischen Meßdaten bekommen und sie zu durchschauen lernen. So waren die Planungen der Messungen in den Schulmülltonnen und auch die Unterrichtsgespräche zur Auswertung sehr produktiv, denn die Kinder merkten u. a.,

- daß die Ergebnisse von der Methode abhängig sind
- daß es schwer ist, die Bedingungen bei vergleichenden Messungen konstant zu halten

- daß es sehr auf die Zuverlässigkeit der Messenden ankommt
- daß Kontrollmessungen zur Überprüfung der eigenen Ergebnisse wichtig sind
- daß jeder graphische Veranschaulichungsmaßstab die Ergebnisse anders darstellt
- daß auch Messungen mit exakten Zahlen abhängig von den Fragestellungen sind
- daß Daten nur im realen Kontext verstanden werden können (vgl. der Tag des Frühstücksbüffets)
- daß Meßergebnisse nicht einfach unkritisch als reine Wahrheit aufgefaßt werden können.

4. Didaktische Überlegungen

Das gemeinsame Schulfrühstück der Grundschulklassen zusammen mit ihrer Lehrerin ist ein Kernstück der Sozial- und Gesundheitserziehung. In der Regel bringen Kinder ihr Frühstück von zu Hause im Schulranzen mit. Obgleich an vielen Schulen Milch und Kakao in Pfandflaschen für alle Kinder angeboten und die Aluminiumdeckel gesondert gesammelt werden, füllen sich die Restmülltonnen in jeder Klasse nach der Frühstückspause. Wenn in den Klassen konsequent Altpapier separat gesammelt wird, stammt der Hauptanteil am schulischen Müllvolumen von in den Frühstückspausen anfallenden Verpackungen. Da die Kinder als Konsumenten dabei aktiv mitbeteiligt sind, wird eine Verringerung des auch in der Schule steigenden Müllberges nur möglich sein, wenn alle Kinder einsehen, daß sie ihr Verhalten verändern müssen und welche Möglichkeiten es dafür gibt.

Obgleich in vielen Gemeinden die Möglichkeit zur getrennten Sammlung verschiedener Wertstoffe (Komposttonnen, Glascontainer, Altpapiersammlungen, Schadstoffsammlungen) mittlerweile einen hohen Grad an Akzeptanz genießt, nehmen jedoch insgesamt die Müllvolumina von Jahr zu Jahr zu. Die quantitative Seite der Müllfrage expandiert unablässig und belastet sämtliche Kommunen. Bei dieser Sachlage ist es dringend geboten, die Perspektive der Müllvermeidung als politischen und auch pädagogischen Weg in den Vordergrund zu stellen.

Die Müllthematik bringt wegen ihrer konkreten Existenz in der unmittelbaren Umgebung der Kinder eine Chance für eine Umweltpädagogik, welche die „großen" gesellschaftlichen Probleme erfahrbar und bearbeitbar macht, ohne in eine Katastrophenpädagogik (U. Unterbrunner / R. Meier 1989) abzugleiten.

Dieses Vorhaben regt wissenschaftsorientiertes und zugleich kindgemäßes handelndes Lernen an. Die Kommunikation über ein gemeinsames Problem wird zwischen den Klassen und in der Schule insgesamt gefördert. Hinzu kommt die Entwicklung eines lebendigen Schullebens und die Öffnung der starren Klassensituation.

Hier wird – eingekleidet in ein sachliches Meßvorhaben – immer wieder ohne moralischen Zeigefinger eine veränderte normative Sicht praktiziert.

5. Handlungsanregungen

In diesem projektartigen Unterrichtsvorhaben können keine präzisen Handlungsanweisungen vorgegeben werden, weil es hier wesentlich auf die von den Kindern selbst entwickelten Fragestellungen ankommt, die aus der Unterrichtsskizze zu entnehmen sind.

6. Tips und Hinweise

1) Es bietet sich an, am Schluß dieses Vorhabens eine Kompostsammelstelle aus Holzbrettern zu bauen und auf dem Schulgelände aufzustellen.

2) Die Einrichtung von weniger Müll produzierender Gemeinschaftsversorgung wie Rohkostbar oder Imbißdienst durch eine Schulklasse wäre eine sinnvolle Fortführung.

7. Literatur

a) für Lehrkräfte

- Kaiser, A.: Altpapier-Recycling in der Grundschule. In: Lehrerjournal, 53. Jg. 1985, Heft 5, S. 193–196
- Kaiser, A.: Möglichkeiten und Grenzen des Recycling im Unterricht – Probleme von Mischmaterialverpackungen. In: Hauswirtschaftliche Bildung 1987, Heft 4, S. 175–181
- Kaiser, A. / Zeschmar-Lahl, B. u. a.: Ökologisches Waschen in der Grundschule. Reihe: Demokratische Erziehung. Unterrichtseinheiten für Schule und Jugendbildung. Köln, 1987, Heft 26
- Unterbrunner, U.: Thesen zur Umwelterziehung in der Grundschule. In: Die Grundschulzeitschrift. 3. Jg. 1989, Heft 26, S. 6–7
- Unterbrunner, U. / Meier, R.: Verantwortungsbewußte Umwelterziehung durch lebendiges Lernen. In: Die Grundschulzeitschrift. 3. Jg. 1989, Heft 26, S. 8–14

b) für Kinder

- Belcher, W.: Das Müll-Monster. Schattenspiele für Kinder. München: dtv-junior, 1991
- Kurten, D. / Mangold, P.: Der verflixte Müll. Zaubergeschichten. Graz: Mangold, 1992
- Veit, B. / Wolfrum, C.: Das Buch vom Müll. Die Welt bewahren. Ravensburg: Maier Verlag, 1992

12. Musikinstrumente – selbstgemacht aus „Müll“

1. Materialliste

1) *Papprollen- und Joghurtbecherrasseln*

unterschiedlich große Papprollen und Joghurtbecher, Reis, getrocknete Erbsen, feiner und grober Sand (zum Füllen); als Resonanzfell dient „Raschelplastik“ (daraus bestehen viele Kaufhaustüten); Schere, Klebestift, Klebeband, Nylonfaden, Buntpapier zum Bekleben, Gummiring

2) *Kronenkorkenrassel*

alte Kronenkorken, Hammer, Nägel, Stoff, kleine Holzlatte, Unterlage aus Holz, Werkbank

3) *Glühbirnenrassel*

alte Glühbirnen, Pinsel, Bastelkleber oder Leim, Papierschnipsel (aus saugfähigem Papier), Joghurtbecher als Ständer, Hammer, Tusche

4) *Trommeln*

Waschmitteltrommeln, Keks- und Teedosen, dünner Nagel, stabile Fäden, Nylonschnur, Buntpapier, Alleskleber

5) *Schlegel*

Holzstäbe, z. B. Bambusstäbe (ca. 0,5–1 cm dick und 25–30 cm lang), Woll- oder Fellreste, Weinkorken, Alleskleber, Fingerfarben, Nylonfaden, Klebeband

6) *Klanghölzer*

alter Besenstiel, Feile, Sandpapier, Nylonschnur, Klebeband, Säge

7) *Metallröhrenspiel*

Bohrmaschine mit Metallbohrer, Metallfeile oder -säge, Schraubstock, verschieden lange Metallröhren aus Kupfer oder Eisen, feine Drähte (ca. 20 cm lang), Holzkleiderbügel, Heftmaschine (Tacker)

8) *Zupfinstrument*

eine leere Waschmitteltonne (nicht höher als 30 cm), Bleistift, scharfes Messer, Lineal, eine Rolle Hutgummi, Plakafarben, dicker Pinsel

9) *Blumentopfglocken*

alte Blumentöpfe aus Ton, 70 cm lange feste Schnur, eine kleine und eine große Holzkugel (Durchmesser 1 cm bzw. 2–4 cm), eine runde, 1 cm starke Scheibe eines Weinkorkens, dicker Nagel, starker Draht, Tusche oder Fingerfarben

10) *Styroporquietscher*

Styropor, eine entfettete Glasscheibe

11) *Schnabellose Längsflöte (Andenflöte)*

Ein einfaches Rohr (aus Metall, Kunststoff, Bambus, Ton usw.), Säge, Bohrer, Feile

12) *Weidenpfeife*

ein gerades Stück frisches Weidenholz (Kastanie, Eberesche), scharfes Messer, Holzbohrer

13) *Flötenrohr*

ein an beiden Seiten offenes Plastik- oder Metallrohr, Wasser, hohes Wassergefäß

14) *Grasfieper*

scharfkantiges Gras, Papier, Folienstreifen

15) *Pferdegetrappel*

2 Joghurtbecher oder 2 halbe Kokusnußschalen, harter Untergrund (Tisch, Fußboden)

16) *Instrumentenbaum*

ein starker Ast eines Baumes mit vielen Verzweigungen, eine große Waschmitteltrommel, Steine und Sand, Teppichrest

2. Unterrichtskurzskizze

a) Vierwöchige Vorbereitungsphase:

Um mit dem Thema „ Instrumentenbau aus Umweltmaterialien“ beginnen zu können, sollte die Lehrkraft die Kinder und Eltern ca. drei bis vier Wochen vor der ersten Bauphase in einem *Brief* auffordern, Haushaltsmaterialien aller Art zu sammeln (mit beigelegter Materialliste s. o.) und genügend Werkzeug bereit zu halten.

b) Vorbereitungsphase: *Thema Müll, Wiederverwertung* und Umwelt.

– über Erfahrungen sprechen

c) Mitgebrachte Wertstoffe in einer großen Kiste im Klassenraum sammeln,

– die Kinder können die *Schatzkiste* nach Materialien durchsuchen und schon Ideen sammeln, wie sie sie später verarbeiten wollen

d) Planung der differenzierten Gruppenarbeit:

Anregungen für das Instrumentarium sind in sämtlichen akustischen Umwelterscheinungen zu finden und sollten von den Kindern vor der Gruppenaufteilung zusammengetragen werden.

e) drei Bauphasen:

In der ersten Bauphase werden die Rohinstrumente hergestellt, in der zweiten – nach rund einer bis zwei Wochen – beginnt man mit dem Verzieren. In der dritten

– wieder ein bis zwei Wochen später – wird letzte Hand angelegt. Pro Phase sollte die Lehrkraft mindestens zwei Stunden planen. Der Wochenrhythmus ermöglicht, daß Leim und Farbe gründlich trocknen können. Welches Instrument jedes Kind letztendlich herstellt, wird den Gruppen selbst überlassen.

f) Kreisgespräch: *Vorführen der Instrumente*,

– Vergleich und Erproben
– Wahrnehmungsspiele zu Geräuschen und mit Instrumenten improvisieren
– Auswertungsgespräch zu Fragen wie: *„Woher kommt das Geräusch?“*; „Welcher Gegenstand macht das Geräusch?“;„Wie nehmen wir eigentlich Töne, Klänge und Geräusche wahr?“ und „Was sind überhaupt Töne, Klänge und Geräusche?“

g) Aufstellen eines Instrumentenbaums, an den alle Instrumente der Klasse aufgehängt werden.

h) *Musizieren*:

– Die ganze Klasse bildet z. B. ein „großes Orchester“ oder sie übt Klanggeschichten ein, wie z. B. „Die Drachengeschichte“ (vgl. Irmgard Merkt 1981);
– Aufführung eigener Klanggeschichten in der Schulöffentlichkeit

i) Dokumentation der musikalischen Aufführung: Als Abschluß können die Kinder Bilder zu den Klanggeschichten malen.

3. Lernvoraussetzungen der Kinder zum Themenbereich „selbstgemachte Musikinstrumente“

Jedes hörende Kind erlebt täglich unbewußt Töne, Klänge und Geräusche. Viele Kinder haben bereits probiert, mit Alltagsmaterialien Geräusche und Töne zu erzeugen. Somit ist die Voraussetzung gegeben, daß die Kinder schnell eine Beziehung zum Thema „Instrumentenbau aus Umweltmaterialien“ aufbauen können.

Aber auch die Erfahrungen, die Kinder mit der Müllproblematik gemacht haben, sind wichtige Lernvoraussetzungen. Dabei treten sicherlich viele Fragen auf, z. B.:

– Warum müssen wir zu Hause den Müll sortieren?
– Wie wird der Müll weiterverarbeitet?
– Wie können wir Müll einsparen?

Die Kinder haben oft ein viel sensibleres Bewußtsein für die Verschwendung von Rohstoffen als ihre Eltern, weil sie einerseits in ihren jungen Jahren intensiver mit der Umweltproblematik konfrontiert sind und weil sie andererseits sich noch kaum dem Alter entfernt haben, in denen die Dinge mehr vom Gebrauchswert zum Spielen als unter Gesichtspunkten der Entsorgung gesehen werden.

Die Kinder sollen verstehen, daß Müll nicht immer nur Abfall ist, sondern sich oftmals auch noch vielfältig weiterverarbeiten läßt. So lassen sich Handlungserfahrungen mit ressourcenschonendem Verhalten gewinnen.

Durch die gemeinsame Auseinandersetzung mit akustischen Umwelterscheinungen treten bestimmt einige weitergehende Fragen bei den Kindern auf, wie z. B.:

- Wie kommt es, daß wir den einen Laut nur als Geräusch empfinden, andere Laute aber als schön oder als Musik?
- Wie kommt es überhaupt, daß wir Töne, Klänge und Geräusche hören können?

4. Didaktische Begründungen

4.1 „Sachanalytische“ Anmerkungen

Alle Laute entstehen durch Vibration eines Gegenstandes, diese Vibration versetzt die Luft in Schwingungen. Zwischen dem vibrierenden Gegenstand und unserem Ohr befindet sich Luft, die den durch die Schwingungen erzeugten Schall an unser Ohr trägt. Schall ist Energie, die von einem vibrierenden Gegenstand ausgeht und Luftteilchen in Schwingungen versetzt. Die Ohrmuschel fängt die Schwingungen auf. Durch den Gehörgang gelangen diese Schwingungen zum Trommelfell. Dieses gespannte Häutchen beginnt dadurch, selbst zu schwingen. Es leitet die Schwingungen über die Gehörknöchelchen im Mittelohr bis zur Schnecke im Innenohr weiter. Hier werden die Schwingungen auf den Hörnerv übertragen, der die Impulse bis zum Gehirn weiterleitet. Dort wird sofort unterschieden, ob es sich bei der Schwingung um Sprache, Musik oder ein Geräusch handelt.

4.2 Didaktische Überlegungen

Der gesamte akustische Umweltbereich ist eine große Fundgrube für musikalische und geräuschvolle Anregungen. Wir können jedes akustische Ereignis, ob es das Rauschen des Wassers, das Klackern von Schuhabsätzen oder das Quietschen einer Tür ist, in musikalische Prozesse (wie z. B. Klanggeschichten) einfügen, wenn wir diese Geräusche als etwas Besonderes wahrnehmen und sie für eine musikalische Aussage nutzbar machen. Diese alltäglichen Töne, Klänge und Geräusche werden dominiert durch perfektionierte Audio-Medien, die passives Konsumieren geradezu herausfordern. Hier gilt es, entgegensteuernd zu elementaren Quellen zurückzukehren, um aktives, bewußtes Hören und Gestaltungsfähigkeit zu kultivieren.

Gleichzeitig gibt das Verändern von „Beinahe-Müll-Objekten“ den Kindern die Chance, aktiv an der Reduktion der Müllawine mitzuarbeiten. Anstelle katastrophenpädagogischer Resignation erfahren die Kinder konkret, daß der sogenannte Müll weitgehend aus Wertstoffen besteht, die es wieder sinnvoll zu nutzen gilt. Diese Grunderfahrungen mit ressourcenschonendem Verhalten im Grundschulalter sind wichtige Ausgangspositionen für die weitere konstruktive Phantasieentwicklung in Richtung bewußten Konsumverhaltens.

Die Kinder können in diesem Unterrichtsvorhaben feststellen, daß aus dem verarbeiteten Haushaltsmüll Gegenstände entstehen, die Töne, Klänge und Geräusche von sich geben und somit brauchbar sind. Hierdurch wird ihnen der Sinn der Wiederverwertung verdeutlicht und sie verstehen, warum sie zu Hause Haushaltsmüll sortieren und Wertstoffe wiederverwenden sollten.

Die Kinder lernen so mit all ihren Sinnen: sie sehen, sie fühlen und sie hören. Gleichzeitig ist der Produktionsprozeß ganzheitlich erfahrbar, die Kinder phantasieren, planen, konstruieren, produzieren, erproben und wenden das Produkt an. Insofern werden auch exemplarisch Erfahrungen beim Entstehen eines handwerklichen Produktes aufgearbeitet.

Da die Herstellung Kooperation der Kinder verlangt, wird auch das Sozialverhalten der Kinder gestärkt. Sie lernen, aufeinander zu hören, die anderen gewähren und beim Musizieren ausspielen zu lassen. Die Gruppenarbeit läßt die Kinder sensibel werden für die eigenen, aber auch für die Aktionen anderer. Gerade das Musizieren mit verschiedenen Instrumenten macht eine kooperierende Gruppe erforderlich, in der die Ich-Ansprüche nicht unbegrenzt gelten können und doch jede einzelne Person wichtig für den Gesamtklang ist. Soziale Ich-Stärkung wird besonders durch die Einheit von Produktion und gemeinsamem Erproben gefördert.

In diesem Unterrichtsvorhaben geht es nicht um das eigentliche Musizieren, vielmehr sollen Eigenschaften, Funktionen und Wirkungen von spezifischen Umweltgegenständen in den Vordergrund treten. Die Kinder sollen lernen, Hören und Sehen zu differenzieren, sich Gehörtes und Gesehenes bewußt zu machen, sich mit anderen darüber zu verständigen sowie Hörbares und Sichtbares im weitesten Sinne selbst herzustellen.

Auf eine knappe Formel gebracht: Es geht in dieser Unterrichtseinheit um den *Zusammenhang von Wahrnehmung und Aktion*. Alle Aktivitäten fangen mit dem Selbersuchen und Selberfinden bei einer Fülle von Umweltmaterialien an. Wahrnehmen- und Erkennenlernen von akustischen Umwelterscheinungen bedeutet für ein Kind begreifendes Denkhandeln, das gleichzeitig ein kreativ-schaffendes Handeln ist.

5. **Handlungsanregungen** (vgl. Materialliste)

1) *Papprollen- und Joghurtbecherrasseln*

a) Fülle die *Joghurtbecher mit Reis, Sand oder getrockneten Erbsen*!

Als Resonanzfell dient „Raschelplastik“, aus dem viele Kaufhaustüten bestehen. Schließe den gefüllten Joghurtbecher mit „Raschelplastik“, und klebe am Rand sorgfältig zu, oder spanne einen Gummiring fest herum! Du kannst auch zwei gleich große gefüllte Joghurtbecher zusammenkleben!

b) *Papprollen*: Schneide für die Papprollen zunächst einen Kreis aus Raschelplastik aus, dessen Durchmesser etwa 2 cm größer sein soll als die Öffnung der Rolle! Bestreiche die Ränder der Papprolle mit dem Klebestift, und lege den Kreis auf die Öffnung! Dessen überstehenden Rand mußt Du nun in kurzen Abständen 1 cm weit einschneiden, dann fest gegen die Rolle drücken und mit dem Klebeband fixieren. Jetzt kannst Du ein wenig Füllmaterial in den Behälter geben!

Instrumente aus Müll:
Blumentopfglocken, Klanghölzer, Glühbirnenrasseln, Panflöte, Kronenkorkenrassel

Das andere Ende der Rolle mußt Du nun ebenfalls mit Raschelplastik überkleben. Du mußt es ganz straff über die Öffnung spannen, damit sich der Klang richtig entfalten kann. Zum Verzieren kannst Du Buntpapier verwenden.

2) *Kronenkorken-Rassel*

Die Kronenkorken werden mit Hilfe eines Nagels und eines Hammers in der Mitte durchgeschlagen. Benutze dazu die Unterlage oder eine Werkbank!
Dann steckst Du ca. 5 Kronenkorken auf einen Nagel und schlägst sie mit dem Hammer in einem Abstand von ca. 3 cm in eine 20–30 cm lange Holzlatte. Falls die Holzlatte sehr rauh ist, kannst Du sie vorher mit Sandpapier glattschmirgeln, dann ist die Verletzungsgefahr geringer. Nun kannst Du den Griff der Rassel nach eigener Phantasie mit Stoffresten verzieren.

3) *Glühbirnenrassel*

Zunächst mußt Du eine alte Glühbirne dick mit Leim einpinseln, dann eine Schicht Papierschnipsel aufkleben. Dabei mußt Du beachten, daß es sich um sehr saugfähiges Papier handelt. Nun mußt Du diesen Vorgang so lange wiederholen, bis die Birne dick umhüllt ist. Anschließend kannst Du sie zum Trocknen in einen Joghurtbecher stellen. Wenn die Umhüllung getrocknet ist, mußt Du das Glas im Inneren mit einem gezielten Hammerschlag zertrümmern, aber nicht zu fest, sonst wird das Instrument unbrauchbar. Nun kannst Du Deine Rassel bemalen.

4) *Trommeln*

Die Bauweise ist für Teedosen und Waschmitteltonnen gleich: Du bohrst in den Boden und Deckel des Behälters je zwei kleine Löcher in regelmäßigen Abständen. In Blech kannst Du sie auch mit einem dünnen Nagel schlagen. Durch die Löcher müssen stabile Fäden hindurchpassen – bei einer großen Trommel nimmst Du Kordeln oder Versandschnüre. Pro Instrument mißt Du je zwei (für die linke und für die rechte Seite) so lang ab, daß sich das „Trommelfell“ (der Boden und Deckel des Behälters) in Deiner Bauchhöhe befindet. Die Kordeln reichen dann jeweils von einem Loch im Boden des Behälters um Deinen Hals herum bis zum anderen Loch im Boden der Trommel. Damit das „Trommelfell“ möglichst frei schwingen kann, werden die Kordeln im Inneren des Instrumentes nur von Knoten oder zusätzlichen Nägeln gehalten. Damit der Klang nicht beeinträchtigt wird, darfst Du nur die Seiten der Trommel verzieren – also nicht das „Trommelfell“.

5) *Schlegel*

Wer trommeln will, braucht dazu Schlegel.
Um ein Ende des Bambusstabes wickelst Du Wolle und fixierst sie zwischendurch ab und zu mit Alleskleber. Je mehr Du davon verwendest, desto fester wird der Schlegelkopf. Willst Du ihn jedoch lieber weich, nimmst Du dicke Wolle und nur ein wenig Alleskleber.
Leichte Schlegel mit relativ hartem Kopf fertigst Du aus dünnen Blumenstangen und Weinkorken an: Du mußt jeweils drei Stangen am unteren Ende mit Klebeband zusammenhalten, die Spitzen tief in einen Weinkorken stecken und mit Alleskleber fixieren. Die Korken kannst Du mit Fingerfarben bunt anmalen.

6) *Klanghölzer*

Um Klanghölzer herzustellen, sägst Du einen Besenstiel in 18–20 cm lange Stücke, die Du mit einer Feile oder mit Sandpapier an den Enden abschleifst. Zum Verzieren darfst Du lediglich Tusche verwenden, da andere Farben den Klang stören.

7) *Metallröhrenspiel*

Du sägst 2 m lange Kupferstangen mit einer Metallsäge in unterschiedlich lange Teile von ca. 15–40 cm Länge, und zwar pro Instrument sechs bis acht.
Nun müssen an je einem Ende einer jeden Röhre zwei dünne Löcher, die sich gegenüberliegen, mit einem Metallbohrer gebohrt werden (hier muß Dir Deine Lehrerin / Dein Lehrer helfen). Durch die Löcher ziehst Du einen feinen Draht, etwa 20 cm lang, der anschließend verknotet wird. Damit der Bohrer auf der glatten Oberfläche nicht abgleitet, feilst Du die Stelle erst plan, in die Du das Loch bohren willst. Um einer Verletzungsgefahr vorzubeugen, mußt Du die Enden der Röhren ebenfalls abschleifen. Dann kannst Du die Röhren der Größe nach an einem Holzkleiderbügel befestigen, indem Du die Drahtschlaufen mit einer Heftmaschine (Tacker) an der Rückseite des Bügels festklammerst. Der Abstand zwischen den einzelnen Röhren sollte 4–5 cm betragen, damit sie frei schwingen können. Als Schlegel kannst Du Kaffeelöffel oder Reste der Metallröhren verwenden.

8) *Zupfinstrument*

Zupfinstrument

Du benötigst für das Zupfinstrument eine 30 cm hohe Waschmitteltonne aus Pappe.
Am oberen Rand mußt Du in gleichmäßigen Abständen zehn Kerben mit einem scharfen Messer einschneiden, wobei sich immer zwei Kerben gegenüberliegen müssen. Die Kerben kannst Du am besten abmessen und mit dem Bleistift markieren. An den markierten Stellen mußt Du nun die Kerben mit dem Messer einritzen. Auf diese Weise erhältst Du fünf Kerbenpaare. In die Kerben spannst Du jeweils 30 cm lange Stücke Hutgummi und knotest sie an beiden Enden. Dabei mußt Du jedoch beachten, daß die Gummibänder straff zwischen den Kerben liegen. Das Gummi ist nun straff gespannt, und die Knoten verhindern ein Herausrutschen. Wenn Du nun an den gespannten Saiten zupfst, erzeugt jede Saite wegen den unterschiedlichen Längen einen anderen Ton. Nun kannst Du das Zupfinstrument nach eigener Phantasie mit Plakafarben oder Buntpapier verzieren.

9) *Blumentopfglocken*

Aus großen Blumentöpfen, ab 12 cm Durchmesser, entstehen einzelne Glocken. Für jede benötigst Du eine dicke Schnur, etwa 70 cm lang, eine kleine und eine große Holzkugel (Durchmesser 1 cm bzw. 2–4 cm) und eine runde, 1 cm starke Scheibe eines Weinkorkens. Aus einem Ende der Kordel knotest Du eine Schlaufe von 10 cm Länge und fädelst darauf die kleine Holzkugel. Im Inneren des Topfes führst Du die Schlaufe durch das Luftloch nach außen, so daß die Kugel den Topf trägt.
Damit die Schlaufe von oben gehalten wird, bohrst Du zunächst mit einem dicken Nagel ein Loch in die Korkscheibe, durch das Du dann die Kordel ziehst, am besten mit Hilfe eines starken Drahtes. Als nächstes mußt Du nun die Holzkugel auf das andere Kordelende fädeln, das Du in der Höhe des Topfrandes verknotest.
Die Holzkugel dient als Klöppel. Wenn Du zwei solcher Glocken unterschiedlicher Größe an je einem Ende eines Kleiderbügels aufhängst, ergibt das ein kleines Glockenspiel.
Kleinere Blumentöpfe kannst Du in kurzen Abständen untereinander an eine Kordel knoten. Hier erübrigt sich die große Holzkugel, da statt mit einem Klöppel mit Schlegeln, mit dünnen Metallröhren oder z. B. mit einem Kaffeelöffel gespielt wird.

Damit Du den Klang der Glocken nicht störst, solltest Du sie lediglich mit Fingerfarben oder Tusche verzieren.

Weitere Instrumentenideen wie die

10) *Styroporquietscher,*

11) *Schnabellose Längsflöte,*

12) *Weidenpfeife,*

13) *Flötenrohr,*

14) *Grasfieper,*

15) *Pferdegetrappel*

findet Ihr im Buch von Ulrich Martini (s. Literatur).

16) *Instrumentenbaum*

Entweder bringt Ihr den Baum aus dem Wald mit, wenn das Unterholz ausgelichtet wurde, oder im eigenen Garten ist ein Baum zu groß und es können starke Äste mit vielen Verzweigungen abgeschnitten werden. Als Ständer dient Euch eine große Waschmitteltrommel, die Ihr mit Sand und Steinen füllen müßt. Als Abdeckung könnt Ihr einen Teppichbodenrest zuschneiden.
Nun befestige an Deinem Instrument eine Schlaufe aus einem Nylonfaden an der Rückseite, damit Du es gut aufhängen kannst!

6. Tips und Hinweise

1) Es muß genügend Werkzeug in der Klasse vorhanden sein. Insbesondere müssen die Kinder vor Gebrauch die Sicherheitshinweise im Umgang mit Werkzeugen kennenlernen.

2) Der Schwierigkeitsgrad der Bastelobjekte darf nicht zu hoch sein. Hier ist die Beratung der Lehrkraft erforderlich, da vermieden werden soll, daß die Kinder die Lust am Entwickeln und Konstruieren der Instrumente verlieren.

3) Eltern können an diesem Unterricht sinnvoll mitwirken.

4) Die Instrumente können in jedem Raum angefertigt werden; die Lehrkraft muß jedoch an feste Unterlagen für die Tische denken, am besten eignen sich dicke Holzunterlagen, worauf die Kinder sägen, hämmern und bohren können. Die Kinder dürfen nur dann mit Werkzeugen wie Messer, Bohrer, Säge, Schere oder Tacker umgehen, wenn sie dabei beaufsichtigt werden. Weiterhin sollten die Eltern ihre Kinder während der Bauphasen nicht in allzu guter Kleidung zur Schule schicken. Es empfiehlt sich, ältere „Zweithosen und Zweitpullover“ die ruhig beschmutzt werden können, für alle Kinder in einem Korb vor dem Klassenraum bereitzuhalten.

5) Damit später alle Kinder am Musizieren Spaß haben – auch die, die kein klassisches Instrument spielen können – muß alles als Instrument gelten, was irgendwie klingt. Klassische Instrumente können mit einbezogen werden.

7. Literatur

a) für Lehrkräfte

- Houben, H.: Wärme, Schall, Licht. Freiburg: Herder, 1971
- Klein, T. M.: Musikinstrumente mit Kindern bauen und spielen. Niedernhausen: Falken Verlag, 1991
- Kock, W. E.: Schall sichtbar gemacht. Berlin: Springer, 1974
- Martini, U.: Musikinstrumente – erfinden, bauen spielen: Anleitung und Vorschläge für die pädagogische Arbeit. Stuttgart: Klett, 1980
- Stevens: Schall und Gehör, Originaltitel: Sound and hearing. Reinbek: rororo-Sachbuch, Rowohlt, 1970

b) für Kinder

- Bröger, A.: Meyers großes Kinderlexikon. Mannheim: Bibliographisches Institut, 1981
- Kurten, D. / Mangold, P.: Der verflixte Müll. Zaubergeschichten. Graz: Mangold Verlag, 1992
- Leokum, A.: Unsere Welt: Wie, Was, Warum? Hamburg: Neuer Tessloff Verlag, 1968
- Merkt, I.: Haste Töne: Musik zum Selbermachen; Cowboy- Songs, Shanties, Bänkellieder, Drachen und andere Musikgeschichten. München: Weismann, 1981
- Rex, A.: Mein erstes Spiel- und Experimentierbuch: spannende, ungefährliche Versuche und Experimente: Chemie, Magnetismus, Elektrizität, Wasser, Luft, Wärme, Schall, Licht. München: Südwest Verlag, 1974
- Thiel, H. P. / Casper, B.: Piper Grundschüler-Lexikon, Sachunterricht. München, Zürich: R. Piper & Co. Verlag, 1976 (5. Aufl.)
- Was ist Was – Die Welt des Schalls. Band 28. Hamburg: Tessloff Verlag, 1979

13. Ölpest bannen

1. Materialliste

- mehrere große Schüsseln
- Schutzhandschuhe
- Papier zum Abdecken, Löschblatt
- 1 Flasche Altöl von der Tankstelle
- ein Kanister für späteres Entsorgen des Altöls
- ein alter Eimer zum Entsorgen ölverschmutzter Lappen
- Filtertüten, Sägespäne, Sand, Löffel, Siebe, Streichhölzer, Strohhalme, Filz

2. Unterrichtskurzskizze

a) Lernausgangssituation, *aktueller Anlaß*

Bilder von ölverschmutzten Meeren oder Seen, Zeitungsberichte von Tankerunglücken, Erzählungen von Ölpest

b) Unterrichtsgespräch über die Folgen dieser Ölpest für Mensch und Natur

- Sammlung von Ideen, wie diese Ölpest bekämpft werden könnte

c) Versuchsanordnung:

Jede Kindergruppe bekommt eine Schüssel mit Wasser, in diese Schüssel wird *ein schwarzer Film von Altöl* hineingegossen. Die Gruppen sollen zunächst überlegen, welche Versuchsmaterialien sinnvoll sind, um den Ölfilm zu beseitigen.

d) Kinderversuche:

Zunächst *versuchen* die Kinder, mit den Materialien wie Sand, Sägespäne, Löffel, Sieb, Filtertüte und anderen, *das Öl zu beseitigen* und in den Kanister zum Abtransport zu füllen.
Dabei muß besonders sorgfältig darauf geachtet werden, daß die Kinder ihre Kleidung und die schulischen Gegenstände vor Schwarzfärbung und Ölflecken schützen.

e) Unterrichtsgespräch:

Es wird die *Wirksamkeit der verschiedenen Methoden* diskutiert, vorgestellt und nach weiteren Möglichkeiten gesucht. Die Kinder sollen zu Hause neue Materialien, die sie für geeignet halten, zur Bekämpfung der Ölpest mitbringen.

f) Zweite Versuchsphase

g) Unterrichtsgespräch: *Austausch über die Effektivität der verschiedenen Methoden* und über die Problematik der Bekämpfung von Ölpest.

h) Versuch der endgültigen *Beseitigung des gesamten Ölfilmes* auf den Schüsseln

i) Gespräch: Wohin kann der Kanister mit dem Altöl gebracht werden? Verschiedene *Möglichkeiten der Entsorgung und ihre Problematik* ansprechen!

j) Zwei Kinder aus der Klasse fahren mit der Klassenlehrerin zur örtlichen *Sondermüllsammelstelle*; sie berichten anschließend dem Rest der Klasse, was sie bei der Sondermüllsammelstelle gelernt und erfahren haben.

k) Gespräch zur Frage: *Was kann in der Wirklichkeit getan werden*, wenn wir das, was wir jetzt im Unterricht erprobt haben, in richtige Maschinen umsetzen?

l) Die *Kinder erfinden in Gruppen Maschinen zur Beseitigung der echten Ölpest*. Die Maschinen werden zeichnerisch dargestellt, damit diese Entwürfe an Politiker weitergeschickt werden können. Die Kinder stellen sprachlich vor, welche Möglichkeiten sie in ihrem Bild erfunden haben.

m) *Ausstellung der Erfindungen*, Kommentare und Kritik

n) Absenden der drei besten *Entwürfe an Umweltdezernent / in, Bürgermeister / in* o. a.

o) Gespräch zur Frage *Nutzen / Schaden des Unterrichts*: War es richtig, so viele Lappen zu verschmutzen und damit noch mehr Sondermüll zu produzieren, damit alle Kinder etwas über Ölpest lernen?

Was passiert, wenn ein Tanker ausläuft? Lernausgangssituation aktueller Anlaß

3. Lernvoraussetzungen der Kinder zu Umweltkatastrophen

Tagtäglich sehen die meisten Kinder im Fernsehen Filme von Katastrophen auf der Welt. Durch Sensationsjournalismus werden gerade Kriegs- und Katastrophenbilder in ihren dramatischen Augenblicken in fast jedes Wohnzimmer hineingesendet. Kinder haben kaum die Möglichkeit, diese Bedrohungen zu relativieren. Gleichzeitig sind Kriege und Naturkatastrophen auch als reale Gefahren ernst zu nehmen, weil sie potentiell die Menschen und das Leben überhaupt auf der Erde bedrohen.

Kinder brauchen die Möglichkeit, sich aktiv mit den Gefahren auseinanderzusetzen, um Lebenshoffnung aus ihrem eigenen Inneren zu schöpfen. Deshalb ist es wichtig, wenn Kinder im Morgenkreis betroffen von derartigen Meldungen sprechen, dies aufzugreifen und gemeinsam nach Lösungen zu suchen, um sicherer in die Welt schauen zu können.

4. Didaktische Grundlegung:

4.1 „Sachanalytische“ Überlegungen

Eine Ölpest kann prinzipiell auf zwei Arten bekämpft werden:
- mechanisch: durch Eindämmen, Absaugen oder Abfackeln des Ölfilms,
- chemisch: durch Zersetzung des Ölteppichs in feine Tröpfchen zur Erleichterung des nachfolgenden biologischen Abbaus.

Bei allen Methoden ist Schnelligkeit des Einsatzes nach einem Unglück oberstes Gebot. Je nach Ölqualität und vor allem Wetterlage wird die angemessene Methode oder eine Kombination verschiedener Systeme – oft auch in zeitlicher Staffelung – eingesetzt.

1. Mechanisch ist der *Einsatz aufblasbarer Sperren* als Sofortmaßnahme gegen die Ausbreitung des Ölfilms denkbar; dies ist aber nur bei ruhiger Wetterlage möglich.

2. *Absaugen des Öls* durch Spezialschiffe: Sie sammeln über verschiedene Fördersysteme das mit Wasser vermischte Öl ein. Im Schiffsinneren wird die Masse wieder nach Wasser und Öl in Schichten abgesetzt und getrennt. Das Wasser wird ins Meer zurückgeleitet. Diese Methode ist diejenige, die auch von Grundschulkindern am häufigsten nacherfunden wird.

3. *Abfackeln des Öls*. Dies ist nur in den ersten Tagen nach dem Unglück möglich; bei schlechtem Wetter ist es schwierig und ökologisch bedenklich. Es entsteht eine massive Luftverschmutzung und Verbrennungsrückstände verseuchen das Wasser. Deshalb sollte auch diese Variante nicht im Versuch in der Klasse – bei zusätzlich großen Gefahren – erprobt werden.

4. *Chemisch* wird eine Ölpest durch den Einsatz von sogenannten Dispergatoren, die den Ölfilm in feinste Teilchen auflösen, bekämpft. Diese mischen sich dann mit Wasser und sinken ab. Das nunmehr feinverteilte Öl erleichtert einen nachfolgenden, biologischen Abbau durch „ölfressende“ Mikroorganismen im Meer über längere Zeit. Dabei bleiben chemische Rückstände im Meer. Der anschließende biologische Abbau verbraucht viel Sauerstoff und geht auf Kosten anderer Lebewesen in tieferen Meeresschichten bis zum möglichen Erstickungstod der Gewässer.

4.2 Didaktische Überlegungen

Didaktisch-methodisch ist das Problem der Beseitigung der Ölpest ein sehr wichtiger Ansatz, um Kindern, die durch Medien über Umweltkatastrophen beunruhigt sind, auch die Möglichkeit zu geben, aktiv handelnd Alternativen zu entwickeln. Gerade das Thema Wasserverschmutzung durch Öl ist für das Grundschulalter geeignet, um einerseits konkret handelnd die Schwierigkeiten der Beseitigung von Öl zu sehen, andererseits aber durch ständig wachsende Aktivitäten und viel Mühe tatsächlich eine relative Beseitigung allmählich zu erreichen. D.h., Kindern wird hier nicht im Sinne der Katastrophenpädagogik allein die Unmöglichkeit des Umweltschutzes vorgeführt. Stattdessen werden Wege aufgezeigt, wie doch schrittweise eine Annäherung an mögliche Lösungen auf technischer Ebene vollzogen werden kann. Gleichzeitig wird deutlich, daß die Vermeidung derartiger Katastrophen der entscheidende Lösungsweg ist.

Wichtig bei dieser Einheit ist es auch, daß in einem sinnvollen Kontext technische Problemlösungen entwickelt werden. Mädchen, die sich oft vor technisch-funktionalen Zusammenhängen scheuen, haben bei dieser Thematik die Chance, technisch differenzierte Maschinen zu entwickeln und zu erfinden, weil sie einen Sinn darin sehen, die Natur und Umwelt zu retten. Gerade die vorangegangenen eigenen Versuche eröffnen eine Vielzahl von technischen Möglichkeiten, sei es das Abschöpfen, sei es das Absenken, sei es das Vermischen des Öls mit einer festen Masse wie der Sägespäne und vieler anderer Materialien oder das Filtern. Alle diese Möglichkeiten, die praktisch erprobt und anschaulich verstanden wurden, können auch in maschinelle Arbeitsgänge übersetzt werden. Insofern ist das Unterrichtsvorhaben Ölpest einerseits umwelterzieherisch bedeutsam, andererseits aber die Verbindung von Handlung und Theorie in Form von theoretisch-kreativen-technischen Problemlösungen sachunterrichtsdidaktisch außerordentlich produktiv.

5. Beispiele aus der Unterrichtspraxis

Generell lautet die Handlungsanregung: Versucht, Euer ölverschmutztes Wasser wieder zu reinigen!
Im folgenden werden Kommentare vorgestellt, die einzelne Kinder zu Beginn des 2. Schuljahres zu ihren Zeichnungen einer „Umweltrettungsmaschine bei Ölpest" gegeben haben.

Lukas: „Das ist ein Rennboot. Und da hat es so einen Behälter, ganz unten am Boot. Und dann geht ein Rohr da lang in einen Behälter mit Wasser und in einen anderen mit Wasser. Wenn alle voll sind, fährt das Rennboot an Land. Da geht es in eine Maschine. Da ist ein Sieb und da fließt das klare Wasser unten in einen Behälter und fließt ins Meer zurück, und das Altöl geht nicht durchs Sieb, und es geht durch das Rohr in einen Behälter. Der wird zwischendurch ausgeleert."

Willi: „Zuerst fliegt dieser Hubschrauber. Er beobachtet, daß dieses Schiff nicht bißchen nach unten oder zur Seite geht, und hier ist so ein großer Kanister im Schiff. Das saugt Öl mit Wasser rein, und dann kommt Wasser hier wieder raus. Das Öl wird im

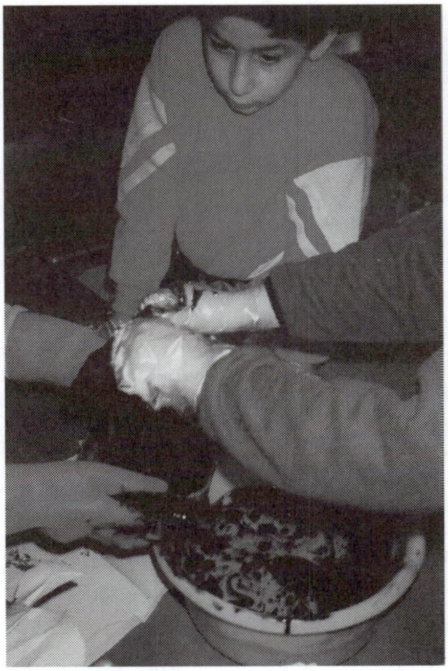

Kinderversuche

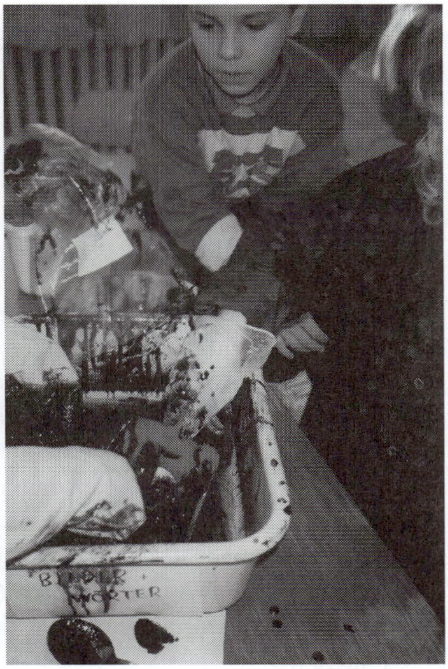

Wie kann das Öl wieder vom Wasser getrennt werden?

Kanister gesammelt. Es wird oben gesammelt, weil es oben schwimmt und unten kommt das Wasser raus.“

Mascha: „Die Rakete ist umweltfreundlich, weil sie ein Mittel hat, daß sie keine drekkige Luft macht. Sie zieht auch die giftige Luft vom Öl hoch, und wenn sie alles hochgezogen hat, dann kommt das wieder da hin, wo es reingehört. Das ist ein Hubschrauber, und der holt das dreckige Öl aus dem Wasser, der siebt das so raus. Hier hinten holt er noch mal die dreckige Luft raus, und er bringt sie dann auch dahin, wo die Rakete sie hingebracht hat.“

Philipp: „Der saugt das Öl so an, und dann tut er das in einen Kanister und dann kommt das Öl auf so einen ganz großen Kanister, dann saugt er immer viel mehr an, dann ist das so ein Ding, das wird wegtransportiert und kommt in einen großen Kanister weg.“

Karin: „Zuerst etwas ähnliches wie ein Bagger. Davor ist ein Sieb, auf der anderen Seite ist auch ein Sieb und auf der einen Seite wird das Öl eingesaugt und auf der anderen Seite das Wasser. Dann kommt das Wasser auf der einen Seite durch ein Rohr in den Wasserkanister. Das Öl fließt in den Ölkanister, und da sitzt ein Fahrer, der lenkt alles. Der Fahrer muß eine Gasmaske und einen Schutzanzug anhaben, weil er könnte was abkriegen. Bei dem Öl ist ein Sauger, aber das Wasser kann da nicht durch, weil da extra ein Ölsauger ist. Der funktioniert mit Strom, und bei dem Wasser ist ein Sieb mit ganz dünnen Löchern, da kommt das Öl nicht durch.“

Björn: „Ein ganz normales Schiff. Dann kommt so eine Maschine oben drauf, die pustet. Dann ist da so ein Trichter, daß das ausgepustet wird. Da drin in der Maschine ist ein großer Ventilator oder mehrere, der da Wind macht. Vorne ist ein Netz, wo das Öl mit aufgefangen wird."

Miriam: „Ich habe ein Haus gemalt, und da sind so elektrische Knöpfe drin, und da ist eine Greifhand, die soll das Öl beseitigen, und an dem Greifer ist ein Schieber, und der Schieber schiebt das Öl weg, und dann wird es hochgepumpt und gesäubert."

6. Tips und Hinweise

1) Das Wichtigste ist der Schutz von Kinderkleidung und Schulinventar vor Ölflekken und Ölverschmutzung. Schutzhandschuhe, Schürzen, Papier zum Abdecken der Schultische und des Schulfußbodens und viele andere Vorsichtsmaßnahmen sind je nach räumlichen Bedingungen erforderlich.

2) Es muß relativ viel Zeit für dieses Unterrichtsvorhaben eingeplant werden, damit das Öl tatsächlich so weit abgeschöpft werden kann, daß das übriggebliebene Wasser als rein angesehen werden kann. In der Folgezeit nach den Versuchen kann dieses in der freien Arbeit als zusätzliche Aktivität immer wieder angeboten werden.

3) Es ist sinnvoll und ratsam, die Eltern(bei)ratsvorsitzenden vor Beginn dieser Unterrichtseinheit zu informieren.

4) Es müssen auch sämtliche verschmutzten Teile wie Filtertüten und Sägespäne, Ölgemisch mit in den Sondermüllkanister gefüllt werden, um alles ordnungsgemäß zu entsorgen.

5) Es empfiehlt sich, vorher ein Gespräch mit der Sondermüllsammelstelle des Stadtreinigungsamtes oder anderer Institutionen zu führen, damit sich das Personal darauf vorbereiten kann, auf die Kinder pädagogisch produktiv einzugehen.

6) Diese Unterrichtseinheit sollte möglichst dann eingesetzt werden, wenn konkrete massive Umweltsorgen von Kindern geäußert werden, um ihnen dann zu zeigen, daß es Möglichkeiten gibt, Katastrophen zu bewältigen, aber auch, wie schwierig es ist, dabei Fortschritte zu erreichen.

7) Sehr wichtig ist es auch, an das Waschbecken der Klasse ein altes Tuch zu legen, das zum Abwischen der ölverschmierten Hände benutzt wird. Es muß den Kindern deutlich gemacht werden, daß auch beim Waschen ihrer Hände, und sei es mit Seife, dennoch sehr viel Öl übrigbleiben würde, das ins Abwasser fließt. Um das Abwasser zu schonen, soll das Öl an den Händen am Tuch abgerieben werden. Hierzu empfiehlt es sich, ein altes Stoffstück zu nehmen, das zerfetzt ist und sonst nicht mehr verwendet werden kann. Dieses muß dann auch einer ordnungsgemäßen Entsorgung als Sondermüll zugeführt werden.

7. Literatur

für Kinder:

– Winsemius, D.: Hilfe! Mein Gefieder ist voll Öl. München: dtv-junior, 1994

14. Pflanzen in Pflasterritzen

1. Materialliste

1) *Unterrichtsgänge*

Lupen, Sammelbeutel für Pflanzen, dünne alte Stricknadeln / wenig biegbare Drahtstücke und Holzstäbe von ca. 20 cm Länge

2) *Auswertung*

Wassergläser, Lupen, Pinzetten, Fotokarton in verschiedenen Farben, für Namensschilder der Pflanzen, Bestimmungsbücher

3) *Straßenbau*

altes Aquarium oder großes Glas, Erde, Sand, Steine (möglichst Pflastersteinbruchstücke)

4) *Erbsensprengung*

Joghurtbecher, Gips, Wasser, harte Erbsen, Plastiklöffel, kleine Kuchenform

2. Unterrichtskurzskizze

a) Unterrichtsgespräch Anfang bis Mitte Mai:

Was wächst alles auf dem (asphaltierten) Schulhof und auf dem Schulweg? (vorher Wette, ob überhaupt auf dem gepflasterten Weg Pflanzen wachsen können)

b) Erkundungsaufgabe:

Jedes Kind soll auf dem Schulweg verfolgen, wie viele verschiedene Pflanzensorten auf dem Bürgersteig in den Pflasterritzen zu finden sind

c) *Unterrichtsgespräch* über diese Erkundungen.

- Gespräch, wie Pflanzen in Pflasterritzen überleben können
- Es stellt sich dabei heraus, daß die Kinder die verschiedenen Pflanzenarten nicht mit Namen benennen können und deshalb Kommunikationsschwierigkeiten haben
- Versuch: Erbsensprengung zur Veranschaulichung

d) Gemeinsamer *Unterrichtsgang*, um die verschiedenen Pflanzensorten in den Pflasterritzen zu finden und jeweils ein Exemplar für jede Gruppe der Klasse zu sammeln. Dabei wird auch mit der Nadel / dem Holzstab erkundet, wie tief die Pflanzen wurzeln oder ob sich Erde am Holzstab festgesetzt hat.
Vor dem Unterrichtsgang wird eine Wette darüber abgeschlossen, wie viele verschiedene Pflanzensorten die Klasse insgesamt auf einer bestimmten, festgelegten Strecke vor der Schule finden wird.

e) *Bestimmungsübung*

Die ausgewählten Pflanzen werden gesammelt, möglichst mit ihren Wurzeln in die Klasse transportiert, in Wassergläser gestellt und dort anhand ausliegender Bestimmungsbücher zu bestimmen versucht. Dabei werden die Kinder Schwierigkeiten haben, denn selbst in bebilderten Bestimmungsbüchern über Pflanzen auf Schuttplätzen und anderen seltenen Standorten sind die in den Pflasterritzen gesammelten Pflanzen nicht immer zu finden.

f) Unterrichtsgespräch

- *Beobachtung der Wurzeln* dieser Pflanzen, Hypothesen zu den Wachstumsbedingungen
- Vorschlag der Lehrkraft, daß die Klasse *selbst Namen* für diese Pflanzen zu erfinden versucht.

g) *In Gruppen* wird für jede Pflanze ein *Namensvorschlag* entwickelt. Die Pflanzen werden vorher numeriert, zum Schluß werden alle Namensvorschläge der Gruppen zur Abstimmung gestellt. Jedes Kind hat bis zu drei Stimmen.

h) Aufbau eines *Ausstellungstisches*

Auf einem Ausstellungstisch werden die in den Pflasterritzen gesammelten Pflanzen in Wassergläsern aufgestellt. Neben diese Pflanzen werden Schilder aufgestellt, in denen der neue, von der Klasse selbst gefundene Namen dokumentiert ist und gleichzeitig die Alternativnamen, die bei der Abstimmung unterlegen waren. Die Kinder aus anderen Klassen dürfen ihre eigenen Kommentare und Meinungen zu der Namensgebung in einen Zettelkasten am Ausstellungstisch einwerfen.

i) Weiterer *Unterrichtsgang*

Die Klasse versucht, in *entfernter liegenden Straßen* noch weitere Sorten von Pflanzen in Pflasterritzen zu finden. Der Weg dorthin soll an einer *Straßenbaustelle* vorbeiführen. Die Kinder zeichnen die unterirdischen Schichten auf einen Skizzenzettel, sammeln Löwenzahnsamen und beobachten den Flug.

j) Bau des Modells einer Straße mit den verschiedenen Erdschichten im Glas, Aussäen von Löwenzahnsamen.

k)

- Unterrichtsgespräch über Standorte und Fähigkeiten von Pflanzen in Pflasterritzen im Schulumfeld;
- Ergänzung des Ausstellungstisches durch das Modell;
- Einteilung eines regelmäßigen „Regendienstes“, der bei Regenfall draußen regelmäßig auch das Straßenmodell zu bewässern hat
- Gespräch über Sinn, Vorschriften und Problematik des radikalen Ausmerzens allen Pflanzenwuchses in Pflasterritzen
- *Rollenspieldialoge* als Vorübung zu Gesprächen auf dem Schulweg mit Leuten, die dabei sind, ihre Bürgersteigstrecke pflanzenfrei zu halten

l) Die Kinder erarbeiten *gruppenweise Aufstellungen* über Art und Häufigkeit der Pflanzen in Pflasterritzen in der Straße ihres Wohnhauses.

m) Gemeinsames Gespräch über die Pflanzen in Pflasterritzen, die *botanischen Namen* werden von der Lehrkraft vorgestellt. Es wird verglichen, ob der erfundene oder der botanische Name die sinnvollere und schönere Bezeichnung für diese Pflanzen ist. Die botanischen Namen werden auf dem Ausstellungstisch auf andersfarbige Schilder geschrieben und zugeordnet.
Auswertung der Erfahrungen bei Gesprächen mit pflasterritzensäubernden Mitmenschen, *Pro-und-Contra-Spiel* in der Klasse.

n) Am Beispiel des kanadischen Berufkrauts („Seidenzahn") wird auf die nicht heimische Herkunft der meisten alltäglichen Pflasterritzenpflanzen hingewiesen. Zum Vergleich wird erzählt, daß der Wegerich, eine ursprünglich europäische Pflanze, von manchen Indianern Nordamerikas als „Fußstapfen des weißen Mannes" bezeichnet wurde. Die Kinder sollen *Geschichten* erfinden, *wie wohl das Samenkorn* der von ihnen gesammelten „Seidenzahn"-Pflanze *nach Deutschland kam*.

o) Im Juni / Juli Versuche, mit den Schuhsohlen die klebrigen *Samenkörner des Breitwegerichs* an eine kahle, viel betretene Stelle des Schulhofs zu *versäen*. Hinweis: Im nächsten Schuljahr diese Stelle aufmerksam beobachten!

3. Lernvoraussetzungen der Kinder zum Thema Pflanzen in Pflasterritzen

Grundschulkinder lieben Pflanzen als Teil der Natur. Schon im Mai sehen sie, daß aus Straßenreinhaltungsgründen viele Erwachsene mit scharfen Messern Pflanzen, die gerade emporkommen, zwischen den Pflasterritzen herausschneiden. Für einige Kinder ist dieses ein Zerstören von Natur, und sie haben Mitleid mit diesen Pflanzen. Von daher ist ihre Motivation außerordentlich groß, diese Pflanzen zu erhalten und zu schützen oder ihnen wenigstens einen Namen und damit eine Daseinsberechtigung zu geben. Die von den Kindern erfundenen Namen zeigen, daß sie sehr wohl in der Lage sind, die Systematik der Pflanzenbenennung wie auch Formen und Varianten von Wurzeln, Blättern, Blattoberflächen und anderen Merkmalsträgern einer Pflanze zu unterscheiden und differenziert zu erfassen. So haben die Kinder einer Klasse für das kanadische Berufskraut in den Gruppen die folgenden Namen gefunden: Seidenzahn, Bohnenschote, Bogenfein, Haarkraut, Haarblatt. Bei der Abstimmung hatte dann Seidenzahn gewonnen.

Für den Breitwegerich hat dieselbe Klasse in ihren Gruppen folgende Varianten der Namensbenennung gefunden: Minizwergseerose, Duftquelle, Tränenblatt, Langwurzelpick, Stinkseequalle, Tulpenblatt. Am meisten Stimmen erhielt hier die Bezeichnung 'Tränenblatt'.

Gemeiner Löwenzahn

Kanadisches Berufskraut

Kamille

Breit-Wegereich

Quelle: eigene Aufnahmen und „Unterricht Biologie“

Liegendes Mastkraut

Der Löwenzahn – offensichtlich die einzige namentlich bekannte Pflanze aus Pflasterritzen – wurde in dieser Klasse von den Gruppen alternativ Gelbzahn, Drachenschwanz, Spitzzahn, Tigerzacke, Tigerti genannt. Hier hat der Name „Tigerti“ den „Abstimmungssieg davongetragen“.

Das Rispengras wurde mit Grasblüte, Spitzkorn, Langblätterwurzel, Graskorn, Stubengras und Langfeder benannt. Am meisten Stimmen fand die Bezeichnung Grasblüte.

Das Silberbirnmoos wurde von den Kindern dieser Klasse mit Glockenblüte, Minikraut, Duftgras, Langwurzelblüte, Keimknospe und Eierkraut bezeichnet. Eierkraut war dann das sich durchsetzende Wort.

Das liegende Mastkraut wurde in dieser Klasse mit Spitzblatt, Hacksenzahn, Katzenzahn, Kleinblättrige Langwurzel und Rappelfeder benannt. Rappelfeder war dann das Wort, das in der Abstimmung die meisten Stimmen erhielt.

Diese Namensschöpfungen belegen die außerordentlich differenzierte und emotional positive Sichtweise dieser Pflanzen durch Grundschulkinder. Erst in Gesprächen mit Erwachsenen lernen die Kinder auch andere Perspektiven, wie z. B. die Sicherheit auf Gehwegen, mitzubedenken.

4. Didaktische Begründungen

4.1 „Sachanalytische“ Anmerkungen

Die Artenvielfalt der Pflanzen in Pflasterritzen ist außerordentlich gering. Diese Pflanzen müssen ganz bestimmten Wachstumsbedingungen genügen, denn sie leben sehr trocken, inmitten von künstlich verlegten Pflastersteinen auf sandigem Untergrund. Sie müssen zum einen sehr *langwurzelig* sein, um zwischen den Steinen und dem darunterliegenden Befestigungssand zu feuchtigkeitshaltigem Boden durchzudringen, und sie müssen in der Lage sein, sich gegen schnellen Feuchtigkeitsverlust zu schützen bzw. *Feuchtigkeit zu speichern*. Da auf Pflasterritzen von Geh- und Radwegen ein starker Fuß- und Radverkehr stattfindet, brauchen Pflanzen zum Überleben an diesen Standorten eine starke *Trittfestigkeit*. Die Pflanzen müssen schließlich sehr *viel Wärme vertragen* können, weil sie durch die Steine und die Strahlen, die von den Pflastersteinen reflektiert werden, besonders viel Wärme bekommen. Nur wenige Pflanzen verfügen über diese vier Eigenschaften und können in diesem Lebensbereich innerhalb der Stadt überleben. Diese Pflanzen sind selbst weitgehend durch Samen übertragene Pflanzen aus anderen Kontinenten, die ursprünglich nicht zur heimischen Pflanzenwelt Mitteleuropas zählten. Die häufigsten Pflanzen in Pflasterritzen sind Silberbirnmoos, Breitwegerich, liegendes Mastkraut, rote Schuppenmiere, blutrote Fingerhirse, gemeines Hirtentäschelkraut, deutsches Weidelgras, auch englisches Raygras genannt, Schuttkresse, einjähriges Rispengras, gemeiner Löwenzahn, strahlenlose Kamille, Vogelknöterich, zarte Binse, kanadisches Berufskraut, Weißklee. Diese fünfzehn Sorten sind in der Tat diejenigen, die stereotyp in mitteleuropäischen Städten in den Pflasterritzen zu finden sind. Andere Arten sind relativ selten – und zumeist Sämlinge aus benachbarten Gärten, die weniger Ausdauer haben, an diesem Standort zu überleben.

4.2 Didaktische Überlegungen

„Nichts, was uns wirklich berühren soll, läßt sich aus zweiter Hand vermitteln" (Garlichs 1990, 25). Im Umkehrschluß heißt diese Norm, daß nur aus erster Hand, also direkt und unmittelbar, das Verständnis und die Liebe zur Natur erlernbar ist. In einer verstädterten Umgebung scheint dies immer schwerer realisierbar zu sein. Tatsächlich sind trotz aller kultureller Überformungen immer wieder neue „Durchbruchstellen von Natur" zu entdecken. Dies ist sinnfällig bei Pflanzen in Pflasterritzen, die sich zuweilen sogar durch feste Asphaltversiegelung hindurch an porösen Stellen einen Überlebensraum schaffen. Gerade weil Pflanzen in Pflasterritzen in unserer verstädterten Umwelt so leicht zugänglich sind, können Kinder bei ihnen einen sehr unmittelbaren Umgang mit den Nahsinnen praktizieren. Denn „in unserer hochtechnisierten Kultur werden vor allem die 'Fernsinne' (Sehen und Hören) beansprucht, die eine mitunter sehr distanzierte Teilhabe an Ereignissen zulassen. Die Beteiligung der 'Nahsinne' (Riechen, Schmecken und Fühlen bzw. Tasten) leistet aber für eine adäquate Wirklichkeitserfassung einen ganz entscheidenden Beitrag" (Garlichs 1990, 25).

Da Kinder Pflanzen lieben und ein positves Verhältnis zu ihnen haben, sind die Pflanzen in Pflasterritzen ein besonderes Objekt ihres Schutzes und ihres Interesses. Weil diese Pflanzen im herkömmlichen Alltagsverhalten und in kommunalen Ordnungsvorschriften als nicht lebenswürdige Pflanzen gewertet werden, gibt es gute Chancen, daß Kinder in den Unterrichtsgesprächen gerade diese Pflanzen in ihrem Eigenwert als Teil der Natur wertschätzen, alternative Positionen zu den herrschenden gesellschaftlichen Vorstellungen entwickeln und sich damit quasi philosophisch mit gängigen Normen auseinandersetzen können. Ist es richtig, das Straßenpflaster glatt, unfallsicher und ohne Kleinwuchs zu erhalten oder ist es wichtiger, die Pflanze zu erhalten?

Wegen der Monotonie des Vorkommens von nur wenigen Arten in Pflasterritzen bieten sich diese Pflanzen besonders gut an, um elementare Bestimmungsübungen im Grundschulalter daran zu vollziehen. Lediglich das liegende Mastkraut und die rote Schuppenmiere können leicht verwechselt werden, während die anderen Pflanzen für Grundschulkinder deutlich anschaulich unterschiedliche Arten sind, so daß sie gut damit umgehen können. Die leichte Zugänglichkeit der Pflanzen in Pflasterritzen läßt viele fehlgeschlagene Bestimmungsversuche leicht wiederholen, denn die

Pflanzen können noch einmal nachgesammelt werden, um sie wiederholt genau mit den Vorlagen in den Bestimmungsbüchern zu vergleichen. Gleichzeitig ist die Artenvielfalt der Pflanzen in Pflasterritzen groß genug, daß viele verschiedene Blattformen (herzförmig, federschnittig, spießförmig, pfeilförmig), Blattrandformen (gekerbt, gezähnt, gesägt, doppelt gesägt oder ganzrandig), Blütenstände (Traube, Rispe oder Dolde) und Blattstände (gestielt, sitzend, stengelumfassend, wechselständig, gegenständig, quirlständig) zu unterscheiden sind. Der Umgang mit diesen Pflanzen im Sinne des Selbstbenennens bedeutet folglich nicht „nur" kreativen Umgang, sondern auch ein intensiveres, motivierteres Formunterscheidungsvermögen der Kinder herbeizuführen. Dabei gelingt es ihnen noch bewußter, die schon in Vorerfahrung vorhandenen Formenwahrnehmungen zu artikulieren und zu differenzieren. Insgesamt trägt dieses Unterrichtsthema dazu bei, daß Kinder auch in scheinbar Nicht-Naturkontexten ein Auge für dort vorhandene Pflanzenkulturreste entwikkeln und diese aufmerksam wahrnehmen. Insbesondere für Stadtkinder (und angesichts der zunehmenden Versiegelung von Straßen, Wegen und anderen Flächen) ist dies für die Zukunft ein Bereich von Natur, der noch zugänglich und vorhanden ist, auch wenn er als Naturraum weder geplant noch gewollt ist. Ein weiteres Moment der Zugänglichkeit der Pflanzen in Pflasterritzen für Kinder liegt darin, daß die Pflanzen in Pflasterritzen relativ tief, nämlich auf dem Boden wachsend, zu finden sind, was angesichts der Größe der Kinder, deren Wahrnehmungsfeld viel stärker in Bodennähe liegt, besondere Nähe schafft.

Zusammenfassend kann gesagt werden, daß Kinder ein positives Verhältnis zu Pflanzen in Pflasterritzen entwickeln können und daß diese Pflanzen wiederum besonders geeignet sind, über sie die gesamte Formenvielfalt pflanzlichen Daseins zu erschließen. Gleichzeitig sind diese Pflanzen nicht heimisch, sondern durch die weltweiten Handelsbeziehungen allmählich in unsere Lebensräume eingedrungen. Dabei kann gerade wegen des Konfliktes der Beseitigung dieser Pflanzen aus den Pflasterritzen und der Alternative, sie wachsen zu lassen, der soziale Kontext neben dem biologischen Kontext deutlich werden.

5. **Handlungsanregungen** (vgl. Materialliste)

1) und 2) Bei den *Erkundungen* und *Auswertungen* können die Handlungsanregungen von den Kindern gemeinsam formuliert werden.

Vorschlag für die Gruppenarbeit beim Benennen und Bestimmen:

1) Welche Farbe hat diese Pflanze?

2) Wie riecht sie?

3) Beschreibt die Pflanze!
   a) Wie groß ist sie?
   b) Blüht sie jetzt?
   c) Hat sie Blütenknospen?
   d) Hat sie Früchte mit Samen?

e) Wieviele Blütenblätter hat sie?
f) Wie viele Blätter hat diese Pflanze?
g) Welche Form haben die Blätter?
h) Hat die Blüte Kelchblätter?

4) Wie fühlt sich die Pflanze an?
a) Taste mit dem kleinen Finger!
b) Taste mit der Handoberfläche!
c) Taste mit der Handinnenfläche!

5) Gebt der Pflanze in der Gruppe einen Namen!

3) *Straßenbau*

Füllt das große Glas unten mit Erde, schichtet darüber Sand und legt Steine darauf (möglichst Pflastersteinbruchstücke)! Dies ist Euer Straßenmodell. Nun sammelt draußen Löwenzahnsamen, pustet kräftig, damit die Samen auf Euer Straßenmodell fallen! Gießt Euer Straßenmodell, wenn es draußen regnet! Wartet ab, was passiert!

4) *Erbsensprengung*

Gieße Wasser in den Joghurtbecher! Schütte Gips dazu und rühre mit einem Plastiklöffel um! Wenn die Mischung ein einheitlicher Brei geworden ist, gieße sie vorsichig in eine Tortenform. Drücke die Erbsen in die Gipsmasse hinein! Nimm die Gipsmasse aus der Form heraus, wenn alles hart geworden ist. Beobachte immer wieder die Form! Was passiert?

6. Tips und Hinweise

1) Es ist wichtig, die jeweiligen Unterrichtsgänge mit vielen Lupen zu machen, damit die Kinder auch feine Elemente der Pflanzen wie Behaarung, Wurzelansatz und ähnliches mehr entdecken können.

2) Bei Unterrichtsgängen sollte darauf geachtet werden, daß nicht auf Pflanzen in Pflasterritzen getreten wird, sondern daß diese Pflanzen jeweils umgangen und besonders sorgsam beachtet werden.

3) Die Bestimmungsübungen sollten mit Hilfe einer Vielzahl von vor allem bebilderten Bestimmungsbüchern durchgeführt werden.

4) Die Namensgebung der Pflanzen in Pflasterritzen sollte mit verschiedenen Wahlzetteln vollzogen werden, auf denen auch schriftliche Abstimmungsergebnisse notiert werden können, da Kinder vielfach bei derartigen Abstimmungsprozessen in gruppendynamische Konflikte geraten.

5) Eine Karte des Wohnumfeldes der Kinder und der Schule ist aufzuhängen, und die jeweiligen Fundergebnisse sind dokumentarisch festzuhalten.

6) Es empfiehlt sich, bevor Kinder zu Erkundungsgängen und Pflanzenzählungen auf Straßen geschickt werden, Gespräche in Rollenspielen zu erproben, wie mit Leuten, die selbst Pflanzen aus Pflasterritzen herausziehen, -schneiden oder -brechen,

diskutiert werden kann. In den Rollenspielen soll auch die Position der Hausbesitzenden eingenommen werden können.

7) Auch bei Unterrichtsgängen mit Erkundungen auf Bürgersteigen ist die Verkehrsgefahr besonders groß, so daß hier von vornherein auf Regeln des verkehrssicheren Verhaltens hingewiesen werden muß.

8) Einige Pflanzen in Pflasterritzen können die kühle, dunkle Atmosphäre des Schulflures nicht lange aushalten und müssen von einzelnen Kindern, die die Verantwortung für den Ausstellungstisch haben, ersetzt werden.

7. Literatur

a) für Lehrkräfte

- Cremer, J. / Partzsch, M. u. a.: Acker- und Gartenwildkräuter. Ein Bestimmungsbuch. Berlin: DLV / VVA (Deutscher Landwirtschaftsverlag), 1991
- Faust, B. / Hutter, C. P.: Wunderland am Wegesrand. Stuttgart: Thienemann, 1988
- Garlichs, A.: Spaziergang mit den Sinnen – eine Einladung zu einer Walderkundung. In: Die Grundschulzeitschrift, 1990, Heft 38, S. 23–25
- Hanf, M.: Ackerunkräuter Europas. Mit ihren Keimlingen und Samen. München / Wien / Zürich: BLV Verlagsgesellschaft, 1990 (3. Aufl.)
- Hofmeister, H. / Garve, E.: Lebensraum Acker. Pflanzen der Äcker und ihre Ökologie. Hamburg: Parey, 1986
- Rauh, W.: Unkräuter. Stuttgart: Borntraeger, 1983 (5. neubearb. Aufl.)
- Reichen, J.: Was eine Pflanze zum Wachsen braucht. Bausteine für den Sachunterricht 2: Hamburg: Heinevetter Verlag, 1992

b) für Kinder:

Schulz, A.: Der Pflanzendetektiv. Arbeitskartensatz 3. / 4. Schuljahr. Köln: Sauros Verlag, 1989

15. Prävention Sexueller Mißbrauch

1. Materialliste

1) *MIMÜRFEL oder blanco-Holzwürfel*

Der Würfel zeigt auf jeder Seite ein anderes Gefühlsgesicht.

2) *Brettspiel: GEFÜHLE, ANGST und MUT*

– Selbsterstelltes Spielbrett mit Spielfiguren, Würfel und drei verschiedenen Kartentypen
Das Spielbrett hat ein Anfangs- und ein Endfeld, dazwischen liegen ca. 100 numerierte Felder. Jedes dritte davon ist ein rotes, blaues oder gelbes Ereignisfeld. Die dazugehörigen Ereigniskarten (Textbeispiele unten) sind entsprechend rot, blau oder gelb.

2. Unterrichtskurzskizze

a) In der Eingangszeit wird des öfteren mit dem Mimürfel gespielt, die Kinder gewöhnen sich spielerisch daran, Gefühle aufmerksamer zu beachten.

b) In Gesprächskreisen wird immer wieder den Gefühlen der Kinder Raum gegeben. Die Lehrkraft bemüht sich prinzipiell, mit Eltern im Gespräch zu bleiben.

c) Für die Freie Arbeit wird ein neues Spiel vorgestellt und nacheinander in kleinen Gruppen in der Klasse gespielt.

3. Lernvoraussetzungen der Kinder zur Thematik Körpergefühle

Sexueller Mißbrauch ist ein heikles Thema. Es ist schwer herauszufinden, wann Kinder der Klasse besondere Hilfe benötigen. Kinder, die von Mißbrauch betroffen sind, können (dürfen) von sich aus gerade keine Fragen stellen. Wegen der emotionalen Last derartiger Erfahrungen ist der Fragebedarf außerordentlich groß, kann aber nicht geäußert werden.

Im weiteren Sinne ist das, was als Prävention schulisch an erster Stelle zu leisten ist, aber sehr wohl im Erfahrungshorizont der Kinder, nämlich die Gefühlswahrnehmung und Ich-Behauptung. Kinder haben sehr differenzierte emotionale Wahrnehmungsmöglichkeiten, die jedoch oft durch Konflikterfahrungen verschüttet werden. Gefühle als Unterrichtsinhalt bieten den Kindern die Möglichkeit, vielfältige Empfindungen zu entfalten und sie in ihrer spezifischen Zugangsweise zu sozialen Problemen zu stärken.

4. Didaktische Begründungen

Sexueller Mißbrauch an Kindern kommt in unserer heutigen Gesellschaft außerordentlich oft vor. Einige Schätzungen gehen sogar davon aus, daß jedes dritte Kind von sexuellem Mißbrauch betroffen sein kann.

Der Grundschule kommt innerhalb der Aufklärungs- und Präventionsarbeit eine besondere Bedeutung zu, da Kinder zum einen diese Einrichtung regelmäßig besuchen und hier den größten Teil ihrer Zeit außerhalb der Familie verbringen. Zum anderen steht fest, daß der überwiegende Teil der von sexuellen Mißbrauchserfahrungen Betroffenen unter dreizehn Jahre alt ist. Die Schule kann für mißbrauchte Kinder ein wichtiger sozialer Bezugs- und Freiraum sein.

Eine präventive Erziehung während dieser Altersstufe ist erforderlich, da Kinder jederzeit in eine Mißbrauchssituation geraten können. Das eigentliche Anliegen der Präventionsarbeit muß darin liegen, vorbeugend zu verhindern, daß es zu sexuellem Mißbrauch an Kindern kommt (Primärprävention). Da dies schwer zu realisieren sein wird, soll präventive Arbeit zusätzlich zum Erkennen von sexuellen Übergriffen an Kindern befähigen und dazu beitragen, diese möglichst zu beenden (Sekundärprävention).

Herkömmliches Präventionsverhalten vieler Eltern ist immer noch mit verschiedenen Warnungen und Verboten verbunden, wie „Nimm keine Bonbons von einem fremden Onkel“, „Geh' nicht allein in den Wald“ oder „mache die Tür nicht auf, wenn du allein bist“. Deren Sinn wird allerdings Kindern oft nicht ausreichend erklärt. Diese Erziehungshaltung schränkt die Kinder ein und gibt ihnen falsche Informationen, denn die Täter finden sich tatsächlich mehrheitlich in ihrer Familie oder deren engerem Bekanntenkreis. Kinder können den Zusammenhang dieser Warnungen mit ihren realen Erlebnissen nicht erfassen. Gefühle der Angst, Hilflosigkeit, Ohnmacht, des Ausgeliefertseins und der Ausweglosigkeit werden verstärkt. Die Situation betroffener Kinder endet so in Einsamkeit und Abgegrenztheit zur Außenwelt.

Eine sinnvolle präventive Erziehung soll Kinder zu Unabhängigkeit, Mobilität und Freiheit verhelfen. Vor allem die Fähigkeit, eigene Gefühle wahrzunehmen und auch benennen zu können, trägt maßgeblich dazu bei, sexuellen Mißbrauch zu verhindern.

Kinder sollen zwischen „unangenehmen“, „komischen“ und „angenehmen“ Gefühlen unterscheiden lernen und handlungsfähig werden. Wenn „schlechte“ Gefühle entstehen, ist es wichtig, zu vermitteln, daß die Kinder sich wehren und Hilfe holen dürfen.

Kinder sollen sich ihres eigenen Körpers bewußt werden und genaue Bezeichnungen für ihre Geschlechtsorgane kennen. Die Themen „Gefühle“, „Berührungen“ und „Nein-sagen“ hängen unmittelbar mit der eigenen Körperwahrnehmung zusammen. Kinder können lernen, ihren Körper zu schützen, indem sie „unangenehme“ und „komische“ Gefühle und Berührungen erkennen und dazu „Nein“ sagen.

Im alltäglichen Leben werden Kinder mit unterschiedlichen Berührungsformen konfrontiert.

Sie besitzen schon in jungen Jahren ein Gespür dafür, welche Berührungen angenehm bzw. unangenehm sind. Dies wird jedoch häufig von Erwachsenen nicht wahr- bzw. ernstgenommen.

Kinder müssen in ihrer Gefühlswahrnehmung gestärkt werden, um handlungsfähig zu bleiben.

Dafür soll das hier vorgestellte Spiel eine Hilfe anbieten. Ein Spiel ist mit seiner Regelhaftigkeit zunächst für Kinder ein Ritual, das erfüllt werden muß. Es erleichtert damit, versperrte Gefühle zu äußern.

Gleichwohl soll das Spiel nur vorsichtig den emotionalen Problemkreis skizzieren. Zunächst sollten die angenehmen Berührungen im Vordergrund stehen, weil vermittelt werden sollte, daß Körperkontakt schön und wichtig für jeden Menschen ist.

Das „Nein" eines Kindes wird in der herkömmlichen Erziehung häufig noch als „frech" oder „ungezogen" beurteilt. Die Erlaubnis zum „Nein"-sagen, d.h. zum Sich-Verweigern und zum Wahrnehmen eigener Rechte, sollte Kindern ausdrücklich gegeben werden. Dabei sollte vermittelt werden, daß es Regeln für ein Miteinanderleben und -lernen gibt und daß andere Menschen auch Grenzen und Rechte haben, die respektiert werden müssen.

In diesem Zusammenhang ist es wichtig, den Kindern eine Unterscheidung zwischen „guten" und „schlechten" Geheimnissen nahezubringen. „Gute" Geheimnisse sind dafür da, jemandem eine Überraschung zu bereiten. Sie machen Spaß, und es kann zu einem spannenden Erlebnis werden. „Schlechte" Geheimnisse werden begleitet von einem bedrückenden Gefühl. Sie können das Kind belasten und machen ihm Angst.

Ein weiteres Ziel ist es, den Kindern Mut zu machen, die „schlechten" Geheimnisse zu erzählen, da dies für sie eine Erleichterung bedeutet.

Die therapeutische und soziale Arbeit mit den Kindern kann nicht mehr schulische Aufgabe sein. Lehrkräfte haben aber die Pflicht, Kindern mit derartigen gravierenden Erfahrungen den Weg zu professionellen Einrichtungen zu weisen. Damit die Kinder aus der eigenen Scham und Angst heraus überhaupt den Weg zum Reden finden, soll dieses Spiel einen unterrichtlichen Anlaß bieten. Für alle Kinder einer Klasse bietet es die Möglichkeit, über Gefühle zu sprechen, Berührungen differenzierter wahrzunehmen und damit wichtige Grundlagen der Identitätsentwicklung zu erwerben. Insofern stellt das Spiel nicht nur eine Brücke für Kinder mit Mißbrauchserfahrungen dar, sondern vor allem ein präventives Mittel, so daß alle Kinder in Fragen von Gefühlen und Berührungen sensibilisiert werden und so gestärkt weniger leicht in die Opferrolle gebracht werden können. Dem entspricht es, daß nur eine der Geheimniskarten ein typisches Muster in Mißbrauchssituationen thematisiert, während die übrigen „übliche" Geheimnisse ansprechen. Da die Anweisungen auf den Gefühls- und Berührungskarten tatsächliches Verhalten, Berühren oder Gefühle pantomimisch oder mit anderen Mitteln darzustellen verlangen, erhält das Spiel gleichzeitig psychodramatische Elemente und gibt so generell wichtige Impulse für sozial-emotionales Lernen, aus denen sich weitere Lernschritte ergeben können. Da dieses Spiel viel Aufmerksamkeit für jedes mitspielende Kind verlangt, wenn es etwa von eigenen unangenehmen Gefühlen spricht, ist es gleichzeitig ein Spiel des sozialen Lernens. Sehr wichtig ist, daß die Lehrkraft immer bei diesem Spiel mitspielt oder wenigstens überwiegend bei der spielenden Gruppe sitzt.

5. Handlungsanregungen

1) *MIMÜRFEL oder blanco-Holzwürfel*, der mit Skizzen verschiedener Gesichtsausdrücken bemalt wird.

Ein Spielvorschlag:
Setzt Euch in einem Kreis zusammen! Nun würfelt jedes Kind und sagt, welchen Ausdruck das Gesicht auf dem Würfel hat. Erzählt Euch, wann Ihr selbst solch ein Gefühl hattet! Denkt Euch weitere Spielvorschläge aus!

2) *Brettspiel: GEFÜHLE, ANGST und MUT*

Das Brettspiel wird wie jedes andere ähnliche Spiel gespielt. Es wird reihum gewürfelt. Wer eine 1 würfelt, darf mit der eigenen Figur ins Feld gehen. Jede Figur darf soviele Felder vorrücken, wie der Würfel Augen zeigt. Kommt die Figur auf ein blaues Feld, wird eine blaue Karte (Gefühlskarte) gezogen, bei gelben Feldern wird eine gelbe Karte (Geheimniskarte) und bei roten Feldern eine rote Karte (Berührungskarte) gezogen.

Texte für die blauen Gefühlskarten:

Gefühle

Versuche, dieses Gefühl den anderen vorzuspielen. Die anderen sollen es dann erraten: *Mir tut etwas weh*

Versuche, dieses Gefühl den anderen vorzuspielen. Die anderen sollen es dann erraten: *Ich schmuse*

Versuche, dieses Gefühl den anderen vorzuspielen. Die anderen sollen es dann erraten: *Ich wehre mich*

Versuche, dieses Gefühl den anderen vorzuspielen. Die anderen sollen es dann erraten: *Ich bin wütend*

Versuche, dieses Gefühl den anderen vorzuspielen. Die anderen sollen es dann erraten: *Ich bin allein*

Versuche, dieses Gefühl den anderen vorzuspielen. Die anderen sollen es dann erraten: *Ich will das unbedingt haben*

Versuche, dieses Gefühl den anderen vorzuspielen. Die anderen sollen es dann erraten: *Ich weine*

Versuche, dieses Gefühl den anderen vorzuspielen. Die anderen sollen es dann erraten: *Mir ist schlecht*

Versuche, dieses Gefühl den anderen vorzuspielen. Die anderen sollen es dann erraten: *Ich habe Angst*

Versuche, dieses Gefühl den anderen vorzuspielen. Die anderen sollen es dann erraten: *Ich bin mutig*

Versuche, dieses Gefühl den anderen vorzuspielen. Die anderen sollen es dann erraten: *Ich bin traurig*

Versuche, dieses Gefühl den anderen vorzuspielen. Die anderen sollen es dann erraten: *Ich freue mich*

Kennst Du angenehme Gefühle?

Kennst Du unangenehme Gefühle?

Erzähle, wann Du ein angenehmes Gefühl hattest!

Erzähle, wann Du ein unangenehmes Gefühl hattest!

Was kann man gegen unangenehme Gefühle machen?

Was findest Du lustig?

Was findest Du traurig?

Wann bist Du traurig?

Wann bist Du lustig?

Erzähle, wann Du Angst hattest!

Was kann man gegen Angst tun?

Texte für die roten Berührungs- und Nein-Karten:

Berührungen / NEIN

Was sind angenehme Berührungen?

Was sind unangenehme Berührungen?

Was machst Du bei unangenehmen Berührungen? Sagst Du auch mal NEIN?

Wie heißen verschiedene Körperteile des Menschen? Zeige drei und benenne sie!

Was sind komische Berührungen?

Von wem läßt Du Dich gern berühren?

Gibt es Unterschiede, wenn uns verschiedene Personen berühren?

Von wem möchtest Du wie und wann berührt werden?

Von wem möchtest Du nicht berührt werden?

Ist dies eine angenehme Berührung? *gezwickt werden*

Ist dies eine angenehme Berührung? *am Arm gehalten werden*

Ist dies eine angenehme Berührung? *eine Ohrfeige bekommen*

Ist dies eine angenehme Berührung? *geküßt werden*

Ist dies eine angenehme Berührung? *gestreichelt werden*

Ist dies eine angenehme Berührung? *einen Klaps auf den Po bekommen*

Ist dies eine angenehme Berührung? *festgehalten werden, obwohl Du weg möchtest*

Ist dies eine angenehme Berührung? *gekitzelt werden*

Ist dies eine angenehme Berührung? *auf den Schoß genommen werden*

Ist dies eine angenehme Berührung? *hochgehoben werden*

Wann hättest Du gern NEIN gesagt, Dich aber nicht getraut?

Texte zu den gelben Geheimniskarten:

Geheimnisse

Was ist ein Geheimnis?

Kennst Du gute Geheimnisse?

Kennst Du schlechte Geheimnisse?

Ist dies ein gutes oder ein schlechtes Geheimnis? Du malst ein Bild für Deine Mutter. Es soll ein Geburtstagsgeschenk werden und Du erzählst niemandem davon.

Ist dies ein gutes oder ein schlechtes Geheimnis?
Ein Kind nimmt Dir Dein Lieblingsspielzeug weg und sagt, daß Du nichts sagen darfst, sonst kriegst Du Schläge. Du bist sehr traurig und fürchtest Dich.

Ist dies ein gutes oder ein schlechtes Geheimnis?
Deine Freundin vergißt beim Spielen, auf die Toilette zu gehen und macht in die Hose. Es ist ihr sehr peinlich, und sie bittet Dich, den anderen Kindern nichts davon zu erzählen.

Ist dies ein gutes oder ein schlechtes Geheimnis?
Aus Versehen fällt Dir ein Teller runter und geht kaputt. Ein anderes Kind hat es gesehen und sagt: „Du mußt mir jeden Tag einen Lutscher mitbringen. Wenn nicht, sag ich, daß Du den Teller kaputtgemacht hast!"

Ist dies ein gutes oder ein schlechtes Geheimnis?
Ein Erwachsener, den Du gut kennst, will Dich küssen und streicheln, obwohl Du es nicht willst. Er sagt, Du darfst niemandem davon erzählen, es sei ein Geheimnis, aber Du hast Angst, daß er es nochmal macht.

Ist dies ein gutes oder schlechtes Geheimnis?
Mama ist einige Tage verreist. Papa und Du, Ihr macht die Wohnung sauber und stellt Blumen hin. Papa meint, Du sollst Mama nichts davon am Telefon sagen, damit sie überrascht wird, wenn sie wiederkommt.

Berichte von einer schweren Aufgabe, die Du nicht allein lösen konntest.

Wen würdest Du um Hilfe bitten, wenn Du große Angst hast?

Welche Geheimnisse sind spannend und schön?

Welche Geheimnisse würdest Du erzählen?

Wem würdest Du ein schlechtes Geheimnis erzählen?

Was ist ein schlechtes Geheimnis?

Mit wem kann man Geheimnisse haben?

Wie fühlst Du Dich bei einem schlechten Geheimnis?

6. Tips und Hinweise

Bei einem Verdacht auf sexuellen Mißbrauch sollte jede Lehrkraft sehr vorsichtig sein, nicht selbst direkt eingreifen, sondern professionelle Hilfe suchen. Mittlerweile gibt es in vielen Städten von der Selbsthilfeorganisation „Wildwasser“ Geschäftsstellen, die beraten und helfen. Das Kind darf nicht das Objekt von Kreuzverhören werden, damit es sich nicht selbst in der Rolle des Schuldigen fühlt. Gespräche mit anderen Menschen und den Eltern des Kindes sind sehr wichtig.

7. Literatur

a) für Lehrkräfte:

- Enders, U.: Zart war ich, bitter war‘s. Sexueller Mißbrauch an Mädchen und Jungen. Köln: Kölner Volksblatt Verlag, 1990
- Knister / Maar, P.: Frühling, Spiele, Herbst und Lieder. Ravensburg: Maier, 1981
- Marquardt-Mau, B.: Sexueller Mißbrauch von Kindern als Thema für den Sachunterricht. In: Lauterbach, R. u. a. (Hg.): Brennpunkte des Sachunterrichts. Kiel: IPN, 1992, S. 176–195
- Valtin, R.: Mit den Augen der Kinder. Freundschaft. Geheimnisse, Lügen, Streit und Strafe. Reinbek: Rowohlt, 1991

b) für Kinder

- Braun, G.: Ich sag’ Nein! Arbeitsmaterialien gegen den sexuellen Mißbrauch an Mädchen und Jungen. Mühlheim an der Ruhr: Verlag an der Ruhr, 1989
- Braun, G. / Wolters, D.: Das große und das kleine Nein. Mülheim: Verlag an der Ruhr. o. J.
- Deinert, S. / Krieg,T.: Das Familienalbum. Oldenburg: Lappan, 1993
- Enders, U. / Wolters, D.: Schön blöd. Weinheim: Anrich, 1994
- Nelson, M. / Hessol, J.: Gut, daß ich es gesagt habe. München: Ellermann,1993
- Mebes, M.: Kathrins Geheimnis. Berlin: Donna Vita, 1992
- Mebes, M.: Kein Küßchen auf Kommando. Ruhnmark: Donna Vita, 1994 (3. Aufl.)

16. Regenwürmer in der Grundschulklasse

1. Materialliste

1) *Regenwürmer (rumbricus terrestris) generell beobachten*

- Regenwurmdose mit Regenwurmerde (in Angelbedarfsgeschäften zu erwerben)
- 6 Tauwürmer oder andere Arten von Regenwürmern
- Lupen
- großflächiges Papier zum Beobachten des Regenwurmes im Sitzkreis
- Wattestäbchen zum vorsichtigen Anfassen und Weitersetzen der Regenwürmer

2) *Mehrere Gruppenkisten zum Beobachten der Fähigkeiten des Regenwurmes*

- Mehrere gleichermaßen gefüllte Kartons für die Versuche zur Bewegung, zum Schmecken und zum Sehen des Regenwurms

Inhalt eines Kartons: Reagenzglas, Petrischale, verschiedene Stoffproben, verschiedene Papiersorten, Sandpapier, dunkle Folientasche, Glasplatte, Lupen, Wattestäbchen, Wasserflasche mit Pipette, braune Knete, in Filmdosen verschlossene Riech- und Schmeckobjekte (Dill, Nelken, Kartoffelstückchen, Kaffeesatz, getrocknete Blätter, Salat, Lorbeerpulver, getrocknete Apfelstücke, Zucker, Salz), Lineal, Feder, Sandpapier, eine Packung mit Erde, Rohwolle, Taschenlampen und für den Regenwurm bewegungsanregendes sowie bewegungsreduzierendes blaues, grünes bzw. rotes Transparentpapier, Herbstblätter verschiedener Grade der Schmackhaftigkeit bei Regenwürmern (Ulme, Linde, aber auch Eiche)

2. Unterrichtskurzskizze

a) Impuls (als Ersatz für einen realen Anlaß): *Regenwurmerfahrungen* in der Klasse erzählen

b) Sitzkreis:

Erste *gemeinsame Beobachtungen am Regenwurm*, Sammlung von Fragen; die Impulsfrage: „Was kann ein Regenwurm?"

c) Gruppenarbeit:

Beobachtungen und *Versuche zum Fragenbereich: Bewegung eines Regenwurms*; als Anregung steht den Kindern jeder Gruppe eine Materialkiste zu Verfügung

d) Gesprächskreis:

Versuch der *Imitation der Regenwurmbewegung durch Menschen*, Vorführen durch ein Plastilinmodell

e) Vorbereitung der *Versuche zum Schmecken und Riechen* im Sitzkreis, Hypothesenbildung

f) *Gruppenversuche*

g) *Auswertung*: Bericht über die Gruppenergebnisse und Austausch

h) Vorbereitung der *Versuche zum Sehen* im Sitzkreis, Hypothesenbildung

i) *Gruppenversuche*

j) *Auswertung*: Bericht über die Gruppenergebnisse und Austausch

k) *Freilassen der Regenwürmer* in guten, lockeren Boden / in den Schulgarten

l) Verfassen eines selbstgemachten Regenwurmbuches der Klasse

3. Lernvoraussetzungen der Kinder zur Thematik Regenwürmer

Die meisten Kinder haben irgendwann einmal in ihrem Leben Regenwürmer gesehen, aber nur wenige verfügen über genauere Informationen. Der Tauwurm ist dabei eine besonders bekannte Art, denn er kann auch tagsüber an die Erdoberfläche kommen. Regenwürmer tauchen gerade im Herbst bei Regengüssen auf, sie ziehen heruntergefallenes Laub in die Erde, was manche Kinder schon als eigenartige Laubrosetten gesehen haben.

Kinder im Grundschulalter wollen Verwunderliches sehen; beim Regenwurm haben sie die Gelegenheit, sich mit unterirdischen Lebewesen vertraut zu machen und einmal „unter die Oberfläche" zu schauen.

4. Didaktische Grundlegung

Der Regenwurm ist ein Tier mit weltweiter Verbreitung, aber nicht aus der Analogiebildung zum menschlichen Körperbau entschlüsselbar. Seine biologischen Sinnesfunktionen sind nicht eindeutig bestimmten Organen zuzuordnen. Dies zu verstehen, verlangt pädagogisch die Entwicklung divergenten Denkens.

Kopf- und Hinterteil eines Regenwurmes sind auf den ersten Blick nicht zu erkennen, sondern erst aus der genaueren Beobachtung; hier wird schlußfolgerndes Denken der Kinder angeregt.

Mit Hilfe von Reizen durch unterschiedliche Materialien können die Regenwürmer bei den Versuchen zur Bewegung und zum Riechen / Schmecken näher in ihren Eigenschaften erkundet werden.

Gleichzeitig sind nicht alle Fähigkeiten eindeutig vom Verhalten her zu folgern, es bedarf argumentativer Verständigung und wiederholter Beobachtung, ehe Kinder begründete Schlüsse ziehen können.

Regenwürmer (vor allem Kompostwürmer) sind als ökologisch wichtige Müllverwerter von hoher aktueller Bedeutung. Auch generell sind sie als biologische Bodenauflockerer unersetzlich für Landwirtschaft und Gartenbau.

Weil das Tier sehr langsam ist und auch wiederholende Beobachtung erlaubt, eignet es sich besonders gut für den Unterricht gerade des ersten Schuljahres. Gleichzeitig ist der Regenwurm aber auch sichtbar störungsempfindlich, er fordert zu ruhiger, konzentrierter Beobachtung heraus und zwingt die Kinder, auffälliges Verhalten zu unterlassen.

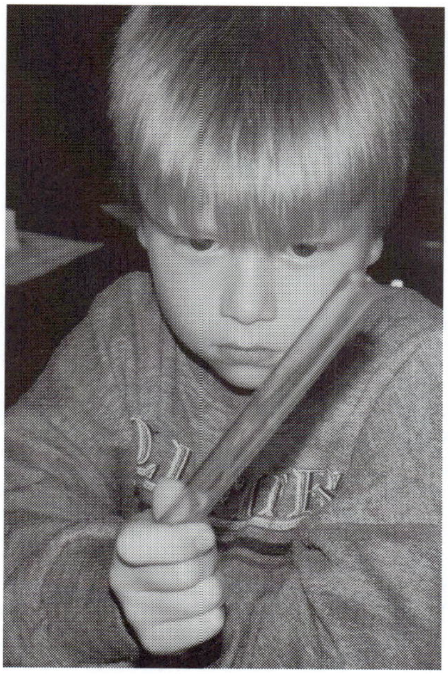

Beobachtung des Regenwurmes

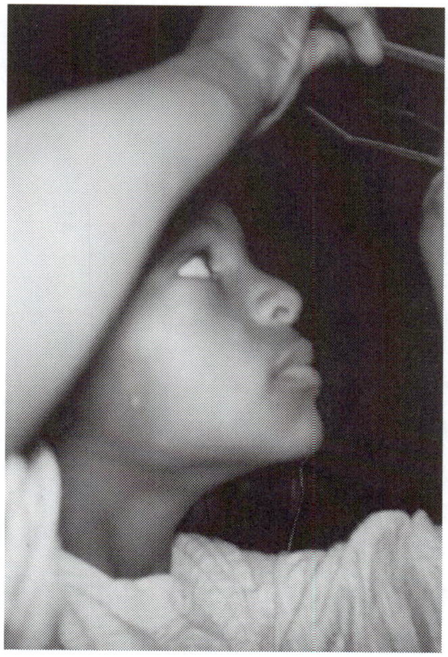

Wie bewegt sich der Regenwurm?
Bewegungsversuche

Der unterrichtliche Umgang mit Regenwürmern enthält viele pädagogische Möglichkeiten, die Persönlichkeitsbildung der Kinder positiv zu beeinflussen. So bietet sich die Chance, sich mit dem Fremden, für manche Kinder Ekligen, auseinanderzusetzen und es schätzen zu lernen. Auch das scheinbar primitive Lebewesen kann in seinen differenzierten Funktionen entdeckt und bewundert werden. Kinder können am Beispiel des Regenwurmes einen Perspektivenwechsel vornehmen. Sie identifizieren sich mit den Opfern der bei den Kindern beliebten Vögel, von denen viele Würmer als Nahrung schätzen. Ein derartiger Perspektivenwechsel ist eine wichtige Grunderfahrung für die Entwicklung von Toleranz und gegenseitiger Achtung auch der Menschen untereinander.

Sowohl für Mädchen als auch für Jungen ist die Chance gegeben, im schulischen Kontext ein emotional positives Verhältnis zu einem konkreten Lebewesen zu entwickeln, für dieses Lebewesen zu sorgen und es zu pflegen.

Die Kinder können sich durch kreativen Versuchsaufbau, durch Verbalisieren, durch Beobachten, durch Helfen usw. einbringen und geraten nicht an die Grenzen ihres Leistungsvermögens. Umgekehrt werden ihre Vorkenntnisse und ihre Handfertigkeiten produktiv aufgenommen, und sie haben die Möglichkeit, neue Beobachtungen zu machen, Erkenntnisse zu gewinnen und sich darüber in der Gruppe zu verständigen.

Gerade die vielen interessanten Materialien verlangen Reinigungs- und Aufräumarbeit am Schluß, was wegen der sachlichen Verknüpfung leichter von den Kindern akzeptiert wird und nicht als isoliert-aufgesetzte Lernanregung verstanden werden muß.

Beobachtungen des Regenwurmes
Schmeck- und Riechversuche

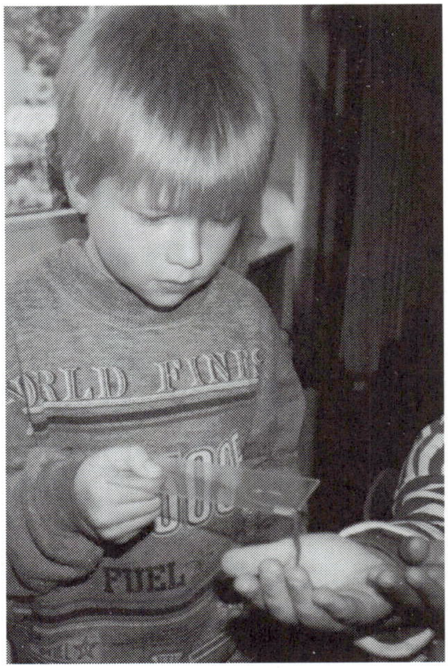

Wie bewegt sich der Regenwurm?
Bewegungsversuche

Der Regenwurm bietet außerdem elementare Möglichkeiten, sich mit dem schwachen, als primitiv geltenden Lebewesen emotional positiv auseinanderzusetzen, ohne dabei eine künstlich-aufgesetzte Emotionalität – wie sie in manchen kindertümelnden Vorschlägen der Reformpädagogik zu finden ist – zu verbreiten.

So, wie hier der Unterricht geplant ist, gibt es vielfältige Anlässe für handelndes, forschendes, entdeckendes Lernen und generell fundamentale Erfahrungen, um ein emotional positives Verhältnis zur belebten Natur zu entwickeln.

5. **Handlungsanregungen** (vgl. Materialliste)

1) *Bewegungsversuche*

Legt den Regenwurm vorsichtig mit dem Wattestäbchen auf ein Papier! Baut Hindernisse, Brücken, verschiedene Unterlagen auf, und beobachtet ihn! Wenn Euer Regenwurm auf der Glasplatte ist, schaut ihn von unten bei der Bewegung an! Nehmt Lupen dazu! Was macht er, wenn er mit Wasser beträufelt wird?

2) *Schmeck- und Riechversuche*

Was kann Euer Regenwurm riechen? Riecht er hinten oder vorne? Welche Nahrung mag er, welche interessiert ihn nicht?
Plant Versuche, um diese oder andere Fragen herauszubekommen!

Was mag der Regenwurm?
Schmeck- und Riechversuche

3) *Sehversuche*

Nehmt die schwarze Tüte und laßt den Regenwurm darin kriechen! Leuchtet mit der Taschenlampe in die Tüte hinein! Kann ein Regenwurm Farben sehen? Macht Versuche!

6. Tips und Hinweise

1) Um den Regenwürmern die Zeit in der nicht-naturgerechten Lebensumgebung erträglich zu machen, sollte der Unterricht möglichst auf einen Zeitraum bis zu zwei oder maximal drei Wochen begrenzt werden, damit die Würmer bald wieder in die Freiheit entlassen werden können. Nach Unterrichtsschluß sollten die Regenwürmer in einer Wurmdose mit Wurmerde in den Kühlschrank oder Keller bei 6–12 Grad Celsius gestellt werden.

2) Während der Gruppenarbeit sollen Anregungen, den eigenen Versuchsaufbau zu reflektieren und ein emotional-positives Verhältnis zum Regenwurm zu entwickeln, situationsangemessen gegeben werden.

7. Literatur

- von Frisch, O.: Loewes Tierlexikon. Bayreuth 1982
- Jansen, M. / Deringer, W.: Die Regenwürmer. Heidelberg 1978
- U. Meinhardt: Alles über Regenwürmer. Stuttgart 1986
- Niedersächsisches Kultusministerium (Hg.): Global Denken – lokal Handeln. Hannover o.J. (1990)
- J. Reichholf: Feld und Flur. München 1989
- Urban Tierreich: Wirbellose Tiere 2. Frankfurt – Zürich 1967

17. Viele Sinne – ein Körper

1. Materialliste

1) *Brillen*

verschiedene gebrauchte Brillen

2) *Schnüffel-Spaß*

Karton mit Filmdosenpaaren, in denen sich ein doppelter Satz verschiedener auf Watte geträufelter Düfte befindet (Jasmin, Apfel, ...)

3) *Tast-und Fühlkiste*

größerer Schuhkarton mit Fühlloch (mit ins Loch eingesetztem Stoffärmel), gefüllt mit verschiedenen Gegenständen zum Ertasten (Ball, Teppich, Schraube, Stein, Stofftaschentuch, Gummiband, Schnürsenkel, Plastiktütchen, Holzring, Pappe, Holzscheibe)

4) *Im Reich der Sinne*

Tast-Memory: Doppelsatz von Kärtchen, die mit verschiedenen Materialien beklebt sind (Stoff, Filz, Pfeifenputzer, Sandpapier, Gummi, Plastik, Zahnstocher)

5) *Hörmemory*

Karton mit Filmdosen, in denen sich paarweise zwei gleiche Materialien befinden (Seife, Kandis, feiner Zucker, Geld, Mehl, Reis, Haferflocken, Schrauben, Muscheln, Nudeln, Sand, kleine Perlen und Nüsse)

6) *Fadentelefon*

zwei Joghurtbecher, Paketschnur

7) *Zum Be-greifen*

Sandpapiertäfelchen: Papptäfelchen, die mit Sandpapier in unterschiedlicher Stärke beklebt sind

Holztäfelchen: Holztäfelchen, in die Zahlen von 0–9 hineingeschnitzt worden sind

8) *Die Streichholzschachtel*

Streichholzschachteln mit verschiedenen Geldstücken

9) *Der lila Stoffbeutel*

Stoffbeutel mit verschiedenen Gegenständen (Tennisball, Kerze, Schraube, Schlüssel, Holzwürfel, Wäscheklammer, Plastikherz, Gardinenring, Feuerzeug, Schneckenhaus, Knopf, Styroporball, Plastikboot, Schlüssel)

10) *Der gelbe Stoffbeutel*

Beutel mit jeweils 2 Exemplaren verschiedener Gegenstände (2 Walnüsse, 2 Murmeln, 2 Steine, 2 Muscheln, 2 Gummibälle, 2 Pfirsichkerne, 2 Würfel, 2 Schlüssel)

11) *Wie und was schmeckt unsere Zunge?*

Gläser, die mit Stoffen verschiedener Geschmacksrichtungen gefüllt sind (z. B. Bittersalz, Salz, Zucker, Zitronensaft), Wattestäbchen, Filtertüten, 4 Pipetten, leere Gläser zum Mischen der Wasserlösungen

12) *Der durchsichtige Spiegel*

Einwegspiegel

13) *Der Kasten zum Tasten*

9 gelbe Beutel mit verschiedenen Materialien (Murmeln, Steine, Federn, Erbsen, Tannenzapfen, Sand, Moos, Holzringe, Knöpfe), 9 Karten, auf denen die Materialiennamen geschrieben stehen

14) *Hören durch den Schlauch*

1 m Gartenschlauch; auf dem Schlauch ist die Mitte mit einem wasserfesten Stift markiert. Zudem sind links und rechts davon jeweils zehn Striche mit 1 cm Abstand markiert.

15) *Das Morsealphabet*

Morsegerät aus Plastik oder eine Klingel bzw. Trommel, Legende Morsealphabet

16) *Geräusche-Kiste*

Karton mit Filmdosen, die paarweise mit unterschiedlichen Materialien gefüllt sind und zur Hälfte mit blauen, zur anderen Hälfte mit roten Punkten gekennzeichnet sind

17) *Der Vogel im Käfig*

runde Pappscheibe (Bierdeckel), auf der einen Seite ein Vogelbild, auf der anderen Seite ein Käfigbild aufgeklebt (als Muster), Wolle, Locher, weißes Papier, Klebstoff, Schere, Stifte, viele Bierdeckel

18) *Sehtest*

ein auf Pappe geklebter Sehtest

19) *Das magische Auge*

ein dreidimensionales Bild

20) *Der stille Champignon*

Text zur Meditation, Kassettenrecorder, Kassette mit sanfter Meditationsmusik

21) *kalt oder warm?*

drei Schüsseln, Wasser, Tauchsieder oder anderes Gerät zum Wärmen des Wassers

2. Unterrichtskurzskizze

a) *Hörprobe* im Sitzkreis. Die Lehrerin fordert die Kinder auf, einmal ganz ruhig zu sein und zu horchen, was man alles hören kann, wenn keiner spricht (evtl. Autos, Vögel, Stimmen, Schritte). Nach einer Weile berichten die Kinder, was sie wahrgenommen haben. Als nächstes regt die Lehrerin an, sich einmal die Ohren zuzuhalten und zu hören, *wie sich die Stille anhört*. Wenn die Kinder in sich hineinhorchen, hören sie sich beim Atmen, Schlucken, Räuspern und Sprechen.

b) *Was mein Körper alles kann*

Ein überlebensgroßer schematischer Körperumriß auf Tapetenrolle wird in der Klasse an die Pinnwand gehängt. Jedes Kind soll etwas vorführen, was sein Körper kann. Die anderen sollen raten, was gemeint war. Ein Kind darf den Satz dazu auf einen kleinen Zettel schreiben und an die richtige Stelle des Körpers anheften („Spagat machen" z. B. an Beine heften; „mit der Zunge schnalzen" an den Mund heften, etc.)

c) *Wieviel kann mein Körper?*

In Partnerarbeit sollen die Kinder einmal versuchen, herauszufinden, wie viele verschiedene „Sachen" der eigene Körper kann (sehen, blinzeln, kopfüber gucken und doch alles richtig sehen, schielen, starren, kratzen, reiben, tasten, mit zwei Fingern „gehen", laufen, kriechen, klettern, stehen, niesen, riechen, schnüffeln, pusten, die Lippen so einrollen, daß andere nicht herausbekommen, ob die Ober- oder die Unterlippe zu sehen ist ...). Jede Partnergruppe soll mindestens 40 verschiedene „Künste" herausfinden.

d) Im Sitzkreis soll geraten werden, *wieviel verschiedene „Künste"* wohl die meisten Menschen mit ihrem Körper können. Es werden 100 verschiedene Künste der Klasse vorgeführt. Wenn ein Kind etwas *vormacht, was es kann*, sollen die anderen raten, wie die Kunst zu benennen ist.

e) *Gesprächsrunde*: Welche Sinne haben wir Menschen? Wofür brauchen wir Augen, Nase, Mund, Ohren und die Haut? Vorstellen der nach fünf Sinnen im Circle-Training an fünf Tischen eingeteilten Handlungsanregungen. Die Kinder sollen sich aussuchen, ob sie zuerst mit Hören, Sehen, Tasten, Riechen oder Schmecken anfangen wollen. Jede Gruppe darf auch weitere Versuche erfinden und aufstellen.

f) *differenzierte Arbeitsphase*:
- Gruppenarbeit
- wechseln, bis alle Gruppen an allen fünf Stationen waren

g) Vorstellung der *Versuchserfahrungen*

h) Planung und *Aufbau weiterer Versuche für den Ausstellungstisch* im Flur

i) Abschluß: *Phantasiereise*. Dafür müssen alle Kinder ruhig werden und die Augen schließen
- zur Einstimmung eine leise, beruhigende Musik im Hintergrund (z. B. Panflöte)
- Lehrerin liest die Geschichte vom Stillen Champignon
- die Kinder erzählen sich noch gegenseitig von ihren Erlebnissen und Empfindungen

3. Lernvoraussetzungen der Kinder zur Thematik Sinne

Kinder leben heute trotz der oftmals größeren individuellen Aufmerksamkeit insgesamt gehetzter und gestreßter als in früheren Generationen. Die Flut von Informationen über Bildschirm, Verkehr und Werbung beeinflußt die Kinder genauso wie der verplante Alltag und der oft zu enge Wohn- und Spielraum.

Gehetzt zu leben bringt mit sich, daß Kinder unbesonnen leben, d.h. sie achten nicht mehr darauf, was ihnen ihr Körper und ihre Sinne sagen. Das Kind hört etwas und hört es dennoch nicht, weil zu viele Hörreize auf das Kind einströmen. Es sieht und schaut dennoch nicht, weil es zerrissen wird von der Flut der Bilder.

Durch Körpererfahrung, um die es in dieser Unterrichtseinheit gehen soll, wird das Kind in der Wahrnehmung mit allen Sinnen gestärkt, da es sich selbst bewußter wahrnimmt.

Gerade Kinder „be-greifen" ihre Umwelt in erster Linie über die konkrete sinnliche Erfahrung und haben diese Fähigkeit trotz aller Medieneinflüsse noch nicht verlernt. Sie treten gern in Pfützen, wenn sie welche finden, untersuchen Sand, fischen im Tümpel nach Algen, streicheln über das Lieblingskleid, schnuppern in unbekannten Räumen. Bei diesen Sinneserkundungen werden Kinder im Alltag allerdings häufig mit Ermahnungen eingeschränkt wie: „Mach Dich nicht schmutzig!" oder „Das stinkt!".

4. Didaktische Begründungen

In der Unterrrichtseinheit zum Thema „Mein Körper – meine Sinne" soll es angesichts des zunehmenden Verlustes direkter sinnlicher Eindrücke darum gehen, den Kindern Gelegenheit zu Erfahrungen mit ihrem Körper und ihren Sinnen zu geben, um so eine positive Einstellung zu sich selbst zu bekommen. Damit dieses langfristige Ziel erreicht werden kann, sollen die Kinder zunächst einmal angeregt werden, ihren Körper und ihre Sinne auf spielerische Weise zu entdecken und gezielt einzusetzen.

Der Körper des Menschen ist alltäglich in enger Verbindung mit seinem gesamten Ich. Körpersprachlich werden Gefühle ausgedrückt, ohne daß dies den Beteiligten bewußt ist. Der Körper tritt oft nur dann in den Mittelpunkt der Aufmerksamkeit, wenn er nicht „funktioniert". Bei ärztlichen Untersuchungen wiederum sind die Körperfunktionen zu Untersuchungsobjekten degradiert und werden in Sorge um die Gesundheit angstbesetzt wahrgenommen. Eine positive Sicht des Körpers und damit des eigenen Ichs ist aber gerade nicht in Krankheitssituationen herzustellen. Deshalb wird hier der Blick auf die positiven Fähigkeiten des eigenen Körpers gelenkt, damit die Kinder sich selbst differenzierter und positiver wahrnehmen lernen.

Wichtig ist es, daß die Zugangsweise „mit allen Sinnen" nicht nur direkt bei der Körperthematik eine Rolle spielt, sondern integrierter Bestandteil aller Unterrichtsinhalte wird.

5. Handlungsanregungen (vgl. Materialliste)

1) *Brillen*

Hier findest Du viele verschiedene Brillen. Du darfst sie ruhig für einen Moment aufsetzen – aber nicht zu lange, denn es ist nicht gut für die Augen, wenn Du eine

Brille aufsetzt, die nicht für Deine Augen bestimmt ist. Kannst Du einen Unterschied zwischen den Brillen feststellen? Kannst Du bestimmen, ob der Mensch, dem die Brille gehörte, kurzsichtig oder weitsichtig ist?

2) *Schnüffelspaß*

Wenn Ihr dieses Spiel spielen wollt, benötigt Ihr nur Eure Nasen und ein gutes Gedächtnis. Aus den 24 Gefäßen mit unterschiedlichen Gerüchen gilt es, wie beim Memory, 2 gleichriechende Gefäße herauszufinden. Kommen Euch einige Gerüche unbekannt vor, stehen als Hilfe auf dem Boden der Gefäße die Namen für die Gerüche.

3) *Tast- und Fühlkiste*

Zieht nacheinander Karten, auf denen Gegenstände abgebildet sind und versucht, die passenden Gegenstände aus der dunklen Kiste herauszutasten!

4) *Im Reich der Sinne*

Tast-Memory: Die Memory-Kärtchen sind mit verschiedenen Materialien beklebt. Legt die Kärtchen in den grünen Beutel! Nun darf der Reihe nach jeder einmal in den Beutel greifen und versuchen, ein gleiches Paar herauszutasten. Wie fühlen sich die Kärtchen an? Beschreibt den anderen aus der Gruppe, wie sie sich anfühlen! Sind sie weich, glatt, flauschig oder rubbelig? Ihr könnt das Spiel auch verändern, indem Ihr vorher bestimmt, daß z. B. etwas Glattes herausgesucht werden muß. Wer kann mit den Händen am besten sehen? (Wenn Ihr Lust habt, könnt Ihr auch noch einige Kärtchen bekleben und dazulegen!)

5) *Hör-Memory*

Die Filmdosen sind mit verschiedenen Materialien gefüllt und erzeugen beim Schütteln unterschiedliche Geräusche. Zwei Dosen gehören immer zusammen, sie sind mit dem gleichen Material gefüllt und erzeugen daher die gleichen Geräusche. Findet die Paare heraus! Auch hier können beliebig viele Dosen dazugenommen werden, die Ihr selber füllt.

6) *Das Fadentelefon*

Bohre in die Böden der Joghurtbecher jeweils ein Loch! Ziehe ein Band durch die Löcher und verknote es jeweils von innen!

Gib Deinem Freund oder Deiner Freundin das eine Telefonende und versuche zu telefonieren!

7) *Zum Be-greifen*

a) Versucht einmal, die Sandpapiertäfelchen vom ganz feinen bis zum ganz groben Sandpapier in einer Reihe zu ordnen!

b) Versucht, mit geschlossenen Augen zu erfühlen, welche Zahlen in die verschiedenen Holztäfelchen hineingeschnitten sind.

8) *Die Streichholzschachtel:*

Die Streichholzschachtel: Laßt Euch ein oder mehrere Geldstücke in die Hand legen und versucht, sie zu erkennen, ohne hinzugucken!

9) *Der lila Stoffbeutel:*

Welche Dinge aus dem Beutel kannst Du, ohne hineinzugucken, nur durch Hineingreifen oder von außen Fühlen erkennen?

10) *Der gelbe Stoffbeutel*

Im gelben Stoffbeutel liegen 9 Paare verschiedener Gegenstände. Sucht nacheinander immer die 2 Gegenstände heraus, die sich genau gleich anfühlen – fast wie Memory, nur hinsehen dürft Ihr hier nicht!

11) *Wie und was schmeckt unsere Zunge?*

In dieser Kiste findet Ihr Materialien, um die verschiedenen Geschmacksrichtungen „süß“, „sauer“, „salzig“ und „bitter“ herzustellen. Mischt die Zutaten mit Wasser in den leeren Gläsern! Setzt Euch nun immer zu zweit zusammen! Ein Kind feuchtet nun ein Wattestäbchen mit der Flüssigkeit an und tupft sie dann auf verschiedene Stellen der ausgestreckten Zunge des anderen. Ihr könnt auch mit der Pipette Tropfen der Wasserlösungen auf verschiedene Stellen der Zunge träufeln! Laßt Euch immer sagen, wie es schmeckt! Dann tauscht Eure Aufgaben, damit beide einmal schmecken können! Was fällt Euch auf? Wie ist es mitten auf der Zunge?

12) *Der durchsichtige Spiegel*

Gucke von beiden Seiten durch das Fenster! Was siehst Du? Was könnte man machen, wenn diese Spiegel in allen Schulen sind? Wann sind sie zum Lachen? Wann sind sie zum Fürchten?

13) *Der Kasten zum Tasten*

Hole einen Beutel aus der Kiste und öffne ihn so weit, daß Deine Hand gerade hineinpaßt! Nicht in die Beutel hineinschauen! Nun fühl’ mit Deinen Händen, was wohl in den Beuteln versteckt ist! Du kannst Deine Ergebnisse mit den Karten überprüfen, denn da sind alle Materialien noch einmal aufgeklebt.

14) *Hören durch den Schlauch*

Ein Kind setzt sich mit dem Rücken zu einem Tisch auf einen Stuhl und steckt die Enden des Schlauches an die Ohren (so dicht wie möglich!). Der Schlauch wird dabei hinter das sitzende Kind auf den Tisch gelegt. Nun klopft das andere Kind (ohne daß das Kind 1 etwas sieht) mit einem Stift jeweils einmal kurz auf den Schlauch – auf die Mitte und auf die Striche rechts und links davon. Kind 1 sagt, ob es das Klopfen näher am rechten oder am linken Ohr gehört hat. Schreibt die Antworten und die richtigen Lösungen auf und guckt dann, wie genau Ihr rechts und links hören könnt!

15) *Das Morsealphabet*

a	.–	g	––.	o	–––	ü	..––	1	.––––	9	––––.
ä	.–.–	h	....	ö	–––.	v	...–	2	..–––	10	–––––
b	–...	i	..	p	.––.	w	.––	3	...––		
c	–.–.	j	.–––	q	––.–	x	–..–	4	....–		
ch	––––	k	–.–	r	.–.	y	–.––	5	.....		
d	–..	l	.–..	s	...	z	––..	6	–....		
e	.	m	––	t	–			7	––...		
f	..–.	n	–.	u	..–			8	–––..		

Das Morsealphabet ist eine Art Signalsprache, die früher in der Seefahrt viel verwendet wurde. Es wird aber nicht geschrieben, sondern durch Geräusche den anderen vermittelt. Hier liegt ein kleines Morsegerät bei. Du kannst aber auch eine Klingel nehmen, eine Trommel oder einfach in die Hände klatschen.

- Schau Dir das Morsealphabet genau an und morse zunächst einzelne Buchstaben!
- ● Ein . bedeutet „kurz“, also kurz den Knopf drücken oder kurz in die Hände klatschen.
- ● Ein – bedeutet „lang“, also einmal lange auf den Knopf drücken oder einmal kräftig in die Hände klatschen.
- Kannst Du auch Deinen Namen oder eine geheime Botschaft morsen?
- Versteht Dein Freund oder Deine Freundin diese Wörter oder Sätze?
- Du kannst auch Rechenaufgaben morsen, die Dein Freund oder Deine Freundin dann löst!

16) *Geräusche-Kiste*

a. Geräuschdosen: Nehmt alle Dosen aus dem Karton und bildet eine rote und eine blaue Reihe! Versucht nun, die Dosen zu ordnen und zwar nach „laut-lauter-am lautesten“ oder „leise-leiser-am leisesten“ oder „angenehm-angenehmer-am angenehmsten“!

b. Geräuschdosenmemory: Ihr kennt die Regeln schon.

c. Partnersuche: Nehmt 2 Paare (4 Dosen) bzw. so viele Paare wie nötig aus dem Karton und verteilt die Dosen untereinander! Nun müßt Ihr Euren Partner finden, indem Ihr Eure Dosen schüttelt und horcht, wer auch ein solches Geräusch erzeugt.

d. Blinde Kuh: Einem Kind werden die Augen verbunden, und es wird im Kreis gedreht. Ein anderer nimmt sich eine Dose und sucht sich im Raum irgendeinen Platz. Die „Blinde Kuh“ muß nun den Weg zur Dose erhören. Die anderen dürfen Hilfestellungen geben (heiß / kalt).

17) *Der Vogel im Käfig*

Kannst Du aus 2 Bildern ein Bild machen?
So stellst Du das Wirbelkärtchen her: Beklebe einen Bierdeckel von beiden Seiten und bemale ihn! Nun mußt Du nur noch Löcher an die Seiten machen und 2 Fäden (60 cm) durchziehen und befestigen. Halte den Faden mit beiden Händen fest! Zwirble die Fäden auf, indem Du das Kärtchen schleuderst! Ziehe dann die Fäden stramm: Was siehst Du nun?

18) *Sehtest*

Hefte das Blatt mit den Zahlen an die Wand! Ein anderes Kind deckt die Sehtestzeichen zu. Gehe nun 2 Meter zurück! Decke ein Auge zu! Versuche dann abwechselnd mit dem linken und dem rechten Auge die Zeilen zu lesen! Bedecke dazu das geschlossenen Auge mit der hohlen Hand! (Du darfst das Auge dabei nicht drücken!)

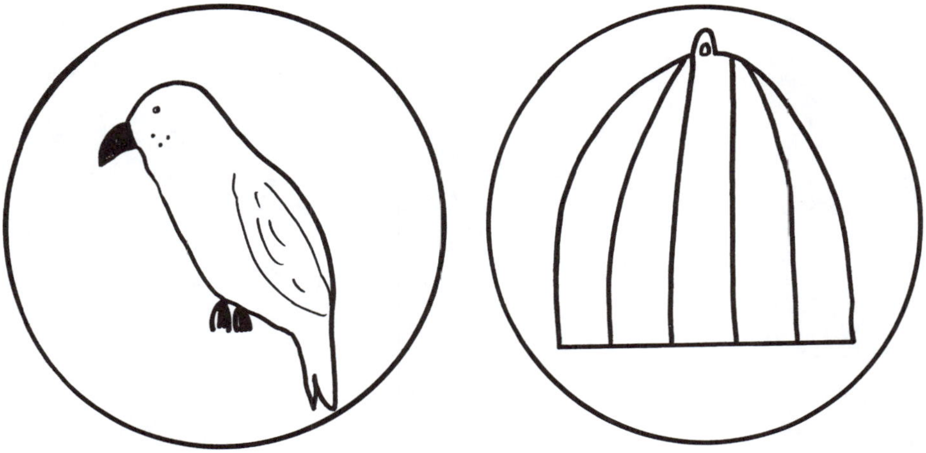

Der Vogel im Käfig

Bis zu welcher Zeile kannst Du mit jedem Auge lesen?

8 0 9 6 3

4 1 7 4 L Z E

3 G O S 6 8 Q D

2 Z L J 5 7 S V N M

3 O D 8 6 S C B P 9 8 2 S

1 I L N Y 7 V L 4 A K ! I 7 M X N M V W A

396820DOGÖSQRGBÜPOSDCBCAWERZPFDSUO

Wenn Du mit einem oder beiden Augen schon in Zeile 4 Leseschwierigkeiten hast, dann solltest Du zu einer Augenärztin oder einem Augenarzt gehen und Dich auf Kurzsichtigkeit untersuchen lassen.

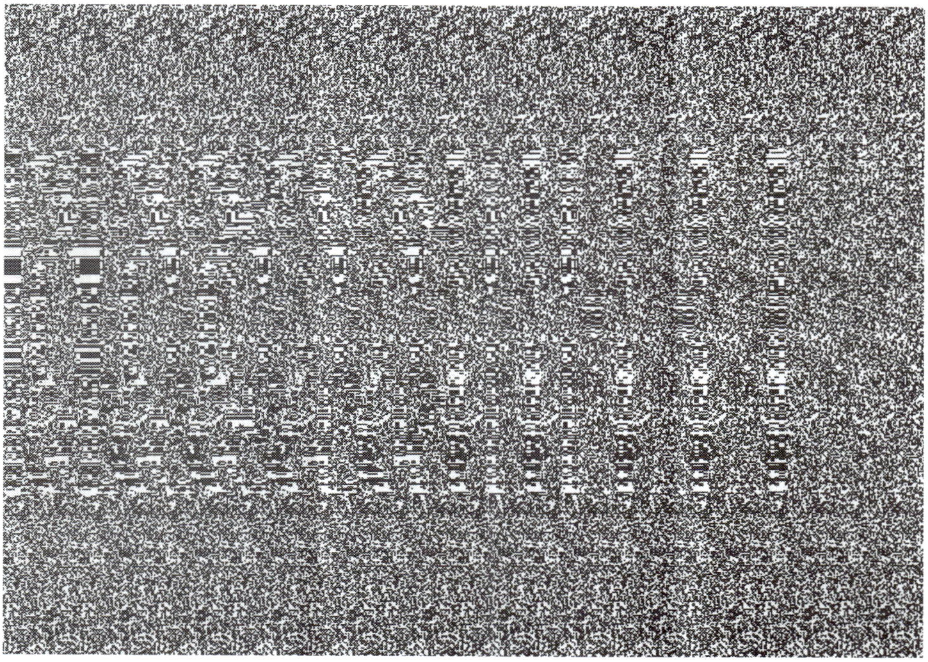

Das magische Auge (Quelle: RÖSA, Oldenburg)

19) *Das magische Auge*

Halte das Bild dicht an Deine Nase! Tu so, als wenn Du durch das Bild hindurchgukken könntest! Halte Deine Augen weiterhin starr! Bewege das Bild langsam weg von Deinem Gesicht! Was siehst Du?

20) *Stiller Champignon*

Hockt Euch alle wie Champignons auf den Boden! Hört zu!

„Es war einmal eine Wiese mit vielen Champignons. Sie wuchsen jedes Jahr wieder. Sie wurden größer und größer, zogen sich im Herbst wieder unter die Erde zurück und kamen im nächsten Jahr wieder. Im Winter waren sie unter der Erde mit ihren Wurzeln tief im Boden. Die Kälte oben konnte ihnen nichts anhaben. Sie sammelten Kraft bis zur Wärme im nächsten Jahr. Dann konnten sie sich wieder aus dem Erdboden erheben. Neben ihnen wuchsen ihre Freunde, die sie nie verließen. Die Menschen gingen immer weniger nach draußen und kauften nur noch Champignons aus Kellerzüchtungen. So blieben die Champignons auf der Wiese immer stehen. Inmitten von wunderschönen Blumen, festen Gräsern und saftigen Blättern, die gegen die Sommerhitze Schatten spendeten. Die Champignons stehen still, sie wiegen sich kaum merkbar hin und her. Sie stehen und vergehen, stehen und vergehen. So wie der Atem geht, ruhig, ein und aus, ein und aus. Alles bleibt. Niemand verletzt die Champignons, weil die Kühe

nicht mehr auf die Weide geschickt werden. Die Wiese bleibt bestehen, sie wächst jedes Jahr wieder neu.

Sie ist voller bunter Blumen. In ihrer Mitte wachsen Champignons. Sie wachsen jedes Jahr wieder. ...

(Quelle: RÖSA, Oldenburg)

21) *kalt oder warm?*

Gieße in eine Schüssel kaltes Wasser, in die andere warmes Wasser! Stelle dazwischen die dritte Schüssel! Fülle in die dritte Schüssel etwas Wasser aus beiden Schüsseln! Schließe nun die Augen! Lege die linke Hand in die äußere Schüssel, die rechte in die mittlere! Wie empfindest Du das Wasser der mittleren? Laß die Hände trocknen! Lege nun die linke Hand in die mittlere Schüssel und die rechte Hand in die rechte Schüssel! Wie empfindest Du nun die Temperatur der mittleren Schüssel?

6. Tips und Hinweise

1) Gelegenheiten zu sinnlicher Erfahrung gibt es jederzeit. Die einzelnen Bereiche sollten daher keinesfalls nur über „Angebote" abgedeckt werden.
2) Zwischen den getrennten Sinnesbereichen besteht selbstverständlich eine enge Verbindung. Beispiel: Eine Frucht können wir fühlen, riechen und schmecken.
3) Sinneserziehung ist nicht in einer einzelnen Unterrichtseinheit abzuhaken, sondern permanente Aufgabe bei allen Sachunterrichtsinhalten.

7. Literatur

a) für Lehrkräfte

- Barbey, D.: Unsere fünf Sinne. Reihe: Die Welt erkennen. Ravensburg: Maier, 1991
- Bausteine Kindergarten: Mein Herz klopft, ich kann mich spüren. Heft 1 Aachen: Bergmoser und Höller Verlag, 1987
- Bausteine Kindergarten: Schau mich an, was mein Gesicht Dir sagen kann. Heft 1 Aachen: Bergmoser und Höller Verlag, 1988
- Kremer, A. / Stäudel, L.: Baustein „Sinnesorgane erschließen die Umwelt". Soest: Landesinstitut für Schule und Weiterbildung, 1994
- Oertel, F.: Elementare Sozialerziehung. Praxishilfen für den Kindergarten. Weinheim: Juventa Verlag, 1992 (2. Aufl.)
- Reichen, J.: Der menschliche Körper. Bausteine für den Sachunterricht 3. Hamburg: Heinevetter Verlag, 1992
- Rustean, J.: Dein Körper. München: Christian, 1994
- Vopel, K.: Kinder ohne Stress. Teil 1–5. Hamburg: Isko Press, 1992

b) für Kinder

- Anderson, H. Ch. / Palecek, J.: Das häßliche Entlein. Zürich: Nord-Süd Verlag, 1971
- Galler, H.: Der kleine Nerino. Salzburg / München: Schneider, 1988
- Lobe, M.: Das kleine Ich bin Ich. Wien: Jungbrunnen, 1992 (17. Aufl.)
- van der Meer, A.. und R.: Zunge meldet: Sahne-Eis! Hamburg: Carlsen-Verlag, 1988

18. Steine: steinhart und schön

1. Materialliste

1) *Steinekasten*

Ein in Fächer unterteilter Karton mit verschiedenen Steinen: Sandstein, Eisenerz, Kalksandstein, Schiefer, Feuerstein, versteinerte Muschel (Fossil), Granit, Quarz, Basalt

Die Steine sind in kleinen, gleichen Stoffbeuteln aufbewahrt, zu jedem Stein gehört ein Kärtchen mit einer Abbildung und dem entsprechenden Namen des Steines.

2) *Mini-Museum*

Karton mit einem Musterstein in dem großen Kästchen, 1 großes Kästchen, 2 mittlere schwarze Kästchen, 4 kleine schwarze Kästchen, 13 kleine durchsichtige Kästchen, 2 Lupenkästchen, Kitt in Dose, Beschriftungsschilder zum Ausschneiden, Schere, Stifte

3) *Steine und Muscheln*

Schuhkarton mit vielen verschiedenen Steinen und Muscheln, Sand

4) *Steinfiguren*

Pinsel, Musterstein, 6 Töpfe Bastelfarbe, Klebstoff, Stoffreste, Steine

5) *Denkmal*

Dose mit Alabastersteinen, alte Nagelfeile, alte Raspel

6) *Erzählstein*

Schachtel mit einem mittelgroßen Kieselstein

7) *Schönheitswettbewerb*

Karton mit vielen verschiedenen besonderen Steinen und Muscheln

8) *Steine picken*

8 Wäscheklammern, Papier, viele kleine Steinchen

9) *Meditation*

Zigarrenkiste mit mittelgroßen Steinen, die sich durch unterschiedliche Beschaffenheit auszeichnen (z. B. glatt, rauh, flach)

10) *Stein-Werkzeugkiste*

Karton mit vielen verschiedenen Steinen

11) *Die durstige Krähe*

Glas mit vielen verschiedenen kleinen Steinchen

12) *Das Kim-Spiel*

Dose mit mehreren verschiedenen Steinen (Wichtig: unterschiedliche Beschaffenheit!), 1 Tuch zum Augenverbinden

13) *Härteolympiade*

Dose mit 6 numerierten Steinen verschiedener Härte, Notizblatt für die Ergebnisse

14) *Steinschichten*

Schachtel mit 4 Steinen, die (besonders gut sichtbar) aus mehreren Schichten bestehen, kleine Papierkärtchen

15) *Mauerbau*

4 kg Zementmörtel, Gefäß zum Anrühren von Mörtel, Wasser, viele gesammelte Natursteine; evtl. auch kleiner Tonsteinbaukasten, Pappe als Unterlage

16) *Steinekarton*

1 Bimsstein, 1 Lavastein, 1 Lochstein, 1 Speckstein, 1 Ziegelstein, 1 Waage mit Gewichten, 1 größeres Glas, ein Stück Stoff, viele verschiedene Edelsteine

17) *Zaubershow:*

a) Stein wegzaubern: Sand, gleichfarbiger Sandstein

b) Steinschlucker: gebrannte Mandel, ähnliche aussehende bräunliche Schlackensteine

18) *Material für die einzelnen Unterrichtsschritte:*

- Korb mit vielen verschiedenen Steinen
- Kieselstein, Tuch

  Viele verschiedene Muscheln und Steine in kleinen Schälchen, für jedes Kind eine Teppichfliese

2. Unterrichtskurzskizze

a) – ein Korb mit vielen verschiedenen Steinen wird im Sitzkreis herumgereicht
– jedes Kind darf sich leise den Stein herausnehmen, der ihm am besten gefällt
– Aufgabe, den Stein ganz genau zu befühlen, zu betrachten und ihn dann vor sich hinzulegen, damit auch die anderen ihn sehen können
– Reihum sagt nun jedes Kind, wie sein Stein aussieht und was es gedacht hat, als es gerade diesen ausgewählt hat. Wer mag, darf seinen Stein behalten.

b) Die Lehrerin legt einen mittelgroßen Kieselstein auf ein Tuch in die Mitte des Kreises.
– Vorlesen der folgenden Geschichte, allerdings nur bis zum Sternchen (*). Nun sollen die Kinder die Geschichte weitererzählen. Wer hat eine Idee, was der kleine Kieselstein auf seiner Reise noch erlebt?

Geschichte: Der Kieselstein und die weite Welt

Es war Sommer. Die Sonne schien. Ein Kieselstein lag inmitten vieler anderer Kieselsteine auf einer kleinen Straße, die an Häusern, Gärten und an einer Wiese vorbeiführte.

Da kam ein Wagen daher, und seine Räder schleuderten den Kieselstein in die Wiese hinaus. „Wunderbar!" sagte der Kieselstein. „Ich habe nicht gewußt, daß die Welt so groß ist!" Gräser und Blumen nickten, Bienen summten und Käfer brummten. „Hier werde ich bleiben", sagte der Kieselstein.

Auf der Wiese spielte ein kleiner Junge, er sah den Kieselstein, hob ihn auf und warf ihn hoch in die Luft. „Wunderbar!" jauchzte der Kieselstein. „Ich bin ein Kieselstein, der fliegt! Ich werde in die weite Welt hinausfliegen!"

Klirr-Krach, flog er durch eine Fensterscheibe. „Jetzt hast Du mich zerbrochen", ächzte das Glas. „Warum bist Du nicht ausgewichen?" antwortete der Kieselstein. „Siehst Du nicht, daß ich in die weite Welt hinausfliege?" Im selben Augenblick plumpste er nieder. Er lag auf einem bunten Teppich in einem kleinen Wohnzimmer. Der Kieselstein schaute sich um. „Wie seltsam und großartig ist die Welt", sagte er. „Hier will ich bleiben. Das ist der richtige Platz für einen besonderen Kieselstein wie mich!" *

Kaum hatte er ausgesprochen, kam eine Frau ins Zimmer, sah die Bescherung, packte den Kieselstein und warf ihn aus dem zerbrochenen Fenster in den Garten. „Schon wieder fliege ich!" rief der Kieselstein. „Wo werde ich jetzt hinkommen? Das ist ja ungemein aufregend und spannend!" Plopp! landete er auf der Straße mitten unter den anderen Kieselsteinen. „Die haben ja keine Ahnung, wie groß die Welt ist", dachte der Kieselstein. Und er lag da und kam sich ganz besonders vor! (aus: K. Recheis / F. Hofbauer, 333 Märchenminuten, Freiburg: Herder-Verlag)

c) *Differenzierte Arbeitsphase*:

Gruppenarbeit nach dem Büffet-Modell (z. B. Mini-Museum, Denkmal oder das Steine-Spiel)

d) *Kreisgespräch über die Ergebnisse*

e) *Unterrichtsgang zum Steinesammeln*

f) *Erfinden weiterer Steinversuche*, Schreiben von Handlungsanweisungen für die anderen Kinder

g) *zweite Versuchsrunde*

h) Vorbereitung und Fertigstellen eines *Ausstellungstisches auf dem Flur*, währenddessen Erzählrunde in der Klasse *mit dem Erzählstein: „Geschichten von Steinen"*

i) *Vorbereitung einer Steinezaubershow*

j) *Steinezaubershow für eine andere Klasse*

k) *Steinzauberbuch schreiben*

l) gemeinsamer *Mauerbau* (Nr. 15), z. B. als Schutz von jung angepflanzten Blumen auf dem Schulgelände vor Pausenspielzeug oder Kinderfüßen oder als kleine Natursteintrennwand für den Ausstellungstisch

m) *Steinmeditation*

n) *Abschlußsteinbild*: Jedes Kind bekommt eine Teppichfliese, die es vor sich auf den Boden legt. Nun hat jeder die Aufgabe, *aus den bereitstehenden Muscheln und Steinen ein Bild* (vielleicht noch zu der Geschichte vom Kieselstein?) zu legen. Die Kinder sollen versuchen, dies möglichst schweigend zu tun. Jedes darf und soll das legen, was ihm einfällt. Wenn alle fertig sind, beschreiben die Kinder nacheinander ihre gelegten Kunstwerke.

o) Sie sollen dann möglichst mehrere Tage *als Ausstellung aufbewahrt* werden (z. B. Fensterbank / Ausstellungstisch).

3. Lernvoraussetzungen der Kinder zur Thematik Steine

Schöne Steine – das sind Schätze, die viele Kinder gerne suchen und sammeln. Manche Kinder verfügen über umfangreiche Sammlungen. Sie werden genau betrachtet, ausgewählt und dann sorgfältig aufbewahrt. Von Zeit zu Zeit schauen sie sich ihre kostbaren Funde an und zeigen sie stolz der Familie oder anderen Kindern.

Manche Kinder erleben oft, daß ihre Eltern kein Verständnis für ihre „Kostbarkeiten“ haben und sie als wertlos oder unnütz bezeichnen. So wird den Kindern immer mehr das Interesse an den Schätzen der Natur genommen, sie verlernen zu staunen und sich an diesen Dingen zu freuen.

Steine werden von Kindern oft als Spielzeug genutzt, sei es z. B. zum Kaufmann-Spielen, bei dem es als Spielgeld dient, als Steine bei „Huckekasten-Spielen“ oder auch zum Malen auf dem Gehweg. Muscheln bringen die Kinder aus den Ferien am Meer mit. Die geheimnisvoll schillernden Meeresfunde sind für die Kinder wertvolle Mitbringsel. Diese natürlichen Spielmaterialien regen die Phantasie der Kinder an und motivieren zum Gestalten von Bildern oder Mustern.

Gerade in der heutigen Zeit, in der Kinder oftmals von Kunststoff-Spielzeug überflutet werden, ist es wichtig, ihnen wieder einen unmittelbaren Zugang zu den Spielmitteln der Natur zu ermöglichen, die mehr Raum für eigene Phantasien und sinnliche Erfahrungen bieten.

4. Didaktische Begründungen

In einer Welt der zunehmenden Konsumflut mit vorfabrizierten Waren sind Natursteine – nicht nur geologisch gesehen – vorgeschichtliche Relikte. Sie widersprechen inhaltlich und strukturell den Dimensionen heutiger Konsumansprüche. Gleichzeitig sind Steine als Bausteine, Denkmalsteine, Färbsteine und Steinwerkzeuge immer wieder auch Objekt kultureller Formung gewesen. Aber auch als solche sind Steine mit ihren vielfältigen Farb- und Formmerkmalen ein Moment ästhetischer Anregung und mythischer Ausstrahlung. Steine sind nicht von ungefähr seit Menschheitsgedenken auch Schmucksteine oder magische Elemente gewesen.

Die Kinder lernen durch Steine zunächst, wieder aufmerksam zu werden für die Formen und Farben, die uns in der Natur begegnen. Sie verstehen, daß Steine und

Muscheln uns viel wertvoller werden, wenn wir sie liebevoll auswählen, statt achtlos darüber zu gehen.

Die Unterrichtseinheit zum Thema Steine kann die Kinder ermutigen, mit den gefundenen Naturmaterialien erfinderisch und phantasievoll zu spielen und zu erleben, daß derartige Spielmaterialien ihnen viel Freude machen können. Der gewonnene Einblick in die Verschiedenartigkeit der Steine und Muscheln weckt außerdem Interesse für die Materialbeschaffenheit, Herkunft und Nutzmöglichkeiten von Muscheln und Steinen. Steine sind gleichzeitig nützlich und schön, hart und vielseitig.

5. **Handlungsanregungen** (vgl. Materialliste)

1) *Steinekasten*

Mit diesem Kasten könnt Ihr Steine besser kennenlernen.
Nehmt die Stoffbeutel und vermischt sie! Versucht nun, durch Fühlen herauszufinden, zu welchem Kärtchen die Steine gehören! Wie fühlen sich die Steine an? Sind sie sandig, glatt, flach, schwer oder leicht?
Schaut Euch nun die Steine auf den Bildern an und vergleicht sie mit den echten Steinen! Gibt es Unterschiede?
Jetzt könnt Ihr in der Innenseite der Kärtchen nachlesen, wie die Steine heißen.

2) *Mini-Museum*

Sucht schöne Steine oder bringt von zu Hause schöne Steine mit!
Klebt sie mit Kitt in die Kästchen ein!
Schneidet die Pappkärtchen aus und knickt sie in der Mitte!
Schreibt Eure Namen auf die Schilder. Wenn Ihr wollt, könnt Ihr auch noch den Namen des Steines draufschreiben und wo Ihr ihn gefunden habt (schaut dazu in Büchern nach!).
Nun könnt Ihr anderen Klassen Euer Museum bei einer Museumsführung zeigen.

3) *Steine und Muscheln*

Guckt Euch die Steine, Muscheln und den Sand an!
Nehmt Euch den „Schatz“ heraus, der Euch am besten gefällt!
Schaut ihn Euch noch einmal genau an!
Nehmt Euren Schatz in die Hand und probiert, wie er sich anfühlt!
Überlegt, wo Ihr diesen Schatz finden könntet!
Zeigt Euren Schatz den anderen Kindern und seht Euch die Schätze der anderen an!

An wen oder was erinnert Euch der Stein? Macht Schilder dazu (z.B. der Eiffelturm, ein Nashorn, Käsekugel, Stempel, Golf)!

4) *Steinfiguren*

Aus den Steinen könnt Ihr beliebige Figuren wie zum Beispiel Tiere, basteln. Mit der beiliegenden Farbe könnt Ihr sie anschließend bemalen. Aber schaut Euch die Steine

erst genau an und entscheidet dann, wie Ihr die Form am besten verarbeiten könnt! Nicht jeder Stein eignet sich für einen Hund oder einen Giraffenhals.
Wenn Eure Figuren fertig sind, könnt Ihr sie als Spielfiguren für ein selbstgemachtes Spiel benutzen. So hat jedes Kind seine eigene, selbstgebastelte Figur. Ihr könnt die Figuren natürlich auch auf einem Schulfest ausstellen und vielleicht sogar verkaufen.

5) *Denkmal*

Aus Alabaster kann man gut Formen schleifen. Mache einen Denkmalstein für Dich / Deine Freundin / Deinen Freund / Deine Mutter / Deinen Vater / Eure Klasse!

6) *Erzählstein*

a) Nur wer diesen Stein in der Hand hat, darf sprechen. Gebt ihn weiter!
b) Dieser Stein erzählt Euch eine Geschichte. Nehmt den Stein nacheinander in die Hand und erzählt die Geschichte weiter: „Vor langer Zeit lebte dieser Stein in einem Fluß. Das kalte Wasser umspülte den Stein. ...“

7) *Schönheitswettbewerb*

Schaut Euch die Steine und Muscheln an! Sucht Euch die schönste Muschel und den schönsten Stein heraus. Sprecht darüber!

8) *Steine picken*

Alle Steine werden auf dem Boden verteilt, so daß sie einzeln liegen, am besten im Kreis. Alle Kinder sitzen im Kreis um die Steine herum, jedes bekommt eine Wäscheklammer und legt ein Blatt Papier vor sich auf den Boden. Nun wird reihum gewürfelt. Würfelt ein Kind eine 6, dürfen die anderen Kinder so viele Steine mit den Klammern aufpicken und auf ihr Blatt legen, wie sie können. Das Kind, das die 6 gewürfelt hat, würfelt schnell so lange weiter, bis es noch eine 6 würfelt. Dann ruft es sofort „Stop“. Das Steinepicken ist solange unterbrochen, bis ein anderes Kind wieder eine 6 würfelt. Sind alle Steine aufgebraucht, ist das Spiel zu Ende. Jedes zählt seine Steine, und wer die meisten hat, hat gewonnen.

Tip: Das Picken ist einfacher, wenn Ihr eine weiche Unterlage (z. B. Teppich oder Decke) benutzt.

9) *Meditation*

a) Bleibt ganz ruhig im Sitzkreis! Jedes Kind darf einen Stein aussuchen und dabei *an etwas Schönes denken.*

b) Es gibt auch *Geschichten*, die eine Lehrkraft dazu erzählen kann, z. B.: *Wir sind alle Steine, wir waren schon tausende Jahre auf der Erde. Mir kann nichts passieren, weder Regen, noch Schnee, noch Sturm, noch glühend heiße Sonne kann mich stören. Ich liege fest auf dem Boden. Niemand kann mir etwas antun. Ich bin stark und schön. Ich habe ein langes Leben. Die Steine neben mir sind meine Freunde, sie bleiben neben mir liegen. Ich bin nie allein. Ich bin ein Stein von vielen Steinen. Aber kein Stein sieht so aus wie ich.*
(Quelle: RÖSA, Oldenburg)

c) *Stein fühlen*

Alle bekommen einen Stein in die Hand (verteilen oder aussuchen lassen) und können ihn eine Weile ansehen, befühlen oder beriechen ... Nach einer Weile werden alle Steine wieder eingesammelt. Nun schließen alle die Augen und wieder bekommt jeder einen Stein (vertauschen!). Jetzt muß durch Fühlen herausbekommen werden, ob es der eigene Stein ist oder nicht. Ist er es nicht, wird er an das nächste Kind weitergegeben. Wer seinen Stein gefunden hat, behält ihn, und gibt die ankommenden Steine jeweils noch eins weiter, damit wieder jeder jeweils einen Stein zu befühlen hat. Es wird solange gespielt, bis alle meinen, ihren Stein gefunden zu haben. Nun machen alle die Augen wieder auf und schauen nach, ob es der richtige Stein ist. Wer hat seinen Stein verwechselt? Woran hast Du Deinen Stein erkannt? Warum hast Du Deinen Stein nicht erkannt?

Tips:
- Nicht zu lange befühlen lassen (höchstens 1 Minute)!
- Versucht, dabei nicht zu reden!

10) *Stein-Werkzeugkiste*

Macht aus den vielen verschiedenen Steinen Werkzeuge, z. B. Steinbeile, Steinmesser und andere Steinzeitwerkzeuge! Denkt daran, was die Menschen in der Steinzeit alles machen mußten!

- Getreide mahlen
- Wohnungsschmuck
- Fleisch schneiden
- Holz hacken
- Felle vom Tierkörper abziehen
- Faustkeile machen
- Felle säubern
- Suche selbst zu Hause noch mehr Werkzeugsteine!

11) *Die durstige Krähe*

Laßt Euch diese Geschichte halblaut vorlesen:

Eine Krähe flog einmal über eine große Wüste. Dort war es glühend heiß, alle Pflanzen waren verdorrt, keine Oase war in der Nähe, deshalb hatte die Krähe großen Durst. Auf einmal sah sie auf dem hellen Sand unten ein Glas in der Sonne blitzen. Die Krähe flog schnell hinunter, denn sie hoffte, dort Wasser zu finden. Das Glas stand inmitten von vielen großen und kleinen Steinen, und es war auch wirklich noch ein wenig Wasser darin. Die Krähe wollte das Wasser nun gerne trinken, aber ihr Schnabel war nicht lang genug, und sie kam nicht an das Wasser heran. Sie versuchte, das Glas umzuwerfen, aber sie war nicht stark genug. Und weil der Durst sie so geschwächt hatte, konnte sie es auch nicht zerschlagen. Verzweifelt und durstig saß sie neben dem Glas und weinte, aber auf einmal hatte die Krähe eine gute Idee. Beim Weinen war ihr eingefallen, wie sie auch ohne große Anstrengungen bequem an das Wasser herankommen konnte. Sie trank alles aus und flog gestärkt nach Hause in ihren Wald. Wie hat die Krähe es geschafft?

(Quelle: RÖSA, Oldenburg)

12) *Das Kim-Spiel*

In Indien lebte ein Junge, der hieß Kim. Einmal war ihm langweilig, und deshalb dachte er sich ein Spiel aus. Kim wohnte in einem kleinen Dorf in den Bergen und hatte nicht viel Geld. So dachte er sich ein Spiel aus, für das man kein Geld braucht. Das Spiel wird nämlich mit Steinen gespielt, und die gibt es ja in den Bergen reichlich.

Spielanleitung: Zuerst wird eine Spielleitung ernannt. Sie legt verschiedene Steine in unterschiedlicher Anzahl unter das Tuch. Alle Mitspielenden setzen sich im Kreis um das Tuch herum. Das Tuch wird für etwa dreißig Sekunden weggezogen, alle schauen sich die Steine an, und jeder merkt sich: Wieviele Steine sind es? Welche Farbe haben sie? Welche Form haben sie? Das Tuch wird dann wieder über die Steine gedeckt. Die Spielenden schreiben auf, was sie sich gemerkt haben, oder sie beantworten Fragen von der Spielleitung. Das Spiel wird schwerer, wenn man mehr Steine nimmt oder das Tuch schneller wieder über die Steine deckt. Wer am meisten behalten hat, gewinnt.

13) *Härteolympiade*

Manche Steine sind härter als andere. Probiere aus, welcher Stein welchen schleifen kann und notiere die Ergebnisse!

14) *Steinschichten*

Steine haben manchmal Schichten. Male selbst Steine mit vielen Schichten!

15) *Mauer bauen*

Überlegt, was für ein Bauwerk Ihr aus Steinen bauen wollt! Sucht viele Steine! Fragt, an welcher Stelle Ihr ein kleines Steinhaus / eine Mauer / ein ... bauen dürft!

Rührt Zementmörtel nach der Anweisung mit Wasser an! 2 kg Zementmörtel ergibt etwas weniger als einen Liter fertigen Mörtel. Schichtet Steine aufeinander und füllt immer Mörtel in die Zwischenräume! Drückt gut fest! Arbeitet zügig weiter, denn der fertige Mörtel bleibt nur etwa eine Stunde weich!

16) *Steinekarton*

a) Untersucht die 5 großen Steine (Bimsstein, Lavastein, Lochstein, Speckstein und Ziegelstein) auf ihre Unterschiede hin! Welche Form haben sie? Wie fühlt sich ihre Oberfläche an? Wie sieht es mit Größe und Gewicht aus?

b) In vielen Ländern der Erde sagen Menschen, daß jeder Stein eine bestimmte Bedeutung oder gar Zauberkraft hat. Überlegt, was der Amethyst oder das Tigerauge wohl für eine Bedeutung hat. Schreibt Eure Bedeutung auf ein kleines Schild für den Ausstellungstisch!

c) Wenn ich Prinzessin oder Prinz wäre, würde ich diese ... Edelsteine in meine Krone einfassen lassen. Suche Dir die Edelsteine für Deine Krone aus!

17) *Zaubershow:*

a) *Stein wegzaubern*: Hinter Dir steht ein Tisch mit mehreren sichtbaren Sandsteinen. Zeige dem Publikum einen Sandstein mit der rechten Hand, laß einige Zuschauende fühlen! In der linken verschlossenen Hand hast Du gleichzeitig etwas feuchten Sand, der zu einem Steinklumpen zusammengedrückt ist. Zeige mit der rechten Hand den nächsten Stein vom Tisch! Laß fühlen! Schließe Deine Hand! Gehe immer wieder zum Tisch und hole den nächsten Stein! Zeige schließlich dem Publikum von weitem den Sand! Erzähle irgendetwas! Schau dabei immer das Publikum an! Erzähle, wer mit blauen Augen neben einem Kind mit blauem Hemd sitzt! Laß währenddessen zwischen den Fingern den Sand allmählich auf den Boden rinnen. Gehe nicht zum Tisch! Dreh Dich nicht um! Öffne die Hand, wenn Du kein Sandkorn mehr hast!

b) *Steinschlucker*: Rolle die gebrannte Mandel zusammen mit mehreren ähnlich aussehenden bräunlichen Schlackensteinen auf Deiner Hand! Laß das Publikum zählen, daß Du vier (drei) Steine auf der Hand hast! Lege drei (zwei) Steine auf den Tisch! Dreh sie ein wenig! Nimm einen echten Stein und zeig ihn dem Publikum! Geh zum Tisch zurück, nimm wieder einen echten Stein und zeig ihn dem Publikum! Wiederhole das vier (drei) mal! Dann stell Dich vor den Tisch, nimm alle Deine Steine in die Hand, so daß die Mandel an der Seite liegt! Öffne den Mund! Erzähle, wie hungrig Du immer auf Steine bist! Ziele mit dem Mund in die Hand und nimm die Mandel auf! Iß sie auf! Zeige dem Publikum die anderen Steine und frage, wer den nächsten essen möchte! (Zur Sicherheit mußt Du eine zweite Mandel bereithalten, wenn Du den Trick wiederholen mußt.)

c) Denkt Euch weitere Zaubertricks mit Steinen aus, die Ihr der ersten Klasse vorführen könnt! Z.B. „Stein mit den Augen zerschneiden“ (Schieferstein nehmen!).

6. Literatur

a) für Lehrkräfte

- Bausteine Kindergarten: Steine am Weg und Muscheln am Strand. Heft 2. Aachen: Bergmoser und Höller- Verlag, 1987
- Bausteine Kindergarten: Ich habe Schätze, Bausteine Kindergarten. Heft 1. Aachen: Bergmoser und Höller-Verlag, 1980
- Müller, D.: Phantasiereisen im Unterricht. Braunschweig 1994
- Klut, M.-P.: Woher kommen die Steine. Ravensburger: Maier Verlag, 1991
- Wooley, A.: Wir entdecken und bestimmen „Gesteine“. Ravensburg: Maier-Verlag, 1992 (11. Aufl.)

b) für Kinder

- Hähnel, W.: Mineralien und Gesteine. (Reihe: Was ist was? Band 45). Nürnberg: Tessloff-Verlag, 1994
- Hähnel, W.: Muscheln und Gesteine. (Reihe: Was ist was? Band 51). Nürnberg: Tessloff-Verlag, 1973
- Heine, H.: Die Perle. Köln: Middelhauve-Verlag, 1994
- Klut, M.-P.: Woher kommen die Steine. (Reihe: Die Welt entdecken). Ravensburg: Maier Verlag, 1991

- Mauer, G.: Steine um uns. Mein erstes Gestein- und Mineralienbuch. Wien: Schulbuchverlag Jugend und Volk, 1980
- Morgensen, I. / Korschunow, I.: Wo bist Du denn gewesen, Teddy? Köln: Parabel-Verlag, 1985
- Meriman, N. u.a.: Die ersten Menschen. Die faszinierende Vor- und Frühgeschichte der Menschheit. Hildesheim: Gerstenberg, 1991

c) Sonstiges

- Edelsteine: Trommelsteine (Barockform) in bunter Mischung:
  z.B. Bergkristall, Rauchquarz, Amethyst, Zitrin, Achat, Brozit, Tigerauge, Rhodonit, Heliotrop

  1kg Trommelsteine DM 30,– + Mwst. = ca. DM 34,62 zuzüglich Porto
  Per Nachnahme zu beziehen bei: Mineralien Import / Export, Alfred Diederich, Hauptstraße 2, 55776 Frauenberg bei Idar-Oberstein, (Tel. 06787 / 321)
- Poster: Reichel, M.: Felsen und Steine. Großposter (4-farbig) 94 x 114 cm, Sellier-Verlag, Best. Nr. 771

19. Leben in der Steinzeit

1. Materialliste

1) *Steinzeitleben*

Große Bögen Papier, Stifte oder Tuschfarbe mit Pinsel

2) *Steinzeitfeuer*

Feuersteine, Schutzbrillen, Stroh oder andere leicht brennbare, trockene Naturmaterialien

3) *Steine als Werkzeuge und Waffen*

Steine verschiedener Größe, Art und Form

4) *Knochennadelwerkstatt*

Geflügelknochen und Steine verschiedener Art (möglichst Sandsteine)

5) *Das Essen der Steinzeit*

haltbare Steinzeitnahrungsmittel: Walnüsse, Haselnüsse, Getreidekörner, Sonnenblumenkerne, Löwenzahnblätter, Kräuter, usw.

6) *Getreide*

Getreideähren (z. B. Weizen), leere Pappkarten, Stifte

7) *Mahlkiste*

Getreidekörner (z. B. Hafer), Mahlsteine, Behälter für das Mehl

8) *Früchtekiste*

Walnüsse, Haselnüsse, Bucheckern, Kastanien, Zapfen

9) *Tauschhandel*

Kaurischnecken (als Ketten im Souvenirhandel erhältlich)

10) *Steinzeitwebrahmen*

Webrahmen aus vier Ästen und Bast, Schafwolle

11) *Talismankiste*

mit einzelnen Materialien: Haselnüsse, Kastanien, kleine Steine, Äste, Vogelfedern verschiedener Größe, Paketband, Zapfen, Schafwolle, Getreideähren

12) *Steinzeithöhle im Schulflur*

Selbstgemaltes Höhlenbild zur Anregung, große braune Packpapierbögen für die Steinzeitgalerie

13) *Steinzeitschrift*

Bildsymbole von Höhlenmenschen mit Bilderklärungen

14) *Der Steinzeitkrug*

Glas mit Ton zum Formen eines Tongefäßes

15) *Fellkiste*

mit verschiedenen Tierfellresten

16) *Hufkiste*

mit einem abgeschnittenen Pferdehuf

17) *Werkzeugwerkstatt*

Äste, Hirschgeweih, große Vogelfedern, selbsthergestelltes Beil aus Stein, Astgabel und Lederstreifen

18) *Gefäße aus Birkenrinde*

Birkenrinde, Lochzange, stumpfe Stopfnadeln, Naturbast, Weidenzweige

19) *Brotbacken*

Rezept für ein Sauerteigbrot:

300 g Sauerteig, 500 g Vollkornmehl, handwarmes Wasser, Salz, evtl. Gewürze wie Thymian o. ä., evtl. ein Eßlöffel Honig

20) *Steinzeitforschung*

6 Tonscherben von 6 verschieden geformten Gefäßen, möglichst Fläche zum Vergraben auf dem Schulgelände und Spaten

2. Unterrichtskurzskizze: Mögliche Aktivitäten im Unterricht

a) *Ermittlung des Vorwissens und der Lernwünsche*

– Die Kinder berichten im Sitzkreis, was ihnen zum Thema einfällt, was sie wissen oder auch nicht wissen. In der Mitte liegen einige Materialien (Höhlenbilder, Tierfell, Feuersteine, etc.).
– Ermitteln der Interessen und Wünsche
– Sammlung von Fragen, wie zum Beispiel: Lebten die Menschen in Häusern? Gingen die Kinder mit auf die Jagd? Wie haben die Menschen gekocht? Gab es eine Schule? Hatten sie keine Langeweile ohne Radio und Fernseher? Woher hatten sie ihre Kleidung?

b) *Ordnung des Vorwissens und der Interessen*

Die Interessen und Fragen der Kinder werden auf Papierstreifen geschrieben. Alle überlegen sich dazu Oberthemen. Die Kinder sollen nun die Papierstreifen den Oberthemen zuordnen. So entstehen Plakate mit den Bereichen, die in den nächsten Unterrichtsstunden erarbeitet werden oder über die nachgedacht wird.

c) *Differenzierte Gruppenarbeit: Lesen und Experimentieren*

Die Kinder ordnen sich je nach Interesse einem Oberthema zu. Die Lehrkraft hat für die einzelnen Themen Literatur (Kindersachbücher, Geschichten, Karteibögen) und auch Materialien (z. B. Höhlenbilder, Mahlsteine und Getreide, Feuersteine) bereitgestellt, über die sich die Kinder zu ihrem gewählten Thema informieren können. Die Kinder lesen selbständig, versuchen Antworten auf ihre Fragen zu finden, probieren die Materialien aus oder fragen ihre Lehrkraft.

d) *Auswertung der Gruppenarbeit*

Nachdem sich jedes Kind auf irgendeine Weise in einem Gebiet spezialisiert hat, wird zusammen überlegt, wie man dieses den anderen vermitteln oder ihnen zeigen kann. Einige Möglichkeiten:

- Male ein Bild zu Deinem Thema!
- Überlegt Euch in einer Gruppe zu Eurem Thema eine Geschichte, die in der Steinzeit spielen könnte!
- Schreibe einen Text oder eine Geschichte über das, was Du wichtig und interessant findest!
- Erzähle den anderen von Deinen Erfahrungen bei den Versuchen!
- ...

So könnten zum Beispiel selbstgemalte Höhlenbilder, eine Geschichte über die Jagd, ein Sachtext über das Essen in der Steinzeit oder das Demonstrieren des Getreidemahlens entstehen bzw. stattfinden. Die Texte und Bilder werden dokumentiert.

e) Sitzkreis

Die Kinder tauschen ihre *Erfahrungen* und Erkenntnisse aus.

f) *Ausflug*

Es bietet sich an, ein Museum (zur Vorgeschichte) zu besuchen oder zum Beispiel Feuersteinexperten, die Faustkeile herstellen können, aufzusuchen. In einem Museum zur Vorgeschichte können die Kinder ihre noch ungeklärten Fragen an kompetente Fachkräfte stellen und (je nach Absprache) zusätzlich vor Ort praktische Aktivitäten unter Anleitung durchführen (Pfeilspitzen, Birkengefäße herstellen).

In bestimmten museumspädagogischen Konzepten wird es den Kindern ermöglicht, daß sie ein originales Fundstück, z. B. eine uralte Beilklinge aus Feuerstein oder eine Keramikscherbe in die Hand nehmen, näher betrachten und die Formen und Oberflächenstruktur ertasten können.

g) *Nachbereitung des Museumsbesuch in der Schule*

- Getreide mahlen und ein Steinzeitbrot backen
- Töpfern von Jungsteinzeitgefäßen, deren Originale die Kinder möglicherweise im Museum gesehen haben
- aus Flintsteinen Werkzeuge herstellen
- ...
- Rückblick auf die ausgestellten Bilder, Gefäße, Geschichten oder Werkzeuge

3. Lernvoraussetzungen der Kinder zur Thematik Steinzeit

Viele Grundschulkinder sind sehr an vorgeschichtlichen und technikgeschichtlichen Fragen und Themen interessiert, denn nicht nur das faszinierende Fremde, das spannende Andersartige wird in diesem Thema angesprochen. Insbesondere bietet das Steinzeitthema einen absoluten Kontrapunkt zu den Alltagserfahrungen in einer konsumorientierten Welt mit vorgefertigten Produkten. In der Steinzeit war nach den heute gängigen Vorstellungen noch individuelles Sich-Bewähren, existentielles Handeln und elementares Leben möglich. Diese Gegenwelt zu erfahren, entspricht neben der allgemeinen kindlichen Entdeckungs- und Abenteuerlust einem Bedürfnis der Kinder nach ursprünglichen, existentiellen Lebenssituationen.

Die verschiedenen Wesen und Naturbegebenheiten z. B. der Urzeitgeschichte scheinen für viele Kinder etwas ganz Besonderes zu sein, wenn man bedenkt, wie begeistert manche Kinder auf Dinosaurier, Fred Feuerstein & Co reagieren.

4. Didaktische Begründungen

Die Steinzeit ist zwar schon zu lange vorbei, um sich die Zeiträume vorstellen zu können, aber viel wichtiger als irgendwelche Zahlen und abstrakten Zahlenräume (z. B. vor 80000 Jahren) ist, daß die Kinder ein Gefühl dafür entwickeln, daß es in der Steinzeit vor sehr langer Zeit Menschen mit anderen Kulturen, Lebens- und Glaubensvorstellungen usw. gab.

Die Kinder lernen, sich die anderen Lebensumstände der Menschen vorzustellen und das für uns „einfach" erscheinende Leben mit wenigen Mitteln nachzuvollziehen.

Wenn man im Unterricht die Unterschiede zwischen der Alt- und Jungsteinzeit, also die Entwicklung von den Jägern und Sammlern zu den Ackerbauern und Viehzüchtern, erklärt und erarbeitet, spüren die Kinder die ständige mögliche Veränderung der Menschen durch äußere Umstände und die Weiterentwicklung von Erkenntnissen und Denkweisen.

Die Kinder erkennen, daß die meisten Leistungen und Neuentwicklungen in der Geschichte voneinander abhängen und sich oft aus dem Vorherigen entwickeln; somit können die Kinder dies auf unsere heutige Gesellschaft, die auch weiterhin in Bewegung ist, übertragen.

Durch die gemeinsamen Handlungen, d. h. durch eigene elementare technische Aktivitäten, wie z. B. bohren, schleifen, backen, formen, mahlen usw. machen die Kinder wichtige Erfahrungen und können sich dadurch möglicherweise in ihrer Phantasie die Lebensweise der Steinzeitmenschen besser vorstellen und sich etwas in das Leben der Steinzeitmenschen hineindenken.

Das Erlebnis, einmal wie ein Steinzeitmensch auf den Knien Getreide gemahlen oder mühsam einen Knochenpfriem geschliffen zu haben, ist für die Kinder sehr reizvoll und prägend.

Indem die Kinder verschiedene Handlungen nachmachen, entwickelt sich möglicherweise das Verständnis oder die Einsicht, daß es früher den Menschen möglich war, mit wenigen Mitteln gut zu überleben, wenn sie nur alle Möglichkeiten geschickt ausnutzten.

Durch die Handlungserfahrungen entwickeln Kinder eher Respekt und Achtung vor den Steinzeitmenschen, als daß sie denken, diese seien einfältige oder primitive Menschen gewesen.

Das Thema ist nicht nur sehr gut geeignet, um bei den Kindern ein erstes geschichtliches Bewußtsein entstehen zu lassen. Man kann viele Techniken und Aktivitäten der Steinzeitmenschen gut nachvollziehen; es ist also nicht zu abstrakt, auch wenn die Steinzeit nun schon seit 4000 Jahren vorbei ist. Vor allem wird dadurch die Veränderbarkeit der Welt sinnfällig vor Augen geführt. Kinder beginnen sich gerade durch die harten Mühen der manuellen Arbeit mit den ihnen vorerst völlig fremden Menschen der Steinzeit zu identifizieren. Damit wird subjektive Nähe hergestellt – eine Voraussetzung für die Entwicklung von Toleranz und Achtung.

Da das Thema Steinzeit in vielen Bundesländern unter fachspezifischen Gesichtspunkten in der Sekundarstufe vorgeschrieben ist, ist dieser erfahrungsbezogene Zugang eine wichtige Grundlegung für spätere spezialisierte Lernschritte.

5. **Handlungsanregungen** (vgl. Materialliste)

1) *Steinzeitleben*

Male auf ein Bild, wie Du Dir das Leben in der Steinzeit vorstellst!

2) *Steinzeitfeuer*

Setze eine Schutzbrille auf und schlage zwei Feuersteine gegeneinander! Lege trockenes Stroh darunter! Versuche es so lange, bis Du einige Funken sehen kannst! Wie riechen die Steine?

Sicherheitshalber sollte ein Glas mit Wasser zum Löschen daneben gestellt werden.

3) *Steine als Werkzeuge und Waffen*

Steine wurden in der Steinzeit häufig als Werkzeuge benutzt.

Welche Werkzeuge könnte man aus diesen Steinen herstellen ?

Welche Steine könnten als Waffen dienen?

4) *Knochennadelwerkstatt*

Aus einem Mittelfußknochen eines Wiederkäuers (Schaf, Ziege, Hirsch, Hausrind) hergestellte Spitzen waren in der Jungsteinzeit regelmäßig benutzte Werkzeuge.
Versuche, mit Hilfe von einem Sandstein aus den Knochen spitze Nadeln herzustellen, indem Du ein Knochenende auf dem Sandstein kräftig hin und her reibst!
Gib nicht zu schnell auf, denn es dauert sehr lange!

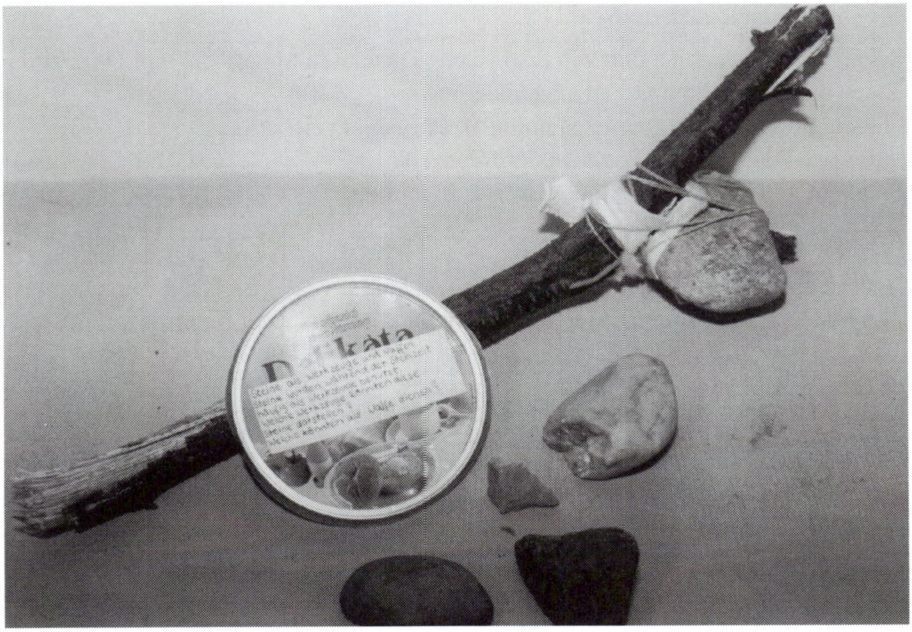

Werkzeuge und Waffen aus Stein

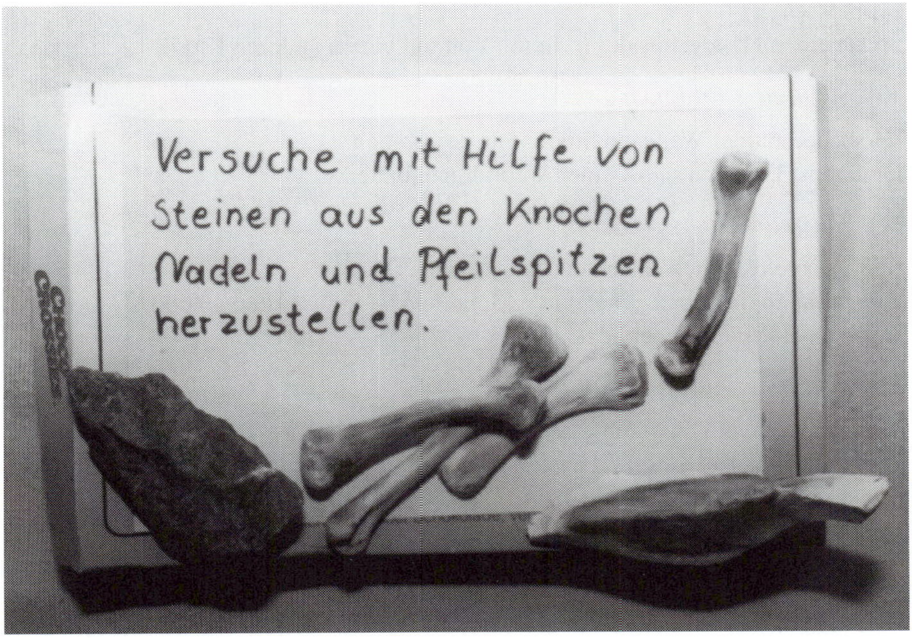

Knochennadelwerkstatt

5) *Das Essen der Steinzeit*

Schau' Dir die Seiten 8 und 9 in dem Buch „Die ersten Menschen“ an! Dort ist das Essen der Steinzeitmenschen abgebildet.
Haben die Menschen Deiner Meinung nach gesund gelebt?
Was wäre Dein Lieblingsessen in der Steinzeit?
Spiel mit anderen Kindern eine Essenszubereitung!

6) *Getreide*

In der Schachtel liegt eine Getreideähre von heute. In der Steinzeit waren sie kleiner. Male auf die Karten Ähren und Körner aus der Steinzeit (in Originalgröße)!

7) *Mahlkiste*

Mahle das Getreide zu Mehl, indem Du das Getreide auf einen großen, flachen Stein legst und es mit einem anderen Stein zerreibst!
Wieviel Zeit haben die Steinzeitmenschen wohl benötigt, um genügend Mehl für ein Brot zu mahlen?

8) *Früchtekiste*

Wo gibt es diese Früchte? Was kann man davon essen?

9) *Tauschhandel*

Die Kaurischnecken waren in den südlichen Gebieten der Erde das Geld der Steinzeitmenschen.
Spiele einen Handel aus der früheren Zeit mit einem anderen Kind!

10) *Steinzeitwebrahmen*

Versuche, mit der Wolle ein Stück weiter zu weben!
Du kannst Dir auch selbst einen Webrahmen bauen.

11) *Talismankiste*

Baue Dir selbst einen Talisman (Glücksbringer)!
Tip: Schau in das Buch „Die ersten Menschen“ auf die Seiten 36 und 37! Dort sind Talisman-Beispiele abgebildet.

12) *Steinzeithöhle im Schulflur*

Malt ein Höhlenbild auf ein großes Stück Packpapier!
Verwendet für Eure Höhlenmalerei nur Erdfarben! Hängt die Bilder im Treppenhaus bzw. Schulflur auf!

13) *Steinzeitschrift*

Früher, als es noch kein Papier gab, haben die Menschen auf Büffelhaut geschrieben.
Hier sind alte Schriftzeichen abgebildet, die damals auf so einer Büffelhaut aufgemalt wurden.
Versuche, mit diesen Zeichen eine Geschichte zu erzählen!

Steinzeitschrift

14) *Der Steinzeitkrug*

Forme aus dem Ton ein schönes Gefäß (vielleicht auch mit Verzierungen)!

15) *Fellkiste*

In der Steinzeit haben sich die Menschen vor allem mit Fell bekleidet. Rieche an dem Fell, fasse es an und wärme Dich daran!

16) *Hufkiste*

Zeichne einen Pferdehuf!
Vergleiche den abgeschnittenen Pferdehuf mit Deinen Nägeln und Deinen Haaren!

17) *Werkzeugwerkstatt*

- Versuche, mit einem Ast, einem flachen Stein und etwas Lederband ein Beil herzustellen!
- Versuche, aus der Feder eine Nadel oder ein Ritzgerät zu machen!
- Versuche, den Knochen zu einem Schaber oder zu einer Nadel zu machen!

18) *Gefäße aus Birkenrinde*

1. Nachdem man den Förster um Erlaubnis gebeten hat, läßt sich die Birkenrinde in der Saftzeit (ab April) relativ leicht mit einem Messer abschälen. Solange beim Abziehen der Rinde die innere grüne Kambiumschicht nicht verletzt wird, schadet dies dem Baum nicht.
Die Steinzeitmenschen hatten zum Schneiden Messer aus Feuersteinen in allen möglichen Formen.
Aus dieser Rinde können becherartige Gefäße oder auch große Hüte hergestellt werden.

2. Damit das Zusammennähen der Rindenstreifen einfacher wird, kann man sich mit einer Lochzange für Leder Nählöcher in die Rinde einstechen. Die Steinzeitleute konnten kleine „Bohrer" verwenden, die sie aus spitzen Feuersteinabschlägen formten.

3. Zum Nähen verwendeten die Menschen der Vorgeschichte Nadeln und Pfrieme, die sie aus Knochen oder Geweihstücken schnitzten. Für uns heute sind stumpfe Stopfnadeln gut geeignet.

4. Zum Vernähen der Rindenstreifen gab es in der Vorgeschichte Bastfasern und Schnüre aus Gräsern. Heute bekommt man meist Naturbast aus Palmenblättern zu kaufen.

5. Bei einigen vorgeschichtlichen Rindendosen war zur Verstärkung des Bodens ein Zweig wie ein Reifen unter die Naht eingenäht. Man kann dazu einen dünnen Weidenzweig verwenden.

19) *Brotbacken*

Aus dem Schrot (oder mit fertigem Mehl) kannst Du in der Schule oder zu Hause nach einem „Steinzeit-Rezept" (nach Funden rekonstruiert) ein Brot backen.

Alle Zutaten werden zu einem mittelfesten, geschmeidigen Teig verknetet, der sich als glatter Klumpen von der Schüssel lösen muß (nicht zu viel Wasser nehmen!). Der Teig muß mit einem Tuch bedeckt in der Wärme drei bis vier Stunden ruhen. Dabei sollte er um etwa ein Drittel aufgehen. Danach wird er durchgeknetet und zu einem Laib geformt, der auf dem Backblech wiederum zwei bis drei Stunden gehen muß. In dem auf 230°C vorgeheizten Ofen wird das Brot 50 bis 60 Minuten gebacken, etwa 15 Minuten nach Beginn der Backzeit kann man eine Tasse Wasser in den Ofen hineingeben (Achtung Verbrennungsgefahr!). Die Rezeptzutaten können je nach Erfahrung und Geschmack verändert werden.

20) *Steinzeitforschung*

Behauptung: Auf dem Gebiet hinter dem Schulgarten soll früher einmal eine Steinzeitsiedlung gewesen sein. Nehmt in Gruppen einen Spaten und versucht vorsichtig, Reste der vergangenen Zeit zu finden! Wenn Ihr eine Scherbe gefunden habt, versucht, durch Zeichnen und Probieren an der Form der Scherbe herauszufinden, wie das Fundstück damals wohl ausgesehen haben mag. Macht dazu eine Ausstellung! Versucht dazu, das Gefäß mit Ton so zu rekonstruieren, wie es wohl war!

6. Tips und Hinweise

zu 2) Feuersteine
Ferner wäre es noch möglich, aber auch nicht ungefährlich, unter Anleitung und Aufsicht sowie mit Schutzbrillen, Handschuhen und einer großen Plane als Unterlage von großen Feuersteinen mit einem anderen Stein kleine Splitter abzuschlagen. Diese scharfen Abschläge können dann als Pfeilspitzen weiterverwendet werden. Dazu ist eine Abbildung in dem Buch „Die ersten Menschen“ (Merrimann 1991, S. 12) zu finden.

zu 7) Vom Korn zum Mehl
Es ist experimentell bewiesen worden, daß der Zeitaufwand, um 500 g Getreide zu mahlen, bei etwa 20 Minuten gelegen haben muß.

zu 13) Geschichte von Höhlenmenschen
Ein Beispiel einer Höhlengeschichte in Form eines Arbeitsblattes ist in der Zeitschrift „Praxis Grundschule“, Ausgabe 3 / 91 zu finden.

zu 14) Tonklumpen
Der Ton sollte nicht in einem luftdicht verschließbaren Behälter aufbewahrt werden, da er sonst zu leicht unbrauchbar wird (schimmelig).

zu 17) Beilherstellung
Einige anschauliche Beispiele sind in dem Buch „Die ersten Menschen“ (Merrimann 1991) zu finden.

zu 18) Gefäße aus Birkenrinde
Aufgrund der besonderen Eigenschaften der Birkenrinde (elastisch, leicht, nicht zerbrechlich, haltbar, wasserabstoßend, nichtfaulend, leicht zu beschaffen und zu verarbeiten, läßt sich in dünnen Streifen leicht vom Stamm abschälen) war sie in der

Steinzeit vielfach verwendbar, z.B. für: Gefäßherstellung, Pechsieden, Gerben, Färben, Vergären, Flechten etc.

7. Literatur

a) für Lehrkräfte:

- Coles, J.: Erlebte Steinzeit – Experimentelle Archäologie. München: Bertelsmann, 1973
- Felgenbauer, F.: Einführung in die Urgeschichtsforschung. Freiburg: Rombach & Co GmbH, 1973
- Furger, A.-R. / Hartmann, F.: Vor 5000 Jahren ... – So lebten unsere Vorfahren in der Jungsteinzeit. Berne: Haupt, P., 1983
- Häßler, H.-J.: Ur- und Frühgeschichte in Niedersachsen. Stuttgart:Theiss Verlag, 1991
- Koch-Priewe, B. u.a.: Zur Geschichte des Bohrens und des Bohrers. Marburger Grundschulprojekt Bd. 9. Weinheim: Beltz, 1982
- Tesseraux, M.: Die Felssteingeräte. Bonn: Rudolf Habelt Verlag GmbH, 1981

b) für Kinder:

- Barr, D.: Der Urmensch. (Reihe: Was ist was? Band 9). Hamburg: Neuer Tessloff Verlag, 1994
- Heck, E.: Mirko und das Mammut. Würzburg: Arena, 1992
- Kleemann, G.: Den Urmenschen auf der Spur. Stuttgart: Union Verlag, 1977
- Lonsen, D.: Rokal, der Steinzeitjäger. Stuttgart: Thienemann, 1987
- Louboutin, C.: Steinzeitmenschen. Vom Nomaden zum Bauern. Abenteuer Geschichte. Ravensburg: Taschenbuch Maier, 1992
- Merriman, N.: Die ersten Menschen. Hildesheim: Gerstenberg-Verlag, 1991
- Petersen, P.: Tobias erlebt die Steinzeit. Oberursel / Ts.: Finken Verlag, 1982
- Sonnleitner, A. Th.: Die Höhlenkinder. Stuttgart: Franck'sche Verlagshandlung, 1971
- Wood, J.: Die Welt der Steinzeitmenschen. Reihe: Die Welt erkennen. Ravensburg: Maier, 1993

20. Textile Versuche

1. Materialliste

1) *Fussel-Schachtel*

Verschiedene Bürsten (z. B. Zahnbürsten, Nagelbürste), verschiedene Stoffstücke, Watte

2) *Stoffpuzzle*

Pappen, Stoffreste, Klebstoff, fertiges Stoffpuzzle (auf eine Pappe aufgeklebte Stoffstücke, zerschnitten)

3) *„Wer macht den längsten Watte-Faden?“*

Baumwollwatte

4) *„Angenehm oder eklig?“*

Verschiedene Stoffstücke (z. B. Baumwolle, Nicki, Frottee, Jeans, Nylon, Kunstleder)

5) *„Welche Stoffe wärmen?“*

Verschiedene Stoffstücke (z. B. Baumwolle, Wolle, Seide, Taft, Plastikfolie, Fell-Imitat)

6) *„Welcher Stoff schwimmt?“*

Marmeladenglas, verschiedene ganz kleine Stoffstücke (z. B. Baumwolle, Wolle, Seide, Samt, Frottee, Folie), Uhr mit Sekundenzeiger

7) *„Laufmaschen laufen!“*

Perlonstrumpf oder -hose

8) *„Verflixt und zugenäht!“*

Stoffreste, Knöpfe, Nadeln, Nähgarn, Sicherheitsnadeln, Reißverschlüsse, Haken und Ösen, Schnallen, Kordeln, Klettverschlüsse, Druckknöpfe

9) *„Die Trick-17-Waschtonne“*

Kleine Plastiktonne o. ä., verschiedene Stoffstücke, kleine Tube mit Flüssigwaschmittel (z. B. Neutralseife), Füller, Frühstücksbrot, frisches Gras

10) *Fäden zählen oder „Kleiner Augentest“*

Unterschiedliche 1 cm^2 große Stoffstücke (möglichst mit Webstruktur), spitze Pinzette, Lupe

11) *Handpuppen basteln*

Fertige Handpuppe als Muster, Nähgarn, Faden, Knöpfe (für Augen und Nase), alte (gewaschene!) Socken

12) *Wollknäuel wickeln oder „Laßt Euch nicht verwirren!“*

Stücke von selbstgestricktem Pullover o. ä., Stricknadeln

13) *„Geheimschilder enträtseln“*

Aus Kleidungsstücken herausgetrennte Schilder mit verschiedenen Symbolen (z. B. Wasch- und Pflegehinweise, Stoffzusammensetzung, Herkunftsland)

14) *Fühlkiste*

Große Schachtel, viele verschiedene Stoffstücke (z. B. Baumwolle, Wolle, Seide, Jute, Frottee, Folie, Leder, Synthetics)

15) *„Was ist was?“ -Zuordnungsspiel*

Poster mit aufgeklebten Materialien und zugeordneter Beschriftung: Baumwollwatte, Jersey, Trikot, Baumwollstoff, Leinen, Halbleinen, Viskose, Filzstoff, Vlieseline, Satin, Chiffon, Tüll, Samt, Jeans-Stoff, Frottee, Leder, Kunstfell, Wollstoff, Metall, Plastik, Schaumstoff, Papier, Gummi, Kunstleder, Trevira, Lycra, Acetat; dieselben Materialien noch einmal extra in einer Schachtel – möglichst in anderer Farbe

16) *„Meine Hose“*

Poster mit dem Umriß einer Hose in Originalgröße, Teile einer in Stücke zerschnittenen Jeans (z. B. Reißverschluß, Saum, Gürtelschlaufen, Knie, Seitennaht)

17) *Fühlmemory*

Pappkärtchen, auf der Rückseite mit Stoffen unterschiedlicher Struktur beklebt (mit Klebeband versäubert), je ein Paar mit demselben Stoff

18) *„Was mit Wolle machen“*

Wollreste, Stopfnadeln, Strick- und Häkelnadeln

19) *Kleidung selbermachen oder „Die Puppe hat nichts anzuziehen“*

Puppe, viele Stoffreste, Nähgarn, Nadeln, Scheren

20) *„Der seidene Faden“*

Streichholzschachtel mit farbigem Seidenfaden

21) *„Der dünnste Faden“*

Dose, verschiedene Fäden, Wollreste, verschiedene Stoffstücke

22) *Basteln mit Wolle*

Wolle, Nähgarn, Nadeln, Pappe

23) *Stoffcollage*

Stoffreste, Klebstoff, Papierblätter (DIN A 4) oder Tonpapier in verschiedenen Farben

24) *Verkleidungskiste*

Stoffreste, Kleidungsstücke, Fotoapparat

25) *Webhaus*

Vier stabile Holzlatten (je etwa 1,5 m lang, 5 cm breit, 3 cm dick), ca. 16 lange Nägel, 115 m Bindfaden, 150 kürzere Nägel, Hammer, Wollreste, Stoffreststreifen (ca. 1 cm breit), grobzinkiger Kamm

26) *Teppichknüpferei*

Wolle zum Knüpfen, im Handarbeitsgeschäft erhältliche Knüpfunterlagen (Stramin) von mindestens 60 cm × 1 m, Knüpfhaken, Bilder von teppichknüpfenden Kindern, Papierbogen in Originalgröße der Teppichfläche zum Entwerfen des Musters, Buntstifte in den Farben der Wolle

2. Unterrichtskurzskizze

a) *Tastspiel in der Klasse*
Alle Kinder gehen mit verbundenen Augen durch den Raum, tasten mit den Händen und sollen sagen, welches Kind sie gerade berühren.

b) Kreisgespräch: *Erfahrungen beim Tasten*

c) *Gruppenversuche in 25 Stationen:*
Die verschiedenen Handlungsanregungen sind aufgebaut. Die Kinder dürfen sich in Gruppen nach dem Büffet-Prinzip die erste Station aussuchen. Wenn sie fertig sind, wechseln sie an eine neue Station, die gerade frei ist.

d) Sitzkreis: *Erfahrungsaustausch* nach ca. zwei Durchläufen:
Gemeinsam versuchen, die Stoffe nach verschiedenen Kriterien einzuteilen,

Beispiele:
- „Schön" / „Häßlich"
- Verwendungszwecke (z. B. Kleidung, Möbelbezug, Gardinen, Stofftiere)
- Stoffstruktur
- Stoffe mit Strickstruktur
- Stoffe mit Webstruktur
- Stoffe mit Filzstruktur
- Andere Stoffe (z. B. Leder, Fell, Folie)

Gespräch: Textilien im Alltag

e) Weiterarbeit in den Handlungsstationen

f) *Zweite Auswertungsrunde* im Sitzkreis

Frage: Aus welchen Rohstoffen und mit welchen Methoden werden Textilien hergestellt? Kinder berichten aus den Büchern zum Thema (vgl. Literaturverzeichnis).

Jetzt werden auch *Ideen und Variationen für weitere Versuchsstationen* entwickelt. Beispiele für weitere Versuche:
- „Welche Stoffe wärmen?"
- „Welche Stoffe fühlen sich angenehm an, welche unangenehm?"
- „Welche Stoffe schwimmen? Welche gehen unter?"

g) Weiterarbeit in den *Handlungsstationen*

h) Sitzkreis:
- Austausch über die Versuchserfahrungen
- *Modifikation der Handlungsanweisungen* für selbsterfundene Versuche
- Geschichten vom seidenen Faden der gesamten Klasse erzählen
- Kleidung und Wetter
- Kleidung in anderen Kulturen

i) Weiterarbeit in den *Handlungsstationen*

j) gemeinsames *Teppichknüpfen* in der Klasse; gruppenweise Entwerfen von Mustern, ein gesamter Schultag lang knüpfen an den Gruppenteppichen für die Leseecke

k) Auswertung der *Erfahrungen beim „Dauer"knüpfen*
- Geschichte über teppichproduzierende Kinder in anderen Länder, z.B.: „Zwei Rupien am Tag" (Brezlanovits, 1994)
- Vergleich mit Kinderarbeit im 19. Jahrhundert

l) Sitzkreis: *Vorbereitung einer Dokumentation*:

Alles, was den Kindern zu dem Begriff „Textilien" einfällt, wird gesammelt. Danach sollen sie versuchen, die Begriffe zu ordnen. Beispiele:

- Kleidungsstücke (z.B. Pulli)
- Spielzeug (z.B. Stofftiere)
- Herstellung von Textilien (z.B. Weben)
- Gebrauchsgegenstände (z.B. Bettwäsche)
- Eigenschaften (z.B. kratzig)

Dokumentation der Geschichten vom seidenen Faden.

Vorbereitung der Wandzeitung:
- Sammlung von Material dafür (z.B. Werbeprospekte von Kleidungsgeschäften, Abbildungen von Textilem, Fotos mit dem Lieblingspulli, Bilder von Kleidungsstükken anderer Kulturen)
- Darstellung der interessantesten selbsterfundenen Versuche auf der Wandzeitung
- Montage mit Markenkleidung und veränderten Markenzeichen
- „Experimentierbuch" herstellen, das auf dem nächsten Elternsprechtag oder Schulfest verkauft werden kann
- Kinder aus anderen Klassen können entweder zu einer Ausstellung oder zu einem „Experimentierfest" eingeladen werden.

m) Modenschau

Ergänzend zur Dokumentation kann für einen Eltern-Kind-Nachmittag oder für die Schulöffentlichkeit auch eine Modenschau veranstaltet werden.

n) „Webhaus" für die Leseecke wird in Freier Arbeit allmählich fertiggestellt, ebenso die nicht fertig geknüpften Teppiche.

3. Lernvoraussetzungen der Kinder zur Thematik Textilien

Textilien umgeben uns fast unser Leben lang. Mit kaum etwas anderem haben wir ständig so engen Kontakt wie mit Textilien. Kaum ist ein Kind geboren, wird es in Kleidung eingehüllt und bis auf die – wohl eher seltenen – Phasen der Nacktheit bleibt das so das ganze Leben lang. An die ursprünglich so wichtigen Wärme- und Schutzfunktionen der Kleidung denken wir heute eher selten – Kleidung ist Schmuck, Ausdruck unserer Persönlichkeit, Statussymbol. Die Bedeutung der Bekleidungstextilien ist bei Kindern mittlerweile auf die Konkurrenz um die in der Schulklasse vorherrschenden Markenprodukte verschoben worden.

Trotz aller Probleme, die sich aus dem Umgang mit Textilien ergeben, ist die emotionale Seite für uns Menschen enorm wichtig: Kinder brauchen Kuscheldecken und Stofftiere, niemand fühlt sich in einem kratzigen Pullover wohl. Und oft sind es besonders die schönen Gefühle, die wir mit Textilien verbinden, z. B. eine wärmende Wolldecke, kuschelige Bettwäsche, weiche Blusen oder fließende Seidentücher. Gerade diese tatsächlichen, sinnlich spürbaren Unterschiede der Materialien gilt es, gegenüber dem Tragen von Markenzeichen aus Prestigegründen wieder hervorzuheben.

Besonders wichtig auf dem Weg zum Größerwerden ist es für Kinder, beim Grundbedürfnis Bekleiden unabhängig von der Hilfe Erwachsener zu werden und selbst textile Produkte herstellen zu können.

4. Didaktische Begründungen

4.1 „Sachanalytische“ Anmerkungen

Textilien sind zur Befriedigung des menschlichen Grundbedürfnisses nach Bekleidung von zentraler Bedeutung. Gleichzeitig ist dieses Bedürfnis von jeher kulturell überformt worden. Kleidung wird als Statussymbol, als Standeszeichen und als Identitätsausdruck zur Kennzeichnung der jeweiligen Gruppenzugehörigkeit verwendet.

Durch die Entwicklung von Chemiefasern und chemischer Zusätze zu Naturfasern ist unsere Kleidung vielfachen Veränderungen unterworfen.

Allergien, die durch Stoffarben und Zusätze sowie Rückstände von Pestiziden ausgelöst werden, sind häufige Probleme bei unserer heutigen Kleidung.

Auch auf dem Gebiet der Gebrauchsgegenstände sind wir nicht mehr auf Textilien aus Pflanzenfasern angewiesen: statt des Jute-Kartoffelsacks gibt es ein Folienverbundnetz, statt des Schiffssegels aus Segeltuch haltbarere Synthetics.

Trotz unserer fast ständigen Nähe zu Textilem ist dessen Entstehungsprozeß nahezu aus unserem Blickfeld verschwunden.

Textilien werden heute nur selten in Heimarbeit hergestellt, ihre Produktion ist ein Vorgang geworden, der weit entfernt von unserem Alltagsleben stattfindet. Viele Kinder werden nicht wissen, woher Seide kommt oder wie Wolle gemacht wird. Und wer kennt heute noch Textiles aus Fasern wie Hanf oder Sisal? Die Textilproduktion wird von der Bundesrepublik zunehmend in „Billiglohnländer“ verlagert, wo Ausbeutung der Arbeiter und Arbeiterinnen und oft auch Kinderarbeit alltäglich sind, exportorientierte Monokulturen die Erde verarmen und Menschen, Tiere und Pflanzen durch große Mengen von Pflanzen“schutz“mitteln geschädigt werden.

4.2 Didaktische Überlegungen

Gerade wegen der großen Alltäglichkeit von Bekleidungstextilien ist es faszinierend für Kinder, „hinter die Kulissen“ dieses alltäglichen Produktes zu schauen, aufmerksamer zu vergleichen, um die Besonderheiten von Alltagstextilien zu verstehen. Dabei eröffnen sich verschiedene Bedeutungsschichten: die emotionale sinnliche Wahrnehmung von Textilien, die Problematik des weltweiten Textilhandels, die Frage der Funktionalität von Textilien und die ökologische Frage.

Insbesondere das „Selbermachen“ von Textilien ermöglicht vielfältige Kompetenzerfahrungen gerade in einer Zeit der Fertigprodukte.

Das Thema Textilien / Kleidung ist insgesamt didaktisch außerordentlich produktiv, es läßt viele Herangehensweisen und Aspekte zu, z. B.:

- Konsumtion (Was für Textilien brauchen / verbrauchen wir?)
- Produktion (Wie wird Wolle hergestellt?)
- Technik (Wie wird aus Fasern ein Kleidungsstück?)
- „eine-Welt“ (Wie geht es den Kindern, die unsere Textilien herstellen?)
- Ästhetik (Wieso ist gerade dieser Pullover „schön“?)
- Ethnologie (Was tragen Kinder in anderen Ländern?)
- Haptik (Ist ein Stoff angenehm / unangenehm?)
- Ethik (Wieso tragen wir Kleidung, für die wir nur wenig bezahlen, weil Kinder in anderen Ländern sie unter menschenunwürdigen Bedingungen hergestellt haben?)
- Geographie / Ökonomie (Wo wird Baumwolle angebaut?)

Für Jungen ergibt sich die Chance, sich vermittelt über ein „Sachproblem“ auch mit der dem weiblichen Lebenszusammenhang zugeschriebenen Bekleidungsfrage intensiv auseinanderzusetzen und beispielsweise ganz legitim eine Puppe zu bekleiden. Nicht zuletzt ermöglicht das Thema Textilien eine unüberschaubare Fülle von praktischen Anwendungen und Versuchen. Nach kurzer Zeit fällt es den Kindern leicht, sich selbst weitere Herangehensweisen auszudenken. Ideen können in den Unterricht leicht aufgenommen werden.

Für handelndes, schöpferisches Tun gibt es eine Fülle an Möglichkeiten.

5. **Handlungsanregungen** (vgl. Materialliste)

1) *Fussel-Schachtel*

Verteilt die Watte auf dem Stoff! Versucht dann, den Stoff zu säubern! Denkt Euch verschiedene Möglichkeiten aus und probiert!

2) *Stoffpuzzle*

Legt zuerst dieses Puzzle! Bastelt Euch dann selbst ein Stoffpuzzle! (Am leichtesten geht es, wenn Ihr erst die Pappe mit dem Stoff beklebt und dann in Stücke schneidet.)

3) *„Wer macht den längsten Watte-Faden?“*

„Spinnt“ aus der Watte einen möglichst langen Faden!

4) *„Angenehm oder eklig?“*

Befühlt die Stoffe mit Euren Fingern, reibt sie auf Eurer Haut, und sagt dann, welche Stoffe sich schön anfühlen und welche nicht!

5) *„Welche Stoffe wärmen?“*

Versuche, herauszufinden, aus welchen Stoffen Du wohl eine warme Hose für den Winter nähen würdest! Welche Stoffe sind geeignet für den Sommer? Welche eignen sich für warme Unterwäsche? Welche Stoffe sind bei Regenwetter sinnvoll?

6) *„Welcher Stoff schwimmt?“*

Füllt das Glas mit Wasser! Legt vorsichtig ein Stoffstück nachdem anderen auf die Wasseroberfläche! Welche Stoffe schwimmen und welche gehen schnell unter? Gehen manche Stoffe langsamer unter als andere? Schaut auf die Uhr, wieviele Sekunden welcher Stoff braucht!

7) *„Laufmasche lauf!“*

Zieht eine Laufmasche in den Strumpf und laßt sie laufen! Probiert, zwei Laufmaschen gleichzeitig gleich schnell laufen zu lassen!

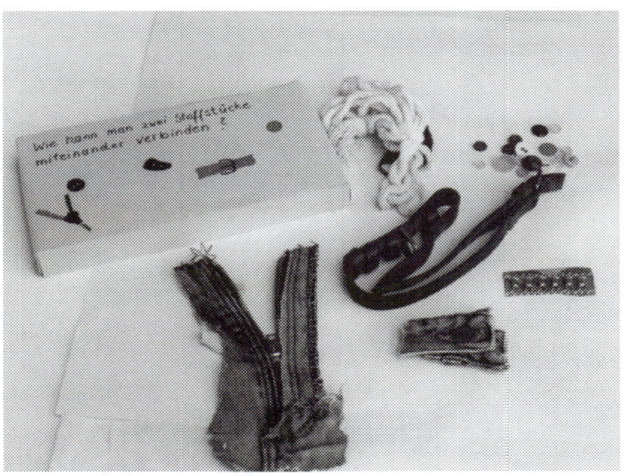

'Verflixt und zugenäht!'

8) *„Verflixt und zugenäht!“*

Probiert aus, wie man Stoffstücke verbinden kann! Wenn Eure Schuhe Schnürsenkel haben, probiert: Schleifen, Knoten, Doppelschleife...

9) *„Die Trick-17-Waschtonne“*

Macht einen Tintenfleck auf den Stoff! Füllt die kleine Tonne mit Wasser! Versucht nun zu waschen! Gebt einen Tropfen Waschmittel dazu! Probiert, ob Ihr den Stoff wieder sauber machen könnt! Macht diesen Versuch auch mit Fettflecken vom Frühstücksbrot, mit Grasflecken oder mit Kirschflecken!

10) *Fäden zählen oder „Kleiner Augentest“*

Wieviele Querfäden sind in 1 cm^2 Stoff?

11) *Handpuppen basteln*

Ziehe den Strumpf über die Hand! Klappe die Fußspitze nach innen, damit sie wie ein Mund wirkt. Nähe nun zwei Knöpfe als Augen und einen Knopf als Nase an! Überleg' Dir noch weitere Möglichkeiten!

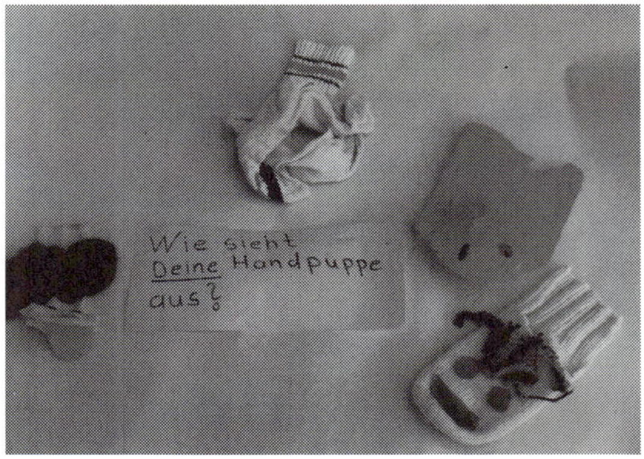

Handpuppen basteln

12) *Wollknäuel wickeln oder „Laßt Euch nicht verwirren!“*

Macht aus dem selbstgestrickten Pullover wieder ein Wollknäuel!

13) *„Geheimschilder enträtseln“*

Diese Geheimschilder findet Ihr in Kleidungsstücken. Wo? Versucht, sie zu enträtseln!

14) *Fühlkiste*

Fühlt doch mal!

15) *„Was ist was?“ – Zuordnungsspiel*

Legt die Einzelteile an die richtigen Stellen auf das Poster!

16) *„Meine Hose“*

Versucht, die Hosenteile dort auf das Poster zu legen, wo sie hingehören!

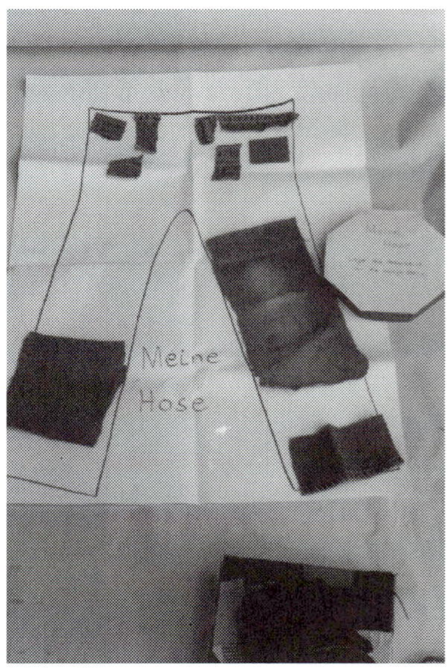

Meine Hose

17) *Fühlmemory*

1. Karten mischen und mit der Seite ohne Stoff nach oben auf den Tisch legen!
2. Ein Kind tastet die untere Seite von zwei Karten ab. Nicht umdrehen!
3. Nun ist das nächste Kind dran. Auch dieses darf zwei Karten abtasten.
4. Glaubt ein Kind, zwei gleiche Stoffe zu fühlen, darf es die Karten umdrehen.
5. Sind die Stoffe wirklich gleich, darf es die Karten vor sich hinlegen und wieder zwei Karten umdrehen. Wer wird Meisterfühler oder Meisterfühlerin?

18) *„Was mit Wolle machen"*

Wer kann häkeln oder stricken? Wer es kann, erklärt es den anderen! Fragt Erwachsene, wie gehäkelt oder gestrickt wird!

19) *Kleidung selbermachen oder „Die Puppe hat nichts anzuziehen"*

Versucht, aus den Stoffen Kleidung für die Puppe herzustellen! Zieht die Puppe für einen warmen Tag an oder für Regenwetter, für ein Fest oder für eine Waldwanderung! Ihr könnt die Stoffstücke entweder nur ausschneiden und um die Puppe legen oder versuchen, mit Nadel und Faden Kleidungsstücke zu nähen.

20) *„Der seidene Faden"*

Nehmt den Faden heraus und erzählt, was er erlebt haben kann!

21) *„Der dünnste Faden"*

Welcher Faden ist am dünnsten? Macht viele weitere Fäden!

22) *Basteln mit Wolle*

- *Bommeln*: Zwei gleichgroße Pappscheiben ausschneiden. In die Mitte ein Loch schneiden, nicht zu groß. Einen langen Wollfaden doppelt legen und so oft durch das Loch ziehen, bis es ganz zu ist. Jetzt mit einer Schere die Wollfäden zwischen den Pappscheiben aufschneiden! Dann zwischen die Kreise einen Faden ganz stramm knoten! Die Pappen abmachen! Der Bommel braucht nur noch aufgeplustert zu werden.
- *Kordeln*: Lange Wollfäden auf eine Länge schneiden! Irgendwo mehr als 1 Meter über dem Boden festbinden! Auf der unteren Seite mit einer baumelnden Schere beschweren (am Griff festknoten!) und in eine Richtung drehen! Wenn es nicht mehr weitergeht, Ende und Anfang zusammenknoten, loslassen und die Kordel glattstreichen.

23) *Bilder aus Stoff*

Aus Stoffstücken, aber auch aus Wollfäden, lassen sich tolle Bilder kleben. Probiert es aus!

Ideen:

- eine Ballonfahrt
- eine Unterwasserlandschaft
- Drachen steigen lassen
- ein Zirkusclown
- eine bunte Blume
- ein Phantasieplanet ...

24) *Verkleidungskiste*

Verkleidet Euch! Schaut Euch im Spiegel an! Gebt Euren Kostümen einen Namen! Fotografiert Euch!

25) *Webhaus*

Baut zusammen mit Erwachsenen den Holzrahmen für Euer Webhaus! Eine Wand reicht für ein Schuljahr. Schlagt an der Ober- und Unterseite des Rahmens genau alle 2 cm einen Nagel ein! Knüpft an den oberen Nagelkopf einen Bindfaden und befestigt ihn am gegenüberliegenden! Setzt das fort, bis zwischen allen Nägeln Verbindungsfäden fest gespannt sind! Nun fangt an zu weben!
Nehmt einen Wollfaden und laßt ihn abwechselnd über und unter dem gespannten Bindfaden liegen. Schiebt den Faden mit dem Kamm gut nach unten! In der nächsten Reihe müßt Ihr abwechseln, dann liegt die Wolle dort unter den Bindfäden, wo sie vorher darüber gelegen hat. Macht immer weiter!

26) *Teppichknüpfen*

Nehmt für Eure Gruppe eine fertige Teppichknüpfunterlage (Stramin)! Überlegt, welche Wollfarbe wohin kommt! Teilt ein, an welchen Stellen welches Kind knüpft! Schneide nun die Wolle in 5,5 cm lange Fädchen! Schiebe den Knüpfhaken unter den Querfaden des Stramins und lege den Wollfaden in den Haken ein! Ziehe nun den Knüpfhaken mit dem Faden zurück, während Du knapp zwei cm links festhältst. Der längere Teil des Fadens liegt jetzt unten rechts. Schiebe nun den Knüpfhaken unter den oberen Querfaden und lege den rechten Teil des Fadens in den Haken ein! Ziehe nun die Knüpfnadel zurück und der Knoten ist fertig!

6. Tips und Hinweise

1) Es können im Zusammenhang mit anderen Fächern noch viele andere Dinge mit Textilien ausprobiert werden (z. B. Stoff bemalen oder bedrucken – ein T-Shirt nähen).

2) Evtl. läßt sich auch ein Unterrichtsgang organisieren (z. B. zu einem Schäfer, einer Textilfabrik, einer Blaudruckerei, einem handwerklichen Webereibetrieb).

3) Die Klassenbücherei sollte durch Bücher zum Thema Textilien ergänzt werden (vgl. Literaturverzeichnis).

4) Das Verkleiden kann Anlaß sein, kleine Theaterstücke, Sketche oder Witze selbst darzustellen.

5) Es kann auch ausprobiert werden, ein Kopftuch zu binden, einen Turban oder einen Sari zu wickeln, um zu verdeutlichen, daß sich die Kinder in anderen Kulturen oft völlig anders kleiden.

6) Die Problematik des umweltfreundlichen Waschens kann aufgegriffen werden.

7. Literatur

a) für Lehrkräfte:

- Adebahr-Dörel, L. / Völker, U.: Von der Faser zum Stoff. Textile Werkstoff- und Warenkunde. Hamburg: Verlag Handwerk und Technik, 1989
- Bohnsack, A.: Spinnen und Weben. Entwicklung von Technik u. Arbeit im Textilgewerbe. Hamburg: Rowohlt, 1981
- Hövel, M.: Kartei für handwerkliches Arbeiten: Stoffgeschichten. Bremen: Pädagogik-Kooperative, 1993
- Kaiser, A. / Zeschmar-Lahl, B.: Gesundes Waschen. In: Praxis Grundschule 1993, Heft 5, (S. 22–37)
- Nekes, C.: Der Wolle auf der Spur. In: Bunk, H.-D.: Zehn Projekte zum Sachunterricht. Frankfurt am Main: Cornelsen Verlag, 1990

b) für Kinder:

- Bang, Xü / Cheng Kexiong: Schau mal: Seide. Luzern: Kinderbuchverlag, 1991
- Brandes, S.: Kleider machen Leute. Leute machen Kleider. München: Verlag H. Ellermann, 1983
- Brezlanovits, C. (Hg.): Kinderansichten. Göttingen: Lamuv Verlag, 1994
- Fischer-Nagel, H. und A.: Schau mal: Unsere Wolle. Luzern: Kinderbuchverlag, 1995
- Glutman, S. / Amos B.: Schau mal: Baumwolle. Luzern: Kinderbuchverlag, 1992 (2. Aufl.)
- Veit, B. / Wolfrum, C.: Die Welt entdecken: Am seidenen Faden. Ravensburg: Maier Verlag, 1990

21. Waldeslust

1. Materialliste

1) *Das Waldmuseum*

Waldschätze, Lupen, einige Kästen mit Waldschätzen gefüllt, viele leere Ausstellungskästen

2) *Schuhkartonkino*

Schuhkarton mit an der schmalen Seite angeschnittenem klappbaren Fenster als Guckkasten, innen sind ausgeschnittene Bilder von Tieren und Pflanzen des Waldes aufzukleben, kleine Zweige, Seidenpapier oder dünnes Stück Schaumstoff als Fensterverkleidung

3) *Der leere Baum*

Aufgemalter Baum auf großem, weißen Bettlaken ohne Blätter

4) *Tannenzapfenexperiment*

mehrere Gläser mit Kiefernzapfen und Tannenzapfen bzw. Fichtenzapfen

5) *Waldgeräuschespiel*

Kassettenrecorder, eine Tonkassette mit verschiedenen Waldgeräuschen, viele Fotokarten oder gezeichnete Bildkarten mit Motiven, die den Geräuschen zugeordnet werden können

6) *Tiere im Wald*

Verschiedene Tiere des Waldes sind in kurzen Texten beschrieben

7) *Das Baumpuzzle*

Eine echte Baumscheibe in Stücken

8) *Floßbau*

Zweige, Bast- oder Sisalbänder, eventuell Teelichter

9) *Waldcollagen*

Anfang einer Materialsammlung für Waldcollagen, z. B. Zapfenschuppen, Rindenstückchen, Bucheckern, getrocknete Blätter, gemalte Pilze / Tiere

10) *Waldfühlkiste / Tastpfad*

lange Schnüre / Bindfäden, verschiedene Zapfen, Nadelbaumzweige, Eicheln, Bucheckern, getrocknete Blätter, Rindenstückchen, abgezogene Birkenrinde, Rinde mit Harz, Schuhkarton mit Loch an der Schmalseite

11) *Waldwanderung*

Notizblöcke und Bleistifte, Fotoapparat, transportabler Kassettenrecorder mit Leerkassette, Videokamera mit Leerkassette, Tüten zum Sammeln von Mitbringseln, Lupen

12) *Sägewerk*

dicke Äste (z.B. alter Weihnachtsbaum der Schule), Handsäge

2. Unterrichtskurzskizze

a) Einstieg: *Waldfühlkiste*

Eine oder mehrere Fühlkisten, die mit Waldgegenständen gefüllt sind, werden in die Mitte des Sitzkreises gestellt. Jedes Kind darf einen Gegenstand herausholen, sagen, um was es sich handelt und was es damit assoziiert. Je mehr Waldgegenstände zum Vorschein kommen (Blätter, Zweige, Zapfen, Moos, Bucheckern, ...), desto mehr kristallisiert sich das Thema „Wald" heraus.

b) Brainstorming

Die Kinder sollen Erlebnisse, die ihnen zum Thema „Wald" einfallen, erzählen. Alles, was den Kindern einfällt, wird auf Karteikärtchen o.ä. geschrieben und in die Mitte gelegt. Dann versuchen alle, die Begriffe und Äußerungen zu kategorisieren und eine Überschrift zu finden:

- Umweltzerstörung
- Lebensraum „Wald"
- Waldspiele
- usw.

c) Bildung von Kleingruppen, die sich über den Zeitraum des gesamten Unterrichtsvorhabens mit ihrem „Spezialthema" beschäftigen und es am Ende den anderen Kindern vorstellen

d) *Vorbereitung* des Unterrichtsganges in den Wald

Damit ein *Unterrichtsgang in den Wald* sinnvoll ist, sollte er vorbereitet sein. Die Kinder bekommen Aufträge, etwas Bestimmtes mitzubringen oder auf etwas besonders zu achten, z.B.:

- verschiedene Gerüche
- Flechten an Bäumen als Indikatoren für weniger Luftverschmutzung
- Moosarten
- Sonneneinstrahlungsstellen auf dem Waldboden
- Standorte von Pilzen
- Zeichen forstwirtschaftlicher Arbeit (Borkenkäferfallen, Holzstümpfe, Holzstapel, Schonung, reihenweiser Wuchs der Fichten)

Vor dem Gang wird gemeinsam auf einer Liste festgehalten, was die Klasse alles zu sehen und zu erleben erwartet.

e) *Unterrichtsgang*

Vor Beginn des Unterrichtsganges sind die Verhaltensregeln im Wald und auf dem Weg dahin deutlich gemeinsam zu vereinbaren.
Im Wald sollten zunächst sinnliche Eindrücke, Atemübungen, subjektive Zugänge („mein Lieblingsblick in den Wald", „mein Lieblingsbaum", „Wenn ich eine Pflanze im Wald wäre, dann möchte ich ... sein") ermöglicht werden.
Auch eine kurze Rallye bietet sich an, um die Kinder auf Wichtiges aufmerksam zu machen. Aktuelle Anlässe, wie etwa Begegnungen mit Tieren, sollten spontan aufgegriffen und zum Thema gemacht werden.

f) Erlebnisspiele im Wald

- Mein Baum: Ein Kind läßt sich mit verbundenen Augen zu einem Baum führen. Mit seinen verbleibenden *Sinnen* „erfaßt" es diesen und wird dann auf seinen Platz zurückgeführt. Ohne Augenbinde muß es nun seinen Baum wiederfinden. Die Kinder lernen so, sich die Rindenstruktur buchstäblich in die Handflächen „einzugravieren" und sich den Baumumfang einzuprägen.
- Wald-Tastpfad erproben (s. Handlungsmaterial)
- Bäumeraten: Jedes Kind sucht sich einen Baum aus, stellt ihn mit dem Körper dar; die andern raten, welchen Baum das Kind zeigt
- Verwandlungsspiel: „Such' Dir aus, in was Dich eine Fee verzaubern soll!"
- Tiere spielen
- Vogelstimmen nachmachen
- „Schnüffeln": mit verbundenen Augen am Boden kriechen und raten, was dort wohl ist

g) Sammeln für die Forschungstische in der Schule

Die Kinder *sammeln Materialien* aus dem Wald, mit denen sie eigene Fragestellungen ausprobieren können, z.B. Filterversuche mit Waldboden, Keimversuche mit Eicheln, Kastanien u.a.; Verrottung von Blättern, u.a.
Neben dem Sammeln ist das Aufnehmen von Geräuschen mit dem Kassettenrecorder oder von Filmszenen mit der Videokamera, bei denen Kinder „für die 1. Klasse" Kommentare sprechen, eine sinnvolle Strukturierung.

h) Sitzkreis, *Auswertung der Erfahrungen im Wald*,

i) *Differenzierte Arbeitsphase*:

- Ausdruck in Bildern, Rindenabdrücken, Wortcollagen, Waldcollage als Gemeinschaftsarbeit der Klasse;
- Freie Arbeit in der Klasse mit den mitgebrachten Materialien und den vorbereiteten Handlungsanregungen (Nr. 1–8 und 12). Die Kinder dürfen sich aussuchen, ob sie in Einzelarbeit oder in Gruppen an den verschiedenen Stationen arbeiten wollen. Die Kinder können für ihre Fragen frei Versuche planen und durchführen.
- Neben den Versuchstischen gibt es einen Tisch, auf dem gesammeltes Bastelmaterial bereitgestellt wird. Die Kinder können aus Eicheln, Kastanien u.ä. Phantasietiere basteln oder im Wald Gesehenes nachmodellieren, beispielsweise ein Spinnennetz.

j) Sitzkreis: Vorstellen der Versuche vor der Klasse, *Auswertung der Ergebnisse*, Entwicklung neuer Fragestellungen

k) Gruppenarbeit an den Versuchstischen, *Vorbereitung einer Waldausstellung für die Schule*

l) *Auswertung der Versuchserfahrungen* im Sitzkreis

m) Kleine *darstellende Spielszenen* zum Thema werden in Gruppen erdacht / erarbeitet und pantomimisch, als Schattentheater oder als kleines Theaterstück dargestellt, z. B. „Das Leben eines Baums" , „Sturm im Wald" ...

n) Sitzkreis: Vorführungen von Spielszenen und Planung des Abschlusses

o) Abschluß der Einheit / Ergebnisse und Entwicklung des Schullebens:
Es gibt verschiedene Möglichkeiten, das Thema sinnvoll abzuschließen.
1. Ein Waldbuch wird als Dokumentation während der gesamten Einheit erarbeitet.
2. Ein weiterer Klassenausflug zu einem Ziel im Wald, eventuell mit Eltern, wird geplant und durchgeführt, um gelernte Waldspiele zu spielen und weitere Erlebnispfade zu bauen.
3. Eine Wald-Ausstellung wird für andere Klassen arrangiert, Bilder und Gegenstände werden ausgestellt und kleine Theaterstücke aufgeführt.
4. Besuch einer Tischlerei, Möbelfabrik oder eines Sägewerkes.

3. Lernvoraussetzungen der Kinder zur Thematik Wald

Kinder haben durch Märchen und Kinderliteratur ein romantisch-abenteuerliches Bild von Wäldern vermittelt bekommen. Sie wittern Geheimnisse und Gefahren, fühlen sich aber in der Weite des Waldes gleichzeitig wohl. Der Wald ist gerade wegen der Weite eine „Antiwelt" zur oftmals von Straßenzügen durchschnittenen städtischen Wirklichkeit. Insofern sind Kinder vom Wald angezogen und motiviert, „hinter die Geheimnisse des Waldes zu blicken". Auch wenn es in Deutschland noch relativ viele – wenn auch nicht unbelastete – Wälder gibt, ist die unmittelbare Erfahrung mit diesem Lebensraum außerordentlich selten. Deshalb ist es wichtig, daß wenigstens die Grundschule dem Bedürfnis der Kinder, den Wald kennenlernen zu wollen, nachkommt.

4. Didaktische Begründungen

Naturgemäß fühlt sich der Mensch im Wald wohl: Spazierenzugehen dort ist erholsam, die Welt scheint noch in Ordnung, die Luft ist besser als in der Stadt (Psychotopfunktion). Es wird gesagt, daß Kranke in Zimmern mit Blick auf einen Wald oder Wiesen, scheinbar intakte Natur also, schneller gesund werden als Patienten mit Blick auf Straßen oder Hochhäuser.

Viele Menschen verbinden Positives mit dem Thema „Wald". Wir sind auf ihn angewiesen, er ist elementar wichtig für die menschliche Existenz und damit nicht nur für die Naherholung von hohem Wert. Dieser Wert muß auch in der Schule vermittelt werden – insbesondere zu Zeiten, in denen es intensiver politischer Anstrengungen bedarf, den Wald vor dem endgültigen Erkranken und Sterben noch zu retten. Die Bereitschaft dazu muß von allen getragen werden und bedarf subjektiver Überzeugung von der Notwendigkeit. Diese ist nicht gegeben, wenn vielen Kindern heute direkte Erfahrungen mit Wald fehlen. Sie wissen von Waldsterben und saurem Regen, sie bekommen jedoch keine Gelegenheit, diese abstrakten Begriffe durch greifbare, persönliche Erfahrungen zu ersetzen. Wenn es nicht gelingt, ihnen die Faszination „Wald" zu zeigen, ist es auch unmöglich, ihnen die große Bedeutung des Waldes zu vermitteln.

Es ist widersinnig, das Thema „Wald" zu behandeln, ohne tatsächlich in den Wald zu gehen. Das Thema bietet die Möglichkeit, mit allen Sinnen zu lernen: Erforschen, Schmecken, Riechen und Fühlen sind sogar unerläßlich, will man das Thema genauer be-greifen. Es besteht also die Möglichkeit, viele praktische Phasen in den Unterricht einzubauen, freie Arbeit bietet sich durch die Materialfülle an. Das Thema Wald ist weiterhin für ganzheitlichen und fächerübergreifenden Sachunterricht geeignet, da es vom Wasserkreislauf über Müll und Umweltverschmutzung bis hin zur biologischen und ökologischen Dimension reichlich Themen beinhaltet sowie vielfältige Ansätze für ästhetische, ethische und entdeckende Zugangsweisen statt rein kognitiver Wissensvermittlung bietet.Die Kinder lernen dabei die Struktur des Materials kennen und üben beim Nachmodellieren das genaue Beobachten (Wie ist ein Spinnennetz aufgebaut?). Als verhaltensauffällig eingestufte Kinder haben im Rahmen des Themas durch Methodenwechsel und aktive Phasen Gelegenheit, das Thema „Wald" selbständig auf verschiedenen Ebenen zu erfahren.

Schließlich ist die Möglichkeit gegeben, einen deutlichen Kontrapunkt zu den Medien und der lärmenden Unterhaltungselektronik durch stilles Beobachten und eigene greifbare Erfahrung mit Natur zu setzen.

5. **Handlungsanregungen** (vgl. Materialliste)

1) *Das Waldmuseum*

Schaut Euch die Waldschätze an und sucht Eure eigenen Waldschätze! Überlegt, was man beschriften muß und wie man die Sachen am besten ausstellen kann! Ihr könntet auch für andere Klassen eine Ausstellung machen.

2) *Schuhkartonkino*

Schau' in den Kasten und laß Dir Zeit, alles zu sehen! Überlege, wie man Nacht und Tag im Wald darstellen könnte! Bastelt Euer eigenes Schuhkartonkino vom Wald! Macht kleine Lichtlöcher an den Seiten oder schneidet ein größeres Loch und beklebt es mit Seidenpapier oder dünnem Schaumstoff! Klebt innen aufgemalte und ausgeschnittene Waldtiere, Zweige als Bäume, Steinchen u. a. ein!

Schuhkartonkino 'Tiere im Wald'

3) *Leerer Baum*

Hängt den Baum in Eure Klasse oder in den Flur, im Sommer vielleicht nach draußen! Sucht Blätter für den Baum! Wie sieht er zu den verschiedenen Jahreszeiten aus?

4) *Tannenzapfenexperiment*

Lege den Zapfen ins Glas! Fülle das Glas mit Wasser auf! Beobachte, was passiert! Was ist, wenn der Zapfen wieder trocknet? Überlege, weshalb sich der Zapfen so verhält und was man damit machen kann!

5) *Waldgeräuschespiel*

Hört Euch die Kassette an und versucht, die Fotos zuzuordnen! Wer kennt die meisten Geräusche? Nehmt Eure eigene Kassette mit Waldgeräuschen auf, fotografiert die Dinge oder Tiere, die die Geräusche machen! Vielleicht könnt Ihr auch Fotos aus Zeitschriften ausschneiden!

6) *Tiere im Wald*

Schaut Euch die Bilder an und lest, was dazu geschrieben ist!
Textbeispiele zu Tierbildern:

a. Das Reh
Das Reh-Kind nennt man Kitz. Es trinkt bei seiner Mutter, der Ricke, Milch. Wenn Du mal ein Rehkitz im Wald siehst, geh' schnell weiter, sonst fürchtet sich die Ricke und läßt das Kitz im Stich. Dann muß es verhungern.

b. Das Damwild
Das Damwild hat rostbraunes Fell mit weißen Flecken darauf. Früher gab es bei uns kein Damwild. Es wurde vom Mittelmeerraum zu uns in den Wald gebracht. Wenn das Damwild flüchtet, „blitzt" sein weißer Schwanz auf und warnt damit die anderen Tiere.

c. Die Ringelnatter
Wenn Ihr eine Ringelnatter seht, dann braucht Ihr Euch nicht zu fürchten, denn Ringelnattern sind nicht giftig. Sie können gut schwimmen und tauchen und ernähren sich von Fröschen, Fischen und Mäusen. Ihr Körper ist schwarz, hinter dem Kopf hat sie einen gelben Fleck.

d. Der Igel
Der Igel hat pieksige Stacheln. Sie schützen ihn vor seinen Feinden, zum Beispiel Füchsen, Hunden oder auch Raubvögeln. Gegen Autos ist er leider wehrlos, jedes Jahr werden viele Igel überfahren. Igel fressen fast alles; sie mögen Obst, Insekten, Schlangen und Regenwürmer.

e. Der Buntspecht
Der Buntspecht kann gut klettern. Dabei stützt er sich mit seinem Schwanz ab. Der Buntspecht frißt gerne Maden und Insekten. Er holt sie mit seiner langen Zunge tief aus dem Holz heraus. Die Förster mögen Spechte, weil sie viele Waldschädlinge,

zum Beispiel Borkenkäfer, fressen. Vielleicht habt Ihr ja schon einmal einen Specht klopfen gehört.

f. Der Eichelhäher
Der Eichelhäher hat seinen Namen, weil er mit Vorliebe Eicheln frißt. Er hat ein schönes Gefieder mit blau-schwarzen Federn an der Seite. Wenn Feinde (Raubtiere oder Menschen) im Wald sind, warnt er die anderen Tiere mit seinem Ruf: „R-r-ä-ä-ä-t-s-c-h"

g. Die Große Wegschnecke
Die Große Wegschnecke, auch Nacktschnecke genannt, ist entweder schwarz oder rot-braun. Sie kriecht auf einer Schleimspur und kommt heraus, wenn es draußen feucht ist.

h. Das Große Wiesel
Das Große Wiesel ist ein geschickter Räuber. Es wagt sich sogar an Feldhasen heran, die größer sind als er selbst. Im Winter hat es ein schneeweißes Fell, es ist damit im Schnee besser getarnt. Das Sommerfell ist braun.

i. Das Eichhörnchen
Das Eichhörnchen ist ein geschickter Kletterer, es kann weite Sprünge von Ast zu Ast machen. Das Eichhörnchen schläft in einem runden Nest, das in der Jägersprache „Kobel" heißt. Eichhörnchen fressen gerne Nüsse, Eicheln und Bucheckern. Auch Zapfen von Bäumen nagen sie gerne ab.

j. Der Rotfuchs
Der Rotfuchs ist ein Raubtier. Er frißt gerne Mäuse, Kaninchen und Vögel. Bricht er in einen Hühnerstall ein, versucht er, soviele Hühner wie möglich zu erwischen. Füchse leben im Fuchsbau, einer unterirdischen Höhle. Im Volksmund wird der Fuchs auch „Reineke" genannt.

k. Der Uhu
Der Uhu ist der größte Eulenvogel, er ist inzwischen sehr selten geworden. Sein Ruf hört sich an wie ein U-huu, U-huu, daher hat er auch seinen Namen. Der Uhu frißt Mäuse, Ratten, Eichhörnchen und sogar Igel.

l. Das Wildschwein
Die Wildschweinmutter heißt in der Jägersprache „Bache", ihre Jungen heißen „Frischlinge". Wildschweine fressen alles, was sie auf dem Waldboden finden, wie Pilze, Eicheln, Bucheckern, Kastanien oder Würmer. Manchmal brechen Wildschweine in Getreidefelder ein und verwüsten sie.

Denkt Euch ein eigenes Kreuzworträtsel mit Fragen zum Thema Waldtiere aus!

7) *Baumpuzzle*

Versucht, die Baumscheibe wieder zusammenzupuzzlen! Sucht im Wald nach Baumscheiben (bei gefällten Bäumen liegen oft welche) und macht Euer eigenes Puzzle! Ihr könnt auch an den Jahresringen zählen, wie alt der Baum war!

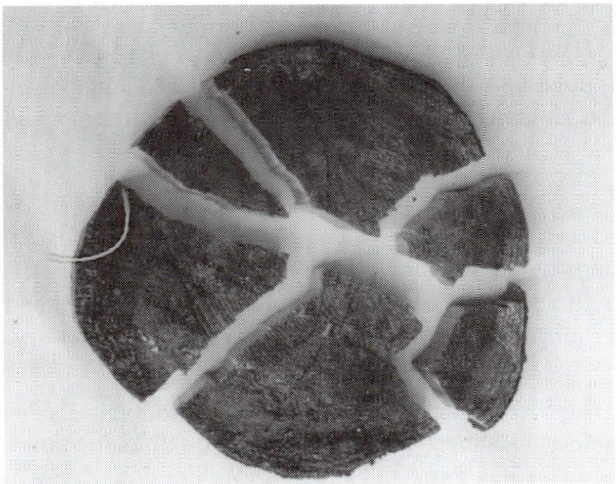

Das Baumpuzzle

8) *Floßbau*

Sucht Euch Äste und Zweige, aus denen Ihr mit Bast ein Floß zusammenbaut! Welche Knoten halten am besten? Kann das Floß ein Teelicht tragen? Vielleicht könnt Ihr mit der Klasse ein großes Floß bauen und damit fahren.

9) *Waldcollagen*

Sammelt möglichst viele Bilder und Dinge aus dem Wald, und klebt sie zu einer Waldcollage zusammen!

10) *Tastpfad*

Spannt eine Schnur im Wald, und laßt andere Kinder mit verbundenen Augen an der Schnur entlanggehen! Man kann verschiedene Stationen einrichten:

- Schnur zum Boden hinunter legen zum Moosfühlen
- Kleine Zweige in den Weg hängen
- Schnur durch den Matsch oder Pfützen legen
- Schnur durch hohes Gras legen
- Baumstämme oder Steine in den Weg legen
- (Selber Ausdenken!)

Noch mehr Spaß macht es barfuß, allerdings eher im Sommer.

11) *Waldwanderung*

Geht in den Wald und schaut Euch einige Sachen genauer an! Ihr könnt zum Beispiel einmal mit einer Lupe über den Boden kriechen und eine Miniwelt entdecken. Oder denkt Euch selber Spiele mit Blättern und Ästen, Tannenzapfen u. a. aus! Sucht Euch einen Lieblingsbaum und besucht ihn öfter!

Wie verändert er sich? Wann trägt er Früchte? Hat er schöne Blätter? Mögen die Schmetterlinge ihn? Im Wald gibt es viel zu entdecken, also los! Macht einen Film! Nehmt Geräusche im Wald mit dem Kassettenrecorder auf!

12) *Sägewerk*

Helft dem Hausmeister / der Hausmeisterin! Sägt auf dem Schulhof den alten Weihnachtsbaum der Schule oder abgesägte dicke Äste von Bäumen des Schulhofes in kleine Holzscheite! Stapelt das Holz zum Trocknen auf, damit Ihr daraus in ein paar Wochen ein Lagerfeuer machen könnt!

6. Tips und Hinweise

1) Materialien mit den Kindern zusammensammeln oder von ihnen mitbringen lassen! Darauf achten, daß nur „totes" Material aus dem Wald mitgebracht wird und keine Tiere eingefangen oder junge Pflanzen herausgerissen werden! (ethisch thematisieren)!

2) Auf diffuse Angstgefühle eingehen (Waldsterben, Luftverschmutzung, ...)! Hier ist es wichtig, den Kindern in ihrem Rahmen eine Handlungskompetenz zu vermitteln, beispielsweise durch eine Plakataktion zum Schutz des Waldes oder zur Achtung der Schönheiten im Wald.

3) Jede Gelegenheit sollte genutzt werden, in den Wald zu gehen! Vielen Kindern fehlt die Möglichkeit dazu. Es mangelt an Erfahrungen wie „auf-Bäume-klettern", Höhlen bauen, „jagen", ...

4) Bei Förstern nach möglichen angeleiteten Waldexkursionen – einem wichtigen Teil der forstlichen Öffentlichkeitsarbeit – fragen.

5) Weniger ist mehr! Deshalb sollte keine Wanderung aus einer Waldexkursion gemacht werden, auch in einem kleinen Gebiet läßt sich vieles zeigen und entdecken.

6) Leseecke zum Thema einrichten, über das Thema „Wald" gibt es viele gute Kinderbücher!

7) Ein Sägewerk, eine Tischlerei oder Möbelfabrik besichtigen!

8) Will man Wald ganz erleben, macht man sich dreckig ! Die Eltern müssen vor Exkursionen darauf vorbereitet werden (Zweitkleidung)!

7. Literatur

a) für Lehrkräfte

- Chinery, M.: Kosmos Familienbuch der Natur. Stuttgart: Frank'sche Verlagsbuchhandlung, 1978
- Cornell, J.: Mit Freude die Natur erleben – Naturerfahrungsspiele für alle. Mühlheim: Verlag an der Ruhr, 1991
- Göpfert, H.: Naturbezogene Pädagogik.Weinheim: Deutscher Studienverlag, 1990
- Hofmeister, H.: Lebensraum Wald. Ein Weg zum Kennenlernen von Pflanzengesellschaften und ihrer Ökologie. Hamburg: Verlag Paul Parey, 1990 (3. neu bearb. Aufl.)
- Knirsch, R. R.: Unsere Umwelt entdecken. Spiele und Experimente für Kinder und Eltern. Frankfurt a.M.: Krüger / S. Fischer, 1988
- Kremer, B. P.: Naturspaziergang Wald. Biotopführer. Stuttgart: Franckh-Kosmos Verlag, 1990
- Krieger, M.: Wald erleben und erfahren. Mülheim: Verlag an der Ruhr, 1992
- Lassert, U.: Natur um uns herum. Bäume und Wälder. Donauwörth: Auer, 1993
- Lechner-Knecht, S.: Kommt und erlebt die Wunderwelt des Waldes. Naturkundliche Streifzüge für Jung und Alt. Tuningen: Ulmer Verlag, 1990
- Lohmann, M.:Darum brauchen wir den Wald. München: BLV, 1985
- Lukschanderl, L.: Der Wald. Wie er entstand, was er kann, wem er nützt, worunter er leidet, welche Zukunft ihn erwartet. Wien: hpt-Verlagsgesellschaft, 1989
- Reichen, J.: Lernort Wald. Zürich: Lehrmittelverlag Zürich, 1989
- Rösler, M. / Rösler, S.: Aktionsbuch Naturschutz. Stuttgart: Franckh-Kosmos Verlag, 1989
- Schreier, H. / Köhler, B. (Hg.): Fernsehmäuse kitzeln nicht. Umweltprojekte für Kindergruppen und Grundschule. Mülheim an der Ruhr: Verlag an der Ruhr, 1989
- Schulz, A.: Der Baumdetektiv. Arbeitskartensatz 3. / 4. Schuljahr. Köln: Sauros Verlag, 1991
- Stern, H. u. a.: Rettet den Wald. München: Kindler Verlag, 1984
- Zerbst, M.: Bäume, Pilze,Tiere.Wir erforschen unseren Wald. Zürich: Orell Füssli Verlag, 1990

b) für Kinder

- Brehms Kinderzoo: Die heimische Tierwelt. München: Kindler, 1977
- Dann, C.: Als die Tiere den Wald verließen. Die Flucht. RTB Taschenbuch. Ravensburg: Maier, 1987
- Holden, P.: Wir entdecken und bestimmen Vögel. Ravensburg: Maier, 1983
- Kosch, A.: Welcher Baum ist das ? Bestimmungsbuch. Stuttgart, 1951
- Legget, J. / Ferring, R.: Grüner Wald. Reihe: Unternehmen Umwelt. Hamburg: Carlsen, 1991
- Pott, E.: Wald und Forst. Bestimmungsbuch. München / Wien Zürich: BLV, 1986
- Projekte von Kindern für Kinder: Wir kommen aus einem Flößerdorf. Pädagogik Kooperative, Heft 8, 1987

22. Wasser ist nicht nur zum Waschen da

1. Materialliste

1) *Forschungskiste*

Filtertüten, Gläser, kleiner Regenschirm, Strohhalm, Löffel, Büroklammern, Füllerpatrone, Zahnbürste, Filmdose, Glanzkarton, Wäscheklammer, verschiedene Pipetten und Folie

2) *Wasserrose*

Schreibpapier, Schere, Stifte, Glas mit weiter Öffnung oder Plastikschüssel

3) *Wasserlupe*

Pappe und Klarsichtfolie, Trinkhalm

4) *Metall schwimmt*

Schrauben, Nägel, Drähte, Büroklammern, Kronkorken, Nadeln, Pfennige und Löschpapier (ersatzweise auch Toilettenpapier oder Papiertücher)

5) *Wasserzeichen*

Papier mit Wasserzeichen

6) *Wassertropfenkiste*

Pipetten, Glanzgeschenkpapier, Glanzkarton, Zeitungspapier, Pergamentpapier und Papiertücher, Trinkhalm, Bleistift, Spritzen

7) *Tropfsteinhöhle*

verschiedene Papier- und Stoffarten, Glas, Strohhalm

8) *Das U-Boot in der Wasserflasche*

frisch geschälte Apfelsinenschale, Flasche, Wasser

9) *Welche Dinge schwimmen*

Streichhölzer, ein Stück Holz, Schaumstoff, Korken, Styropor, Kunststoffknöpfe, Stoff, Reißzwecken, Metall (Büroklammern, Schrauben), Kreide, Folie, Kunstleder, Wachs, Korken, Draht, Aluteelichthüllen und Knetgummi

10) *Wassertransport*

Taschentücher und Wollfäden

11) *Tintenfisch*

Pipetten, Glas, Wasser und Tinte

12) *Wasserabfüller*

Flasche, Trichter und Knetgummi

13) *Wasserorchester*

kleine Glasflaschen, Gläser und Löffel aus Metall

14) *Wasserzauber*

ein Glas

15) *Wasserstrahl*

Plastikspritzen (ohne Nadeln)

16) *Wasserwolken*

Lebensmittelfarbe oder Tinte, Joghurtbecher, Gefrierfach, ein breit geöffnetes Glas (Weckglas)

17) *Eislutscher*

Fruchtsaft, Holzstäbe, Glas oder Becher, Eiswürfel, 3 Teelöffel Salz und so viele Reagenzgläser, wie die Klasse Kinder hat

18) *Wasserfangen*

Topf, Herdplatte oder Tauchsieder und eine Glasscheibe

19) *Wasserfilterung*

Lösch- oder Filterpapier, (bunte) Kreidestücke, Marmeladengläser, Trichter, Knetmasse und ein Löffel

20) *Wasserdestillation*

flacher Kerzenhalter (Blechdeckel), zwei Ziegelsteine, Kerzen, Eßlöffel aus Stahl, großer Blechdeckel, Papiertaschentücher, Marmeladenglas, Knetmasse und Salz

21) *Wasserkreislauf*

Topf, Tauchsieder oder Kochplatte, Kachel (Glasscheibe oder Spiegel), kleines Gefäß (gefriertauglich) und ein Eisfach (oder eine Schüssel mit Eiswürfeln), Thermometer

2. Unterrichtskurzskizze

a) *Brainstorming* (im Sitzkreis): Was fällt Euch zum Begriff „Wasser" alles ein?

Danach versuchen, die genannten Begriffe nach den Kriterien der Kinder zu ordnen. Beispiele:

- Wasser als Lebensraum
- mit Wasser kann man Tricks machen
- Wasser als Transportmittel
- Wasser ist lebenswichtig
- Wasser als Freizeitmöglichkeit
- Wasser kann sich verändern

b) Offene Eingangsphase: *Freies Experimentieren*

Mehrere Tische werden zu einer großen Fläche zusammengeschoben und eine Schüssel mit Wasser, Gläser, verschiedene Behälter, Strohhalme, Löffel, Filtertüten, Pipetten, usw. auf diese Fläche gelegt. Die Kinder können außen um den „Forschungstisch" herumgehen und dürfen sich mit selbstgewählten Materialien etwas ausdenken und -probieren.

c) Kreisgespräch:

Jedes Kind sollte kurz *erzählen, was es gerade „erforscht" hat*. Im Sitzkreis können auch frühere Erfahrungen, die Kinder mit Wasser gemacht haben, eingebracht werden.

d) Einzelarbeit:

Die Kinder sollen überlegen und auch aufschreiben, wann und wie oft sie an einem Tag mit dem Element „Wasser" in Berührung kommen. Sie sollen sich bewußt werden, *wie oft wir Wasser benötigen*, wie verschwenderisch wir damit umgehen und wie wichtig Wasser für unser tägliches Leben ist:
Das könnte folgendermaßen aussehen:

- 7:30 Uhr – waschen und Zähne putzen (2×)
- 7:45 Uhr – Frühstück: Zitronentee (1×)
- Toilettenspülung um 7:50 Uhr (1×)
- Hände waschen um 7:51 Uhr (1×)
- Pausensnack: Apfel abwaschen (1×) usw.

e) Kreisgespräch:

– *Auswertung des Wasserverbrauchs*
– Die Kinder sollen erkennen, daß es aus ökologischen Gründen wichtig ist, sparsam mit Wasser umzugehen und versuchen, „Verhaltensregeln" aufzustellen, nach denen wir „wasserbewußter" leben können.
– Das Buch „Wenn Leila Wasser holt" (Große-Oetringhaus, H.-M. 1984) wird gemeinsam gelesen und diskutiert.

f) Den schuleigenen Putzeimer halb mit Wasser füllen, drei Kinder sollen *auf dem Schulhof probieren, wie lange sie diesen Eimer tragen können*, Abmessen der Strecke

g) *Auswertung der Erfahrungen*

– Sammeln von Fragen der Kinder und Verteilen der Versuche zu den Handlungsmaterialien Nr. 2–21

h) Die Kinder führen in kleinen Gruppen *erste Versuche* (Nr. 2–21) durch, um mit dem Element Wasser vertrauter zu werden, die Eigenschaften von Wasser zu erkunden und kreativ damit umgehen zu lernen.

i) Kreisgespräch: *Auswertung der Versuchsergebnisse*. Die Kinder bekommen den Anreiz, eigene Versuche mit Wasser zu erfinden und diese zu erproben. Diese Versuche und deren Ergebnisse werden anschließend der Klasse vorgestellt und bewertet, ob sie aussagekräftig und interessant genug sind, um sie nachher vorzuführen, auszustellen, in einer Wandzeitung oder sogar in einem Buch (z. B. Was wir über Wasser erforscht haben ...) zu präsentieren.

j) Die Kinder arbeiten gruppenweise an *weiteren Versuchsstationen* und erfinden neue Versuchsanweisungen. Einzelne Kinder können bereits Versuchsbeschreibungen mit entsprechenden Zeichnungen für das Wasser-Buch der Klasse fertigstellen.

k) Auswertung der Versuchsergebnisse, *Planung einer Abschlußdokumentation*

l) Die Kinder ordnen sich gruppenweise den verschiedenen Themen aus der Anfangsphase zu, um dann am Schluß der Unterrichtseinheit eine kleine *Ausstellung, Collage, Vorführung*, etc. zu gestalten.
Jedes Kind wird aufgefordert, die Versuchserfahrungen zu dokumentieren und über sein Thema Materialien zu besorgen, die dann besprochen und vielleicht auch ausgestellt werden.

m) Als Abschluß dieser Unterrichtseinheit bietet sich ein *„Wasserrattenabschlußfest“* an, das im Sommer im Freien und im Winter in der Schule stattfinden kann. Die Kinder und natürlich auch die Lehrerin oder der Lehrer denken sich vorher Wasserspiele und andere Aktivitäten, die mit Wasser in Verbindung gebracht werden können, aus, die dann an diesem Tag gespielt und ausprobiert werden. Es können natürlich auch Versuche und Ergebnisse vorgeführt werden. Außerdem bietet es sich an, andere Klassen und auch die Eltern zu diesem Abschlußfest einzuladen, um ihnen zu zeigen, was die Klasse sich ausgedacht und herausgefunden hat. Meistens ist das für die Kinder noch ein besonderer Anreiz.

3. Lernvoraussetzungen der Kinder zur Thematik Wasser

Fast alle Kinder werden schon einmal geschwommen oder ein Boot in ihrem Badewasser schwimmen lassen haben. Aber welches Kind hat schon einmal darauf geachtet, wie sich Tinte oder Öl (Nudelwasser!) im Wasser verteilen, ob ein Bindfaden Wasser leitet und dies über die oberflächliche Anschauung hinausgehend analysiert?

Gerade bei dem Thema „Wasser“ treten bei Kindern viele Fragen auf, denn obwohl sie täglich mit diesem Element in Berührung kommen, bleiben doch einige Fragen ungeklärt.

Einige Beispiele für Kinderfragen könnten sein :
- Wieso dürfen wir in unserem Fluß nicht mehr schwimmen?
- Warum schmeckt das Wasser aus der Flasche anders als aus unserem Wasserhahn?
- Warum „stinkt“ das Wasser im Schwimmbad?
- Weshalb schmeckt die Nordsee so salzig?
- usw.

Die Kinder können mit Wasser ohne großen apparativen Aufwand eigene Versuche durchführen und anhand ihrer Ergebnisse nach und nach die Antworten auf ihre Fragen finden.

Der Bereich Wasser bietet vor allem viele Möglichkeiten zum entdeckenden Lernen. Besonders für Kinder mit sonderpädagogischem Förderbedarf, die teilweise auf andere Menschen angewiesen sind, gibt es genügend praktische Phasen, in denen sie durch entdeckendes Lernen aktiv am Unterricht teilnehmen können. Auch für „verhaltensauffällige" Kinder bietet das Thema sehr viele Varianten, um den Unterricht aufregender und interessanter zu gestalten.

Kinder fasziniert Zauber und Veränderung – insbesondere wenn sie dabei aktiv steuern können. Dazu gibt es gute Ansätze bei der Veränderung der Aggregatzustände von Wasser. Der Wechsel von Wasserdampf zu flüssigem Wasser und zu gefrorenem Wasser bietet viele kreative Versuchsmöglichkeiten, und es ist einfach, diese Vorgänge für die Kinder anschaulich in der Schule darzustellen.

4. Didaktische Begründungen

Jedes Kind ist schon vor seiner Geburt mit dem Element Wasser in Verbindung gekommen, denn wir liegen neun Monate im Körper der Mutter – eingehüllt in Fruchtwasser. Natürlich prägen sich solche Erfahrungen in das Unterbewußtsein jedes Menschen ein und haben Folgen für Wahrnehmungen und Einstellungen. Es ist wichtig, den Kindern solche natürlichen Vorgänge bewußt zu machen und eventuell auftretende Fragen zu klären.

Der Mensch selbst besteht zu einem sehr großen Anteil aus Wasser und ist bei seiner Lebenserhaltung darauf angewiesen. Täglich kommt das Kind mit Wasser in Kontakt und weiß trotzdem viel zu wenig über die Eigenschaften und die Bedeutung von Wasser.

In unserer Zukunft und der Zukunft unserer Kinder müssen wir auch verstärkt mit der Bedrohung durch Wasser leben. Schon heutzutage sind Überschwemmungen und Hochwasser keine Themen mehr, die nur in Küstenregionen und wasserreichen Gebieten zur Sprache gebracht werden müssen. In fast allen Regionen muß mit diesen Naturkatastrophen gerechnet werden, und auch im Unterricht sollten die Kinder Informationen darüber erhalten. Ein akuter Mangel an Trinkwasser scheint nicht mehr allzu fern zu liegen; insofern ist es wichtig, das Wasser wertschätzen zu können, um sich im Alltag nicht verschwenderisch zu verhalten.

Beim Unterrichtsthema „Wasser" ist es in heutiger Zeit auf jeden Fall notwendig, den Bereich Umweltverschmutzung anzusprechen, denn auch in der näheren Umgebung der Kinder wird es Anzeichen dafür geben.

Das Thema Wasser ist didaktisch besonders produktiv, weil es nicht allein auf analytisches Arbeiten festlegt, sondern offen ist für ästhetische Zugangsweisen, ethische Gespräche über den Wert des Wassers und staunendes Beobachten (anstelle exakten naturwissenschaftlichen Beherrschens). Wasser bietet durch die einfach zu beobachtende Veränderung seines Aggregatzustandes auch die Chance, Veränderung und Wandel sinnlich zu erfahren und aktiv beeinflussen zu können.

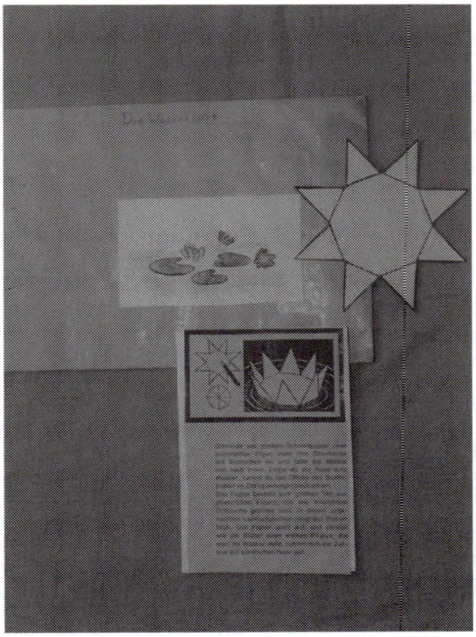

Die Wasserrose

Wasserlupe

5. **Handlungsanregungen** (vgl. Materialliste)

1) *Forschungskiste*

Sieh Dir alle Materialien (Gläser, Filter, Trinkhalme, Folie, ...), an und überlege, was Du damit anfangen könntest! Probiere einfach etwas aus, denn es ist „alles" erlaubt!

2) *Wasserrose*

Schneide aus glattem Schreibpapier eine blütenartige Figur, male ihre Oberfläche mit bunten Stiften an und falte die Blätter fest nach innen! Legst Du die Rose aufs Wasser, kannst Du das Öffnen der Blütenblätter im Zeitlupentempo beobachten.

3) *Wasserlupe*

Schneide aus Pappe ungefähr die Form einer Lupe (Kreis mit breitem Stiel und ca. 3 cm Innendurchmesser) aus! Über das Loch, das Du in der Mitte aus dem Kreis schneiden mußt, klebst Du dann ein Stück Klarsichtfolie. Nun kannst Du mit dem Trinkhalm einen Tropfen Wasser auf die Folie geben und die Lupe über einen Text oder ein Bild halten. Was fällt Dir auf?

4) *Metall schwimmt*

Lege einen Gegenstand aus Metall (Büroklammer, Nagel, Kronkorken, ...) auf ein Stück „Löschpapier" auf das Wasser! Was passiert?

5) *Wasserzeichen*

Schaue Dir dieses Papier mit dem Wasserzeichen genau an! Was ist ein Wasserzeichen überhaupt? Hat es eine Bedeutung? Überlege, ob Du schon öfter ein Wasserzeichen gesehen hast! Suche Wasserzeichen in anderen Papieren!

6) *Wassertropfenkiste*

Versuche einmal, aus einem Glas mit Wasser einen Tropfen herauszuholen! Dazu könntest Du einen Finger, einen Trinkhalm, eine Bleistiftspitze, eine Spritze und noch einiges, was Du Dir selbst ausgedacht hast, nehmen. Was geht denn am besten? Wie erklärst Du Dir das?

7) *Tropfsteinhöhle*

Suche Dir verschiedene Papier- oder Stoffarten (z. B. Pappe, Löschpapier, Baumwolle, Zeitungspapier usw.) zusammen, und lege sie nebeneinander auf einen Tisch! Nun benötigst Du noch ein Glas mit Wasser und einen Strohhalm.
Tauche mit dem Trinkhalm in das Wasserglas, drücke mit einem Finger von oben auf die Öffnung! Das Wasser bleibt dann im Halm. Setze nun auf die verschiedenen Materialien Tropfen, indem Du den Finger vorsichtig von der Öffnung des Trinkhalmes nimmst! Unterscheiden sich die Tropfen auf den verschiedenen Materialien? Wie verändern sich die Tropfen nach einer Weile?

8) *Das U-Boot in der Wasserflasche*

Schneide aus frischen Apfelsinenschalen ein kleines Schiffchen, zeichne mit Kugelschreiber Bullaugen darauf!
Fülle die Flasche mit Wasser, laß das U-Boot hineinsinken! Warte, bis die Apfelsinenschale sich gesenkt hat! Drücke nun mit einem Finger oder einem fest schließenden Pfropfen so in den Flaschenhals, daß oben keine Luft mehr hineinkann! Ziehe den Finger vorsichtig wieder hoch! Was passiert?

9) *Welche Dinge schwimmen*

In einer großen Schüssel mit Wasser kannst Du viele verschiedene Dinge auf die Oberfläche des Wassers legen. Beobachte dann ganz genau, was mit den einzelnen Gegenständen geschieht! Gehen sie langsam unter? Brauchen sie längere Zeit, um auf den Grund der Schüssel zu fallen? Schwimmen sie?

10) *Wassertransport*

Nimm ein Glas mit Wasser und hänge ein Stück vom Wollfaden hinein! Das andere Ende lege auf 2-3 Taschentücher neben dem Glas! Beobachte den Wollfaden genau!

11) *Tintenfisch*

Träufle in ein Glas mit Wasser ein paar Tropfen Tinte! Beobachte die Tinte!
Wie verteilt sie sich?

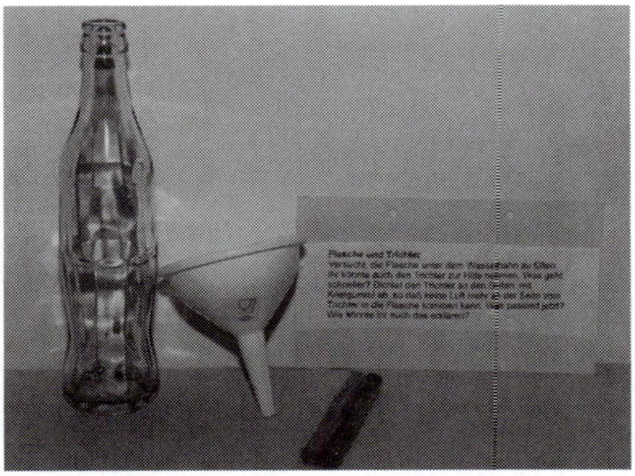

Experimente mit Wasser
'Wasserabfüller'

12) *Wasserabfüller*

Versuche, die Flasche unter dem Wasserhahn zu füllen! Du kannst auch einen Trichter zu Hilfe nehmen. Was geht schneller? Dichte den Trichter an den Seiten so mit Knetgummi ab, daß von dort keine Luft mehr in die Flasche kommen kann! Was passiert jetzt? Wie kannst Du Dir das erklären?

13) *Wasserorchester*

Für diesen Versuch benötigst Du Flaschen und Gläser, einen Löffel oder Stab und Wasser. Befülle die Flaschen und Gläser unterschiedlich mit Wasser! Als erstes kannst Du jetzt mit dem Löffel oder Stab gegen die Flaschen und Gläser schlagen, um dann auf die Klänge zu lauschen. Sind sie alle gleich oder gibt es Unterschiede?
Nun probiere, in die Flaschen zu blasen! Du mußt dazu Deine Unterlippe an die Flaschenöffnung legen und kräftig in die Flasche pusten. Kannst Du etwas hören? Versuche das mit unterschiedlich gefüllten Flaschen und sortiere sie nach der Höhe der Töne!

14) *Wasserzauber*

1) Fülle Wasser in ein Glas! Wie sieht die Oberfläche aus? Was passiert, wenn Du in das Glas vorsichtig hineinpustest? Verändert sich die Oberfläche?
2) Steige auf einen Stuhl und halte das Glas hoch!
3) Schütte Wasser aus dem Glas langsam ins Waschbecken oder in eine Schüssel!
4) Beobachte ganz genau einen Wassertropfen!

15) *Wasserstrahl*

Fülle Wasser in die Spritze! Gehe auf den Schulhof! Spritze! Wie weit bist Du gekommen? Oder versetze Dich in die Lage der Feuerwehr. Dein Ziel ist es, einen bestimmten Pflasterstein, einen Baum oder etwas ähnliches (nicht Deine Klassenkameraden!) mit Deinem Wasserstrahl zu treffen! Merkst Du, wie schwierig das ist?

16)Wasserwolken

Fülle etwas Wasser in einen Joghurtbecher und färbe es mit Lebensmittelfarbe oder Tinte! Stelle den Joghurtbecher mit dem Farbwasser ins Gefrierfach! Fülle mindestens zwei Stunden später Leitungswasser in das Glas, nimm den gefärbten Eiswürfel aus dem Joghurtbecher und lege ihn vorsichtig in das Wasserglas! Beobachte, was passiert!

17) *Eislutscher*

- Fülle einen Becher mit Eiswürfeln, schütte Salz darüber!
- Fülle den Saft in das Reagenzglas und stecke den Holzstab hinein!
- Stelle das Reagenzglas mit dem Saft in den Eiswürfelbecher!
- Nun mußt Du etwas Geduld haben!
- Du mußt den Stab eventuell etwas geraderücken, wenn der Saft leicht angefroren ist!
- Halte das Gefäß mit dem gefrorenen Saft kurz in der warmen Hand, bevor Du den Lutscher vorsichtig am Holzstab herausziehst!

18) *Wasserfangen*

Bringe Wasser in einem Topf zum Kochen, und beobachte den Wasserdampf!

Halte eine gekühlte Glasscheibe über den Wasserdampf! Was passiert?

19) *Wasserfilterung*

Lege die Filtertüte in den Trichter, und setze diesen dann auf das Marmeladenglas! Du kannst den Trichter mit Knetmasse am Marmeladenglas befestigen, falls es nötig ist. Zerdrücke etwas bunte Kreide zu feinem Pulver, und mische es mit Wasser! Das ist Dein Schmutzwasser. Gieße nun das Schmutzwasser langsam in den Filter, aber so, daß nichts vorbei geht! Laß es eine Weile stehen! Schaue Dir dann das Wasser im Glas und die Innenseite des Papierfilters an!

20) *Wasserdestillation*

Fülle ein Marmeladenglas halbvoll mit Wasser, gib drei Teelöffel Salz dazu und rühre es um: Das gibt Meerwasser! Stelle einen großen Blechdeckel auf zwei Backsteine und gieße etwas „Meerwasser“ auf den Blechdeckel! Zünde die Kerze an und schiebe sie vorsichtig unter den Blechdeckel, so daß die Flammen eben den Boden des Deckels berühren! Beobachte das Wasser im Deckel genau und warte einige Minuten! Was siehst Du?

Halte jetzt einen kalten Stahllöffel dicht über das erhitzte “Meerwasser“! Achte darauf, daß der Löffel das Wasser nicht berührt! Nimm den Löffel weg und laß ihn abkühlen! Was stellst Du fest? Wonach schmeckt der Löffel?

Säubere den Löffel mit einem Tuch und wiederhole den Versuch! Was bleibt nach langem Erhitzen im Deckel übrig?

21) *Wasserkreislauf*

Bringe Wasser in einem Topf zum Kochen! Bei welcher Temperatur beginnt das Wasser zu kochen?

Das Wasser verdunstet und es entsteht Wasserdampf. Welchen Zustand hat das Wasser dann angenommen?

Fange den Dampf mit einer kalten Kachel auf! Findest Du ein ähnliches Beispiel in der Natur?

Das Wasser kühlt ab, und es bilden sich Tropfen. Laß diese Tropfen in eine Schüssel „abregnen“, und stelle sie in ein Eisfach oder in einen Behälter mit Eiswürfeln! Was passiert?

6. Tips und Hinweise

1) Materialsammelstelle einrichten:
Am Anfang der Unterrichtseinheit die Kinder auffordern, Material von zu Hause mitzubringen, wie z. B. Papierreste, Stoffreste, Trinkhalme, alte Löffel, Büroklammern usw., damit sie nachher vielleicht einige weitere Versuche erfinden und ausstellen können.
2) An Tagen, an denen viel mit Wasser gearbeitet wird, die Kinder bzw. Eltern bitten, einen Ersatzpulli o.a. Schutz mitzugeben.
3) Den Kindern ein Ziel geben, auf das sie hinarbeiten und sich freuen können. Bei diesem Thema bietet sich eine Ausstellung oder ein Spieletag an.
4) Den einzelnen Versuchen und Themen interessante Namen geben wie: Tankerunglück, Tintenfisch usw., und die Kinder mit einbeziehen als Kapitänin, Tierschützer, Naturforscherin, Wissenschaftler: dies gestaltet die Unterrichtseinheit für die Kinder gleich viel interessanter.
5) Die Kinder sollen so viel wie möglich selbst ausprobieren und ihre eigenen Erfahrungen machen, denn das bietet sich bei den (ungefährlichen) Wasserversuchen an.
6) In der Leseecke Bücher bereitlegen über: Meer und Meerestiere; Wassersportmöglichkeiten; Schiffe; Flüsse, Seen und Meere; Tiere, die an, vom und im Wasser leben.
7) Verschiedene Wasserfarbkästen (Tuschkästen) bereitstellen, damit die Kinder mit Wasser und Farbe selber Bilder malen oder andere Materialien mit Farbe verwandeln und verzaubern können.

7. Literatur

a) für Lehrkräfte

- Bausteine Grundschule: Wasser ist mehr als naß. Heft 1 / 1989
- Bennett, J. / Smith, R.: Tolle Ideen: Sachkunde. Mülheim: Verlag an der Ruhr, 1991
- Gebhard, W.: Auf dem Wasser ist was los. Oldenburg :Lappan Verlag GmbH, 1994
- Griffith, T.: Tolle Ideen: Sachkundespaß. Mülheim: Verlag an der Ruhr, 1993
- Kneip, W. / Stascheit, W.: Wasser erleben und erfahren. Das Element Wasser in der Grundschule. Mülheim: Verlag an der Ruhr, 1990
- Kremer, A. / Stäudel, L.: Baustein „Wasser". Soest: Landesinstitut für Schule und Weiterbildung, 1994
- Krieger, M.: Wasser erspielen und erfahren. Mülheim: Verlag an der Ruhr 1990
- Krieger, M. / Krieger, M.: Wasser erleben und erfahren. Mülheim: Verlag an der Ruhr 1990
- Ruprecht, F. / Hutter, C.-P.: Wir und unser Wasser. Unsere Gewässer sollen leben. Stuttgart: Thienemann-Verlag, 1992
- TIME-LIFE: Kinder entdecken das Leben im Wasser. Amsterdam: TIME-LIFE, 1988
- Wiebel, K.-H.: Natur Be-Greifen. Experimentierkartei. Lichtenau: Freiarbeit Verlag, 1987

b) für Kinder

- Knoll, C.: Entdeckungsreise Feuer und Wasser: Stuttgart: Klett Verlag, 1994
- Janosch: Wenn der Hase baden geht. Weinheim: Beltz & Gelberg, 1994
- Große-Oetringhaus, H.-M.: Wenn Leila Wasser holt. Kinder in der Dritten Welt. Reinbek: Rowohlt, 1984
- Martin, L.: Mein erstes Buch vom Wasser. Reihe: Die Welt entdecken. Ravensburg: Maier, 1991
- Veit, B. / Wolfrum, C.: Das Buch vom Wasser. Ravensburg: Maier, 1992

23. Bei Wind und Wetter

1. Materialliste

Wettermeßgeräte zum Selbstbauen:

1) *Windmeßgeräte: Wie schnell ist der Wind?*

Wertetabelle für Windgeschwindigkeitsmessung

selbstgebaute Meßinstrumente für die Windstärke:

a) Windmobil
dicke Pappe, Schaschlikspieße, Holzperlen, Spitzer, Faden, 2 Garnrollen (ca. 55 mm lang), Tonpapier oder Tonkarton, Schere, Klebstoff

b) Becher-Windmesser
eine Schuhschachtel, Draht, Klebeband, 2 Holzstäbe, 4 Pappbecher, Reißzwecke oder Nagel, Kugelschreiberhülse, Garn, Toilettenpapierrolle, ein Gewicht

c) Windrad
Tonpapier oder Tonkarton, Draht, große und kleine Holzperlen, Holzstab, Klebstoff, Bleistift, Lineal, Schere, kleine Kombizange

d) Windsack
Draht (ca 2 mm Durchmesser), altes Hosenbein, dünne Schnur, Stock, Nähnadel und Faden

e) Wetterhahn
kleiner Holzklotz, Pappe, dicker Draht, dünner Strohhalm, eine Holzperle, Klebeband, Zange

2) *Regenmesser*

großes Marmeladenglas, Trichter, wasserfester Stift, Klebeband

3) *Zapfen-Wetterstation*

Fichtenzapfen, Zapfen auf Holzstücke genagelt und größeres Gemüseglas

4) *Riesenluftdrucksäule*

13 m transparenter Schlauch, Bindfaden zum Hochziehen, Wassereimer, Wäscheklammer, permanenter Folienstift zum Markieren der Meßskala, Zollstock zum Abmessen; die Schule muß mehrstöckig sein, die Kinder sollen mindestens auf 10,5 m Höhe ein Fenster öffnen und die Höhe der Wassersäule an der Schlauchskala ablesen können.

Spiele und Versuche in der Klasse:

5) *Wetter-Memory*

Pappkarten, die paarweise mit Wettermotiven (Sonne, Wolke, Regen, Thermometer, usw.) bemalt und dann mit Folie beklebt wurden

6) *Klassen„thermometer“*

Stück Pappe mit aufgemalter Thermometerskala in Celsius und mit Einschnitt oberhalb der +40° und unterhalb der -20°, wo ein Streifen Stoff durchläuft

7) *Regentropfen-Bilder*

Papier, Filzstifte oder Tintenfüller

8) *Glas auf dem Rasen*

Schraubglas oder Trinkglas

9) *Wie das Wasser verschwindet*

zwei Teller

10) *Wärme von der Sonne*

2 gleich große Gläser, Erde, Wasser

11) *Helle Sachen – dunkle Sachen*

weißes und schwarzes Papierquadrat

12) *Wetter-Massage*

Geschichte für eine Wetter-Massage

Als ich gestern zur Schule ging, schien hoch am Himmel die Sonne .. Warme Strahlen streichelten mein Gesicht ... Plötzlich wurde es etwas dunkler ... Ich schaute erschrocken zum Himmel und entdeckte eine große dunkle Wolke vor der Sonne ... Auf einmal waren überall dunkle Wolken ... Schon nach einigen Schritten bemerkte ich leichte Tropfen auf meinem Körper ... Ich lief schneller, aber der Regen wurde stärker. Die Tropfen wurden immer größer und mehr ... Als ich bei der Schule ankam, war ich von Kopf bis Fuß durchnäßt ... Schließlich nieselte es nur noch, und die Sonne kam wieder hervor ... Ich sah zum Himmel und erblickte einen wunderschönen bunten Regenbogen.

13) *Wetterpantomimenspiel*

Verkleidungskiste

14) *Wetterstation*

Außenthermometer, evtl. Barometer, Kassettenrecorder, Leerkassette, Plakatkarton

2. Unterrichtskurzskizze

a) Eingangsphase:
Die Lehrerin macht im Morgenkreis *eine Woche lang jeden Tag auf das Wetter aufmerksam* und bespricht mit den Kindern, ob es regnet, schneit, die Sonne scheint, usw. Sie bittet die Kinder, zu jedem Wochentag ein kleines Bild zu malen, auf dem das jeweilige Wetter erkennbar ist.

b) Am darauffolgenden Wochenanfang werden im Gesprächskreis mit den Kindern bestimmte *„Wettertypen“* (z.B. Schnee, Regen, Nebel, Sonne, Wind und Wolken) unterschieden, die gemalten Bilder werden versucht, zuzuordnen. Die Bilder können an der Wand unter den verschiedenen Wettertypen als Wetterkalender aufgehängt werden.
Dabei werden die Kinder bemerken, daß viele Wetterfaktoren gemeinsam auftreten und schwer voneinander getrennt werden können. Es wird besprochen, welche Wetterfaktoren fast immer gemeinsam und welche nie zusammen auftreten können. Die Kinder können die verschiedenen Wetterfaktoren den unterschiedlichen Jahreszeiten zuordnen.

c) Die Hausaufgabe der Kinder in dieser Woche ist, das jeweilige Tageswetter mit ihren Worten zu beschreiben, die Temperatur und eventuell die Niederschlagsmenge zu messen und aufzuschreiben sowie die Wetternachrichten zu verfolgen.
In der Schule wird jeden Tag – sofern das Wetter es erlaubt – im Abschluß- oder Morgenkreis *„Wolkenraten“* gespielt. Dabei sucht sich ein Kind eine Wolke am Himmel aus, stellt sich vor, an welches Tier oder welche Figur diese erinnert und erzählt über das Tier oder die Figur so lange, bis die anderen aus der Klasse herausgefunden haben, welche Wolke sich das Kind ausgedacht hat.

d) Am darauffolgenden Tag werden die verschiedenen Eindrücke ausgetauscht. Die Kinder erzählen, was sie *in der Zeitung oder im Fernsehen zum Wetter herausbekommen haben.*
Wichtige Begriffe, die Grundschulkinder nicht kennen, besprechen und erklären lassen, z. B.: Luftfeuchtigkeit, Windstärke, Hektopascal, Wettervorhersage, Wetterkarte, Wetterdienst, Meteorologe, Wetterwarte, usw.
Wetterpantomimenspiel, Beobachtung des Himmels durch ein Papierfenster.

e) *Planung des Baus von Wettermeßgeräten*
Die Kinder planen, eigene Thermometer, Windmesser und Luftfeuchtigkeitsmesser zu bauen.

f) *Bau der Wettermeßgeräte* in Gruppen. Fertige Modelle, Abbildungen oder die Bauanweisungen aus den Handlungsanregungen (Material 1–4) liegen auf dem Ausstellungstisch der Klasse.

g) *Erprobung der Geräte*, Besprechung und Korrektur, Vergleich mit den Wetterdaten der Zeitung

h) *Riesenluftdrucksäule*
Gemeinsam wird – sofern die Schule hoch genug ist – der Versuch mit der Riesenluftdrucksäule durchgeführt. Im anschließenden Gespräch wird die Bedeutung des Luftdruckes für die Wetterentwicklung besprochen.

i) *„Wettermassage“*

Die Geschichte wird mit langen Pausen vorgelesen. In den Pausen wird das Wetter auf dem Rücken des benachbarten Kindes durch Fingerbewegungen ausgedrückt (vgl. Nr. 12).

j) Aufbau einer *Wettermeßstation im Schulgelände und eines Wetterausstellungstisches im Schulflur.* Entscheidung, welche selbstgemachten, welche „fertigen" Meßgeräte verwendet werden. Die Kinder sind gruppenweise für verschiedene Meßaufgaben verantwortlich; die Ergebnisse werden für die Schulöffentlichkeit im Flur dokumentiert.

k) *Differenzierte Arbeit*: Vorbereitung des Wetter-Ausstellungstisches.
Auf dem Ausstellungstisch im Schulflur können die Kinder auch ein „Wetterradio" mit dem Ansagedienst des Wetterfunks der Schule aufstellen. Am Vortag wird der Voraussagedienst der Klasse auf Kassette gesprochen. Besonders attraktiv ist es, wenn die Wetternachrichten mehrfach wiederholt aufgenommen (z. B. von einem Kind mit sprechmotorischem Förderbedarf) und morgens beim Betreten des Schulgebäudes in mittlerer Lautstärke vorgespielt werden.
Eine Gruppe könnte ihre selbstgebauten Windmesser, Thermometer und Luftfeuchtigkeitsmesser ausstellen und den anderen Klassen oder Eltern erklären.
Einige Kinder können eine selbstgemalte oder ausgeschnittene Wetterkarte ausstellen und die Symbole dazu erklären.
Eine andere Gruppe kann eine Weltkarte mit den verschiedenen Klimazonen vorstellen.
Andere Kinder könnten die Arbeit von Wetter- und Wetterwarndiensten vorstellen und Beispiele für den Sinn und Zweck dieser Einrichtungen geben.
Während ein Teil der Kinder mit dem Aufbau der Wetterstation und des Ausstellungstisches im Flur beschäftigt ist, können die anderen sich intensiv mit den schon vorher in der Freien Arbeit erprobten Materialien Nr. 5 bis 8 beschäftigen. Einige können Wetterfroschorden malen.

l) *Wetterfroschwette*
Die Kinder der Klasse kündigen in der Schule an, daß Kinder aller Klassen ihre *Wettertips für die große Pause am nächsten Tag* bis spätestens zur zweiten großen Pause des Vortags abgeben dürfen. Wer gewinnt, d. h. die Temperatur, Windstärke, Bewölkung, Niederschlagsmenge etc. am genauesten im voraus schätzen, bekommt den Wetterfroschorden der Klasse.

m) Gruppenarbeit: Den Kindern eine *Wetterkarte* zeigen und in Gruppen überlegen lassen, was die Symbole und Wörter bedeuten und eine Legende für Wetterkarten anlegen lassen.

n) Den Sinn und Zweck von Wetterwarndiensten von den Kindern herausfinden lassen. Was passiert bei Gewittern, Schnee- und Windstürmen, Glatteis, usw., wenn die Bevölkerung nicht rechtzeitig gewarnt wird? Die Kinder sollen sich gegenseitig *Geschichten über Sturm, Glatteis, Überschwemmung, Hitzewelle* und andere extreme Wetterlagen erzählen. In der ersten Erzählrunde sollen *Wetterabenteuer*, in der zweiten Erzählrunde *Rettungsgeschichten* erzählt werden. Die Unwettergeschichten können auch für die Schulöffentlichkeit an der Wetterstation ausgestellt werden.
Hier bietet sich an, Großeltern oder andere ältere Leute einzuladen, die von der großen Trockenheit 1959 oder von der eisigen Kälte 1945 erzählen können und den Kin-

dern zeigen, daß extreme Wetterlagen nicht nur eine aktuelle Frage sind, auch wenn sie gegenwärtig gehäuft aufzutreten scheinen.

o) *Wetterstimmungen*
Die Kinder entscheiden sich, welche Wetterstimmungen sie am Ausstellungstisch darstellen wollen. So können z. B. Nebelbilder, vernebelte Geschichten und Bilder, Nebelgedichte und Geschichten vom Nebelwetter ausgestellt werden oder Bilder in glutheißen Farben, Wüstengeschichten und -bilder oder Regenbilder etc.

p) Dieser Themenbereich kann auch mit einem Besuch bei einer Wetterwarte oder einer Wetterstation verbunden werden.

q) Die Kinder haben schon ein Vorverständnis über Wetterdifferenzen und über verschiedene Wetter- oder Klimazonen der Erde, die bei entsprechenden Gesprächsanlässen vertieft und anderen Kindern der Klasse mitgeteilt werden können. Auch die Relation der vier Jahreszeiten und wie unterschiedlich sie in den verschiedenen Ländern und Kontinenten ausgeprägt sind, ist in Klassen mit vielen weitgereisten oder von weither ausgesiedelten Kindern ein interessanter Gesprächsanlaß.

r) Abschluß: Einer anderen Klasse wird die Überwachung der Meßstation und des Ausstellungstisches im Flur sowie das Preisverleihungsrecht für den Wetterfroschorden übergeben.

3. Lernvoraussetzungen der Kinder zur Thematik Wetter

Das Wetter ist nicht nur bei Erwachsenen das Thema Nummer 1, um gleiche Betroffenheit in der Kommunikation herzustellen. Kinder sind vom Wetter noch ungleich stärker betroffen. Sie haben zu dem Thema sicherlich viele Fragen, denn wenn sie in der Zeitung die Wetterkarte anschauen oder im Fernsehen den Wetterbericht sehen, werden sie mit vielen Fremdwörtern konfrontiert, deren Sinn und Bedeutung sie noch nicht kennen. Aber noch viel elementarer ist das Erleben des jeweiligen Wetters und der Wunsch, es besser voraussagen zu können. Kinder sind gerade auf dem Schulrückweg durch plötzlich veränderte Wetterlagen mit großer Hitze, Regen, Schnee oder Hagel konfrontiert und sind diesen Wettererscheinungen einen langen Weg schutzlos und allein ausgesetzt. Außerdem können Kinder meist einen Wetterumschwung nicht nachvollziehen und nicht verstehen, warum ihre Eltern meinen, wissen zu können, wann man sich warm anziehen muß und wann nicht. Sie sind also in der Wetterfrage doppelter Herrschaft ausgesetzt, sie müssen sich der Natur und den nicht immer zutreffenden Wetterprognosen der eigenen Eltern fügen und wünschen sich dagegen mehr Selbstbestimmung.

Die Kinder werden also ständig mit Wetterphänomenen konfrontiert, aber die wenigsten wissen oder haben erklärt bekommen, wie Schnee, Hagel oder Gewitter entstehen. Sie erleben das Wetter täglich, sind sich wahrscheinlich aber nicht bewußt, was es in der Natur und bei Mensch und Tier bewirkt.

Einige typische Kinderfragen zu dem Thema Wetter könnten sein:
- Warum gewittert es? Woher kommt das Gewitter und was löst es aus?
- Wieso kann die Sonne scheinen, wenn es gleichzeitig regnet?
- Woher kommt der Schnee?
- Was sind Hagelkörner?
- Wann tritt Nebel auf?
- Woher weiß man, wie warm es mittags sein wird?
- Wann gibt es Glatteis?
- usw.

Deshalb sollen die Kinder eigene Versuche, Beobachtungen und Messungen durchführen und anhand ihrer Ergebnisse nach und nach die Antworten auf ihre Fragen finden.

Außerdem muß das Wetter auf Kinder sehr faszinierend und auch beängstigend wirken, denn wir Menschen haben überhaupt keinen Einfluß darauf und sind ihm manchmal hilflos ausgeliefert. Einige Menschen haben sogar Angst vor dem Wetter, denn wir können uns nicht immer genügend und rechtzeitig vor Sturmfluten, Glatteis, Gewitter usw. schützen. Bei Landwirten z. B. kann ein Platzregen oder heftiger Sturm einen ganzen Ernteertrag vernichten.

Vielleicht gibt es auch noch Großeltern, die Kindern von früheren Wetterereignissen erzählen, bei denen die Menschen ihre Existenz und Behausungen verloren haben.

4. Didaktische Begründungen

4.1 „Sachanalytische" Anmerkungen

Wetter ist ein Naturphänomen – und gleichzeitig von gesellschaftlich hervorgerufenen Bedingungen wie Luftschadstoffen beeinflußt –, das die Menschen am Körper, in den Gefühlen und über kognitive Wahrnehmungen gleichzeitig aufnehmen. Nicht ohne Grund werden in vielen Religionen Wetterphänomene mit Gottheiten verbunden.

Die hohe Gefühlsbedeutung des Wetters wiederum wird in der heutigen europäischen Kultur wenig wahrgenommen, sie wirkt dadurch vielleicht unterbewußt umso intensiver. Denn es ist wichtig zu wissen, wie sich Mensch und Tier bei Sturm, Regen oder Gewitter fühlen.
Einige Menschen werden im Herbst, wenn es regnerisch, stürmisch und neblig ist, depressiv. Das bedeutet, daß das Wetter Auswirkungen auf unser Seelenleben hat.
Die meisten Tiere paaren sich in bestimmten Jahreszeiten, die sie wetterabhängig wahrnehmen.
Das Wetter beeinträchtigt die Natur in vielerlei Hinsicht, es kann Felsen aushöhlen und Felder verwüsten lassen.
Es gibt also sehr viele Beeinträchtigungen und Auswirkungen, die wir uns erst bewußt machen müssen, um sie genau wahrzunehmen und vielleicht zu verstehen.

4.2 Didaktische Überlegungen

Das Wetter ist wegen seiner Veränderlichkeit und Bedeutsamkeit für den Alltag neben der Wirtschaftslage das einzige Phänomen in der Lebenswelt, das täglich prognostisch untersucht wird. Dieses moderne Orakel ist für heutige Menschen ein sehr bedeutendes Ereignis. Deshalb ist es gerade für Kinder wichtig, auch die Parameter der Orakelsprüche besser zu verstehen und sie aktiv in die Hand nehmen zu können. Hinzu kommt, daß sich viele Umweltbelastungen in gravierenden Wetterveränderungen niederzuschlagen scheinen. Überschwemmungen, Bergrutsche und Stürme werden als Zeichen umweltbedingter Belastungen der Erde gedeutet. Gerade wegen der existentiellen Bedeutung derartiger – vermutlich zunehmenden – Katastrophen für Menschen ist es notwendig, daß Kinder sich mit wetterbedingten Gefahren und Rettungsmöglichkeiten rechtzeitig auseinandersetzen.

5. **Handlungsanregungen** (vgl. Materialliste)

1) *Wie schnell ist der Wind*

Bist Du mal bei viel Wind draußen gewesen und konntest nicht stehenbleiben, weil der Wind so stark war?
Wind hat Kraft. Und Wind ist schnell.
Du kannst mal mit dem Wind um die Wette laufen. Du wirst merken, daß Du mit dem Wind in die gleiche Richtung oder dem Wind entgegen laufen kannst.
Aus welcher Richtung kommt der Wind?
Du kannst das mit einem Windsack feststellen.
Wie schnell ist der Wind?
Der Engländer Francis Beaufort teilte den Wind in Stärken ein: 0= Windstille bis 12= Orkan.

Windstärke nach Beaufort		**Geschwindigkeit m/s**	**Auswirkungen des Windes**
0	Windstille	0 – 0,2	Rauch steigt gerade empor
1	leichter Zug	0,3– 1,5	Windrichtung nur durch Rauch erkennbar
2	leichte Brise	1,6– 3,3	Wind im Gesicht fühlbar
3	schwache Brise	3,4– 5,4	Blätter und dünne Zweige bewegen sich
4	mäßige Brise	5,5– 7,9	Bewegt Zweige, dünne Äste, hebt Staub
5	frische Brise	8,0–10,7	Kleine Bäume beginnen zu schwanken
6	starker Wind	10,8–13,8	Pfeifen an Drahtleitungen

7	steifer Wind	13,9–17,1	Fühlbare Hemmung beim Gehen
8	stürmischer Wind	17,2–20,7	Bricht Zweige von den Bäumen, erschwert erheblich das Gehen
9	Sturm	20,8–24,4	Kleinere Schäden an Häusern und Dächern
10	schwerer Sturm	24,5–28,4	Entwurzelte Bäume, bedeutende Schäden
11	orkanartiger Sturm	28,5–32,6	Verbreitete schwere Sturmschäden
12	Orkan	32,7 ‹	Schwere Verwüstungen

Baut Euch Windmeßgeräte in Gruppen!
Mit Euren Windmessern könnt Ihr selbst ausprobieren, den Wind zu messen. Außerdem kannst Du die Tabelle zu Hilfe nehmen oder Dir Deine eigene „Windstärkentabelle“ erstellen.

1a) Windmobil

1. Zeichnet das Segel auf Tonpapier oder Tonkarton, das „Surfbrett“ und die 4 Räder auf Pappe!
2. Schneidet die Teile aus!
3. Stecht an den Verbindungsstellen Löcher mit einem spitzen Gegenstand!
4. Klebt die Garnrollen an der Brettunterseite an!
5. Nehmt 2 Schaschlikspieße und kürzt sie so, daß sie etwas länger sind als die Garnrollen!
6. Spitzt die Stäbchen an beiden Seiten an und steckt sie jeweils durch eine Garnrolle!
7. Befestigt zunächst die Räder und dann die Perlen am Ende der Stäbchen! Wichtig: die Räder sollten sich leicht drehen können.
8. Einen weiteren Spieß sollt Ihr durch die Mitte des Brettes stechen (Mast)! Drückt nun eine Perle von unten und zwei von oben an den Mast gegen das Brett und klebt sie fest!
9. Schiebt nach den beiden Holzperlen das Segel auf den Mast! Zum Schluß steckt noch eine Perle darüber!
10. Schiebt mit der zweiten Perle (die direkt unter dem Segel sitzt!) das Segel in die richtige Form!

1b) Becher-Windmesser

1. Biegt ein Ende eines längeren Drahtes zu einer Schlaufe. Befestigt die Drahtschlaufe mit Klebeband am Boden der Schuhschachtel!

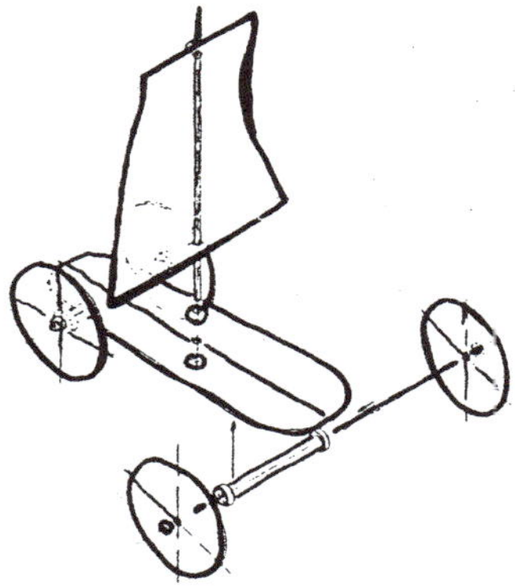

Skizze des Windmobils

Das Windmobil

2. Beschwert die Schachtel mit Steinen! Bohrt ein Loch so in den Boden, daß der Draht hindurchgesteckt werden kann!
3. Verbindet zwei dünne Holzstäbe zu einem Kreuz (mit einem Nagel oder einer Reißzwecke)!
4. Befestigt an den Enden der Holzstäbe je einen Papierbecher mit Klebeband! Die Öffnung aller Becher soll immer nach links (oder rechts) vom Holzstab wegzeigen.
5. Bringt das Holzkreuz mit Klebeband auf einer leeren Kugelschreiberhülse an! Steckt dann das Kreuz mit der Kugelschreiberhülse auf den Draht!
6. Befestigt einen längeren Faden mit Klebeband oberhalb des Kugelschreibers! Klebt an der kurzen Seite des Kartons eine Toilettenpapierrolle an! Hängt den Faden über die Rolle!
Am Ende des Fadens müßt Ihr ein Gewicht anbringen.
7. Stellt den Windmesser nach draußen! Wenn die Becher sich drehen, wickelt sich der Faden auf!
8. Meßt mit einer Uhr, wie lange der Wind braucht, um das Gewicht hochzuheben! Wiederholt den Versuch bei verschiedenen Windverhältnissen!
Was könnt Ihr beobachten?

1c) Windrad

1. Zeichnet ein Quadrat mit 5 cm Seitenlänge auf Papier! Schneidet es bis zu den gestrichelten Linien ein!
2. Stecht ein Loch in der Mitte mit einer Schere ein; ebenso die Löcher in den Flügelspitzen!

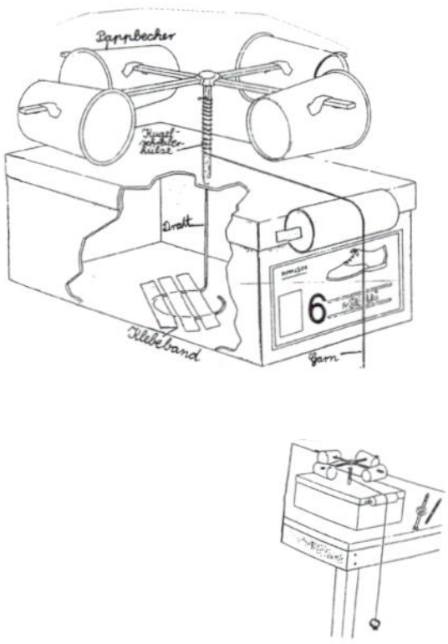

Skizzen des Becher-Windmessers

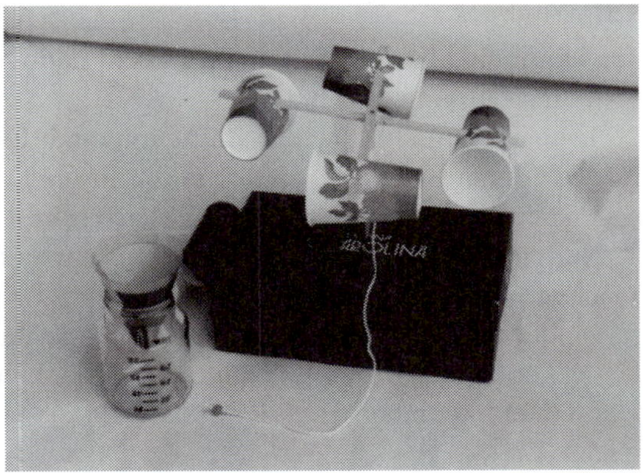

Regenmesser und Becher-Windmesser

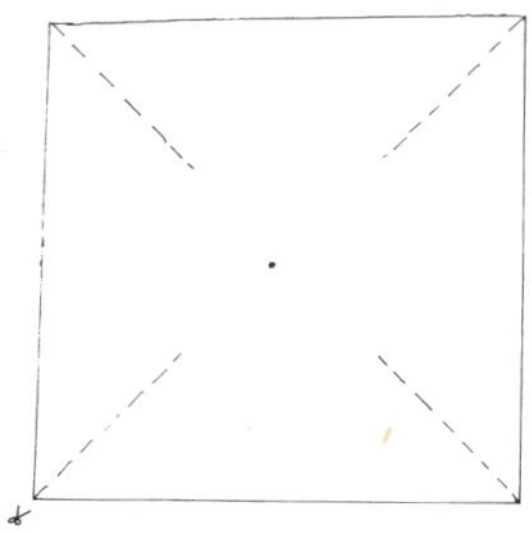

Das Windrad

3. Biegt ein Ende eines etwa 22 cm langen Drahtes um! Setzt eine kleine Holzperle auf und fädelt eine Scheibe auf! Nehmt dann mit dem anderen Ende des Drahtes nacheinander die Flügelspitzen auf (Löcher)! Hiernach führt Ihr das Drahtende durch das Loch in der Mitte!
4. Steckt nun eine große Holzperle auf! Wickelt den Draht mehrmals um das Ende eines Holzstabes!
Vorsicht: Nicht zu fest, das Windrad muß sich drehen können!

Windsack

Windmesser, Wetteruhr und Wetterhahn

1d) Windsack

1. Nehmt ein altes Hosenbein und steckt den Draht wie beim Nähen am Rand der größeren Öffnung entlang!
2. Schneidet nun fünf Schnurstücke mit einer Länge von 20 cm zu!
3. Jeweils ein Ende der Schnüre müßt Ihr am Draht festknoten. Die Abstände zwischen den Knoten sollten ungefähr gleich sein.
4. Nun müßt Ihr die anderen Enden zusammennehmen und einen großen Knoten machen.
5. Bindet diesen mit einem weiteren Stück Schnur an einem Stock fest!
6. Ihr könnt auch die andere Seite des Hosenbeins zunähen!

Kann man mit einem Windsack feststellen, ob ein starker Wind weht oder nur eine leichte Brise?
Wo habt Ihr schon einmal einen Windsack gesehen?

1e) Wetterhahn

1. Zeichnet einen Wetterhahn auf die Pappe. Schneidet ihn aus und bemalt ihn!
2. Befestigt den Strohhalm mit Klebeband am Körper des Hahns!
3. Nun müßt Ihr mit einer Zange den Draht biegen!
4. Drückt den Draht in den Holzklotz (benutzt vielleicht einen Hammer)!
5. Steckt zuerst eine Holzperle und dann den Hahn auf den Draht!
6. Zum Schluß könnt Ihr die Himmelsrichtungen auf den Holzklotz schreiben.

2) *Regenmesser*

1. Nehmt ein großes Marmeladenglas, das möglichst überall den gleichen Durchmesser hat! Malt im Abstand von 1 cm kleine Striche auf das Glas! Schreibt Zehnerzahlen an die Striche (10, 20, 30, ...).
2. Sucht einen Trichter mit dem Durchmesser des Marmeladenglases (vielleicht kann der obere Rand auch zugeschnitten werden)! Setzt den Trichter auf das Glas und klebt ihn fest!
3. Stellt Euer Meßgerät draußen in einen schweren Blumentopf (damit es nicht umfällt)!

Notiert jeden Tag zur gleichen Zeit, wieviel Wasser sich im Glas befindet! Leert das Glas dann wieder aus!

Die Zapfenwetterstation

3) *Zapfenwetterstation*

Ihr könnt mit diesen Zapfen eigene Wetterstationen bauen oder Euch selbst etwas damit ausdenken und es basteln. Ihr dürft auch ausprobieren, wie Zapfen auf verschiedene Wet-

Wettermelder:

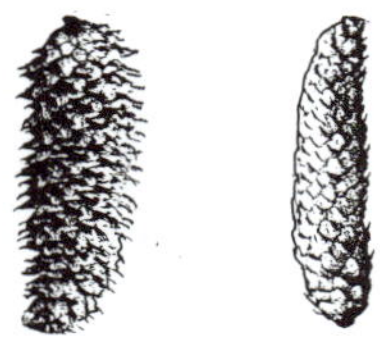

abstehende Schuppen – Schönes Wetter

glatte Schuppen – Regen

tereinflüsse, wie Kälte, Trockenheit, Feuchtigkeit usw. reagieren. Verhalten sich verschiedenen Zapfenarten auch unterschiedlich?
Was kann man an Zapfen erkennen und was nicht?

Material für Regenmelder:

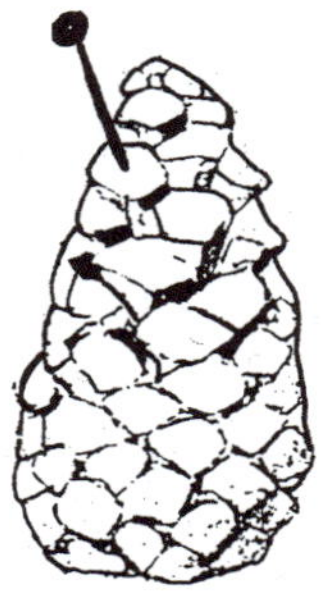

Zapfen mit Nadel

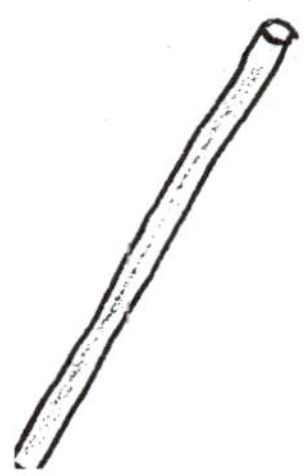

Trinkhalm

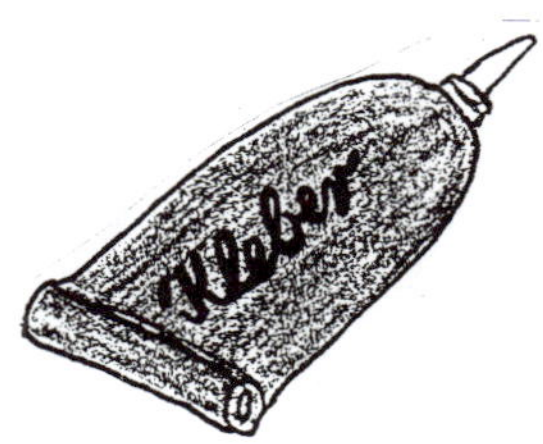

Klebstoff

4) *Riesenluftdrucksäule*

Ein ca. 13 m langer transparenter Schlauch wird gemeinsam mit dem Zollstock zuerst nach Metern markiert. Die Klasse wird in zwei Gruppen aufgeteilt. Eine geht mit einem Wassereimer nach draußen, die andere mit einer Wäscheklammer und einem Bindfaden ins dritte Stockwerk der Schule. Die Wäscheklammer wird am Bindfaden heruntergelassen. Der vorher mit Wasser gefüllte Schlauch wird unten an der „oberen" Seite, die zuvor mit der Klammer verschlossen wurde, und nach oben gezogen, die andere Seite kommt in den Eimer.
Die Kinder im oberen Stockwerk beobachten, wie hoch die Säule gestiegen ist. Wenn sie unter 10,33 m ist, herrscht Tiefdruckwetter, wenn sie höher ist, Hochdruckwetter.
Achtung: die Schule muß mehrstöckig sein, die Kinder müssen mindestens auf 10,5 m Höhe ein Fenster öffnen können.

5) *Wetter-Memory*

Klebt Bilder von Wetterlagen auf die Pappquadrate, immer jeweils zwei von einer Sorte. Spielt damit nach Memory-Regeln!

6) *Klassen„thermometer"*

Schaut morgens zu Hause auf Euer Thermometer oder auf das Außenthermometer der Schule, stellt dann die Temperatur auf Eurem selbstgebastelten Klassenthermometer ein! Vergleicht mittags am „richtigen“ Schulthermometer, ob es wärmer geworden ist und um wieviel Grad!

Zapfen im Wasserglas
'Zapfenwetterstation'

7) *Regentropfen-Bilder*

Nehmt ein Stück Papier! Bemalt es mit Filzstift oder schreibt mit Tinte darauf!
Legt es etwa fünf Sekunden in den Regen (zählt bis 5)!
Macht diesen Versuch bei unterschiedlich starkem Regen (starker Schauer, Sprühregen, ...)!
Schreibt jeweils auf das Papier, wie stark es geregnet hat!
Vergleicht die Regentropfen-Bilder miteinander!

8) *Glas auf dem Rasen*

Stellt an einem sonnigen Tag ein Glas umgekehrt auf den Rasen!
Beobachtet und beschreibt, was passiert!

9) *Wie das Wasser verschwindet*

Stellt zwei gleichgroße Teller auf ein sonnenbeschienenes Fensterbrett! Auf beide gießt Ihr die gleiche Menge Wasser (z. B. 3 Teelöffel)! Schützt den einen Teller durch ein aufgestelltes Buch vor den Sonnenstrahlen!
Was stellt Ihr nach einiger Zeit fest?

10) *Wärme von der Sonne*

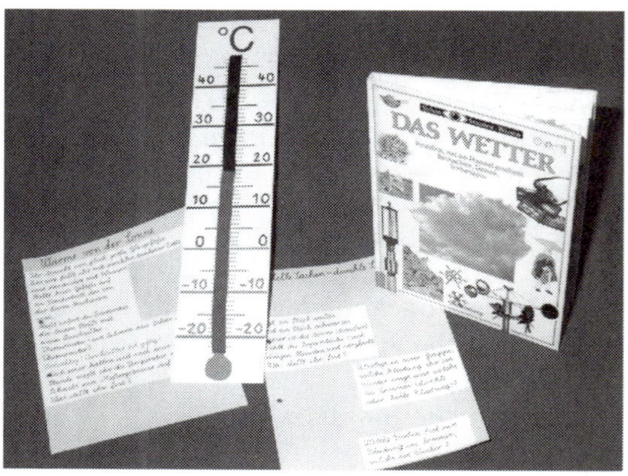

Klassentherometer

Füllt das eine Glasgefäß mit dunkler, trockener Erde und das andere mit Wasser. Stellt beide Gefäße auf ein Fensterbrett, das von der Sonne beschienen wird.
Meßt sofort die Temperatur in beiden Gläsern mit einem Thermometer!
Nach einer halben und nach einer ganzen Stunde meßt Ihr die Temperatur noch einmal. Was stellt Ihr fest? Stellt die Gefäße

nun an einen Ort, der nicht von der Sonne beschienen wird! Deckt sie beide mit einem schwarzen Tuch zu! Welcher Stoff kühlt sich schneller ab? Was bedeutet das?

11) *Helle Sachen – dunkle Sachen*

Legt ein Stück weißes und ein Stück schwarzes Papier in die Sonne (draußen)! Fühlt die Papierstücke nach einigen Minuten und vergleicht. Was stellt Ihr fest?
Überlegt in eurer Gruppe, welche Kleidung und welche Farben Ihr im Winter tragt und welche im Sommer (dunkle oder helle Kleidung)!

12) *Wetter-Massage*

Setzt Euch so in einen Kreis, daß jedes Kind auf den Rücken eines anderen schaut!
Ein Kind erzählt eine Geschichte von einem großen Unwetter.
Dabei muß das Kind den Regen ganz genau beschreiben.
Durch vorsichtiges Klopfen auf den Rücken des Nachbarkindes spielt Ihr die Stärke des Regens nach.
Da gibt es zum Beispiel leichten Nieselregen und sehr starken Regen. Vielleicht kann auch die Sonne den Rücken streicheln, oder ein starker Wind saust über ihn hinweg.

13) *Wetterpantomimenspiel*

Bei diesem Spiel müßt Ihr Euch in zwei gleichgroße Gruppen teilen.
Die eine Gruppe verläßt den Raum, die andere denkt sich Situationen oder Tätigkeiten aus, die zu einer bestimmten Wetterlage passen (z. B. Drachen steigen lassen, bei Sonnenschein schwitzen, im Regen spazierengehen etc.) und die sie zum Raten vorspielen will. Beim Pantomimenspiel darf niemand reden.

14) *Wetterstation*

Baut eine Wetterstation mit Euren Meßgeräten draußen auf!
Baut die Wetteransage und die Ausstellung auf!

6. Tips und Hinweise

1) Die Kinder sollten viele eigene Beobachtungen zum Wetter machen und mit selbstgebauten Vorrichtungen ihre Messungen vornehmen.

2) Die Kinder können sehr viel Material sammeln und es mit in den Unterricht bringen, z. B. verschiedene Wetterkarten, Kalenderbilder mit bestimmten Wetterlandschaften, Thermometer usw. Diese Materialien können dann im Unterricht und für eine Ausstellung benutzt werden.

3) Es bietet sich bei diesem Thema eine Ausstellung oder vielleicht auch eine Wettervorführung vor anderen Klassen oder den Eltern an, um die Ergebnisse zu zeigen.

4) Es könnten Videoaufzeichnungen von Wettervorhersagen gezeigt und besprochen werden, dazu könnte man mit den Kindern einen Tag später beobachten, ob die Vorhersage eintritt.

5) Mit den Kindern nach draußen gehen und z. B. Schneefall, Hagel, Nebel oder Sturm beobachten.

7. Literatur

a) für Lehrkräfte

- Praxis Grundschule Heft 5 Sep. 1994. Wind, Wasser, Sonne. S. 4–34
- Praxis Grundschule Heft 3 Juni 1984. Unser Wetter: Sonnenschein. S. 6–11
- Kniffke, S. / Gräfin Schönfeldt, S.: Das Wetter. Meyers Lexikonverlag. Mannheim: Bibliographisches Institut&F.A. Brockhaus AG, 1991
- Keidel, C.-G. / Windolf, R.: Wolkenbilder – Wettervorhersage. München: BLV Naturführer 119, 1986
- Verlag an der Ruhr: Luft und Wetter (Reihe: Versuchen & Verstehen). 45422 Mühlheim an der Ruhr, Postfach 102251, 1992

b) für Kinder

- Baily, B.: Die Welt entdecken :Das Wetter. Wiesbaden: Falken Verlag, 1975
- Verdet, J.-P. / Galeron, H.: Wind und Wetter. Reihe:Die Welt entdecken. Ravensburg: Maier, 1995
- Wilson, F. / Mansfield,F.: Wir entdecken und bestimmen das Wetter (Band 621). Ravensburg: Maier, 1980

24. Zauberspiegel im Schulgebäude

1. Materialliste

Material für alle Versuche:

- Spiegelreste aus der Spiegelfabrik / Möbelschreinerei / Sanitärfachgeschäft / Sperrmüll / Glaserei
- Klebefolie zum Umkleben der Spiegelreste
- mindestens 20 cm d-c-fix Spiegelfolie
- gesammelte Figuren aus Überraschungseiern, Spielzeugresten etc.
- verschiedene symmetrische und nichtsymmetrische kleine Objekte (Gummiring, Zahnstocher, Metallauto, Münze etc.)
- Bilder von Uhren, Schriftzügen, Menschen etc.
- Styroporkugel
- Verkleidungsmaterial
- 1 Glas, Glaskugeln
- Taschenlampe
- Eicheln, Nüsse u. ä.

Material für Spiegelzauberkästen:

Schuhkartons, verschiedene Figuren, verschiedene kleine Spiegelreste, Klebmaterial (Tesafilm, Klebstift, Klebstreifen)

2. Unterrichtskurzskizze

a) Vorführen eines Versuches mit einem Spiegel im Sitzkreis; z. B. *mit dem Spiegel Licht an die Decke des Klassenraums zu reflektieren* und ein „Zauberwort" zu schreiben
b) Alle Partnergruppen bekommen einen Spiegel und dürfen etwas *mit Licht an die Decke „malen".*
c) Kinder *erfinden in Gruppen weitere Versuche.*
d) Die Gruppen einigen sich, welche *Versuche vorn vorgeführt* werden.
e) Die Spiegelshow beginnt, jeweils eine Gruppe führt einen Versuch vor, das in Stuhlreihen frontal aufgereihte Publikum gibt den Versuchen Namen, die an der Tafel notiert werden.
f) Die Klasse erprobt nach der Aufführung nacheinander *in Gruppenarbeit die neuen Versuche.*
g) *Abschlußgespräch* im Kreis über Versuche, Erlebnisse dabei und Ergebnisse (dabei auch erste Kinderhypothesen über Spiegelgesetze)
h) Gruppen erfinden *Versuche mit zwei Spiegeln.*
i) *Zweite Spiegelshow* mit Vorführung und Erklärung; Vorlesen des Märchens von Schneewittchen
j) *„Nachprobierzeit"*

k) *Auswertungsgespräch* mit eingeflochtenen Kurzdemonstrationen an Spiegeln
l) *Planung eines Spiegelkabinetts* für die Schule, jede Gruppe bekommt einen Ausstellungstisch im Schulgebäude zur Gestaltung; drei Kinder werden in die „Spiegelstationenkontrolle" von der Klasse gewählt und sollen dafür sorgen, daß alles wie geplant liegt, ergänzt und beschriftet wird, eine zweite gewählte Gruppe ist die Redaktion des Spiegelführers, bei der alle schriftlichen Versuchsbeschreibungen für das Spiegelkabinett mit Duplikat abgeliefert werden.
m) *Schriftliche Versuchsbeschreibungen für die Ausstellungstische* im Flur
n) Zeitgleich Erprobung weiterer *Versuche mit drei, später auch mit vielen Spiegeln*
o) Zeitgleich Arbeit der *„Spiegelstationenkontrolle"* (Übersichts- und Hinweisschilder, vorbereitende Arbeit an einem „Spiegelbuch", insbesondere Inhaltsverzeichnis)
p) Nachfolgend *Arbeit an Zauberspiegelkästen* und mit Zerrspiegeln aus Spiegelfolie
q) Planung, die Kinder anderer Klassen *durch das Spiegelkabinett* zu führen
r) *Spiegelführung an einer Station üben* und anderen Kindern – zunächst aus der eigenen Klasse – die Versuche erklären
s) Bilden der *Redaktion für den Spiegelführer*
t) *Fertigstellung von Ausstellung und „Katalog"*
u) *Führungen* anderer Schulklassen durch das Spiegelkabinett und gleichzeitig Freie Arbeit: Erprobung von Versuchen anderer Gruppen, Spiegelgeschichten lesen etc.
v) Abschlußgespräch und abschließende *„Spiegelzaubershow"* mit Spiegelversuchen, die wie Zauberei wirken

3. Lernvoraussetzungen der Kinder zur Thematik Spiegel

Der Zauberspiegel des Märchens, das Spieglein an der Wand, das die Schönste erkannt hat, aber auch die Schrecknisse des fast einjährigen Kindes beim Erblicken des eigenen Spiegelbildes, das sich bewegt, aber nicht ertastbar ist oder wunderschön verlockende Schaufenster- oder Geschäftsdekorationen mit Spiegeln, die weitere Räume vortäuschen und doch begrenzt sind ... Dies alles sind Erfahrungen, die Kinder mit Spiegeln bisher mit ihren Augen oder in ihren Vorstellungen gemacht haben.

Unverhältnismäßig viel trister sieht es dagegen in der Grundschule aus. Da darf der Spiegel allenfalls im Mathematikbuch an eine vorgegebene Spiegelachse angelegt werden oder es muß die Spiegelachse zu einer symmetrischen Zeichnung im Arbeitsheft sorgfältig mit Bleistift und Lineal eingetragen werden. Der Zauber, das Magische und das Wunderliche des Spiegels werden nicht mehr gesehen und in die nicht weiter wach gehaltenen frühkindlichen Erinnerungen abgedrängt.

Die wichtige Aufgabe von Schule, an vorhandene Erfahrungen anzuknüpfen, sie zu erhellen und Kindern ein tieferes Eindringen in die vorhandene Erfahrungswelt zu ermöglichen, wird bei einem derartigen Unterricht gerade umgekehrt. Die aus Kinderperspektive immer noch wahrgenommene Allmacht der Spiegel wird so in vorgegeschriebene starre Achsen hineingezwängt. Der Zauber des Spiegels in seinen bedrohlichen wie auch in seinen phantastischen Dimensionen geht so verloren. Bereits rudimentär gemachte Erfahrungen werden nicht aufgegriffen und verarbeitet, sondern verkümmern. Schule heute setzt dem weitgehend eine neue, an oberflächlichen Abstraktionen orientierte neue Denkwelt entgegen, die auf das Beherrschen von Natur und Gesellschaft ausgerichtet ist. Nicht alle Kinder sind in der Lage, diesem Beherrschungswissen zu folgen. Mißerfolg in der Schule und die Bescheinigung, nicht die gesellschaftlich notwendigen Zertifikate zu erhalten, sind Folgen.

Aber auch der Erkenntniswert des so Gelernten ist außerordentlich dürftig. Es werden nicht offene Fragen und der Erkenntnisdrang der Kinder gefördert, sondern es wird stattdessen ein vorgegebenes geschlossenes Wissensschema präsentiert, das es zu lösen gilt.

Kinder wollen dagegen selbst die Welt gestalten und kreativ verändern. Deshalb soll hier die Auseinandersetzung mit den naturwissenschaftlichen Problemen der Spiegelung, in die Darstellung der zauberhaften Seite von Spiegelversuchen eingebunden, vermittelt werden.

4. Didaktische Überlegungen

Anstelle naturwissenschaftlich exakter Spiegelbildzeichnungen soll in einem zukunftsorientierten Sachunterricht mehr die Kreativität und das spielerische Entdekken im Vordergrund stehen. Kinder sollen lernen, die Welt zu gestalten und gleichzeitig besser zu begreifen. Indem sie die Welt durch kreative Spiegelaufbauten verändern, verändern sie sich selbst, ihr Denken, ihr Selbstbewußtsein und ihre Handlungsfähigkeit.

Der Zauber des Spiegels, seine Möglichkeiten für kreative Gestaltung und für vielfältige Erkenntnisebenen kann viele Erinnerungen aus der Verschüttung der frühen Kindheit wieder hervorlocken und in der Schule zu neuem Leben erwecken.

Die Möglichkeit zu handelndem Erproben ist nicht nur lernpsychologisch gesehen der zentrale Zugangsweg zu Erkenntnissen, sondern birgt in sich besonders viele Lernanreize, da viele Kinder gerade mit dem auch heute noch überwiegend verbalen Grundschulunterricht besonders große Probleme haben und jetzt sichtbare Erfolge in ihrem Tun erfahren können. So werden die Ergebnisse der Versuche noch interessanter, weil alle Kinder vorher inhaltlich „dabei“ sein können und nicht die „Abschaltzeit“ über sich ergehen lassen müssen, in der andere kognitiv und verbal leichter ansprechbare Kinder sich über interessante Probleme austauschen können. Insofern entspricht dieses Unterrichtsvorhaben auch der Maxime differenzierenden Unterrichts, weil sich alle Kinder themengleich, aber zieldifferent mit Spiegelversuchen beschäftigen können. Insofern ist dieses Vorhaben auch für den gemeinsamen Unterricht mit als behindert klassifizierten Kinder besonders geeignet; die „lernbehinderten“ Kinder und die „Überflieger“, die „geistig- oder sprachbehinderten“ Kinder können sich daran beteiligen. Wenn blinde Kinder in der Klasse sind, ist dies eine besondere Herausforderung für genaue Beschreibungen der Versuche.

Sobald viel Zeit für das Erfinden von Spiegelversuchen gegeben wird, reicht der Raum oft nicht mehr aus, um alles auf dem Ausstellungstisch der Klasse zu lagern. Es müssen auch Tische auf den Fluren der Schule genutzt werden. So entwickelt sich das Unterrichtsvorhaben zu einem Schullebens-Projekt, bei dem soziales und naturwissenschaftliches Lernen, exaktes Beschreiben und kreatives Experimentieren eine Einheit bilden.

5. **Handlungsanregungen** (eine Auswahl)

Die Handlungsanregungen für das Spiegelvorhaben wurden von den Kindern selbst für die Spiegelstationen in den Schulfluren und im Treppenhaus schriftlich so formuliert:

1) *Spiegel im Spiegel*

Material: zwei Spiegel
Laßt die Spiegel sich gegenseitig spiegeln. Zeichnet ein Spiegelbild vom kleineren Spiegel auf ein Blatt.

2) *Augenwunder*

Material: zwei Spiegel
Wieviele Augen siehst Du, wenn Du beide Spiegel nebeneinanderhältst und hineinschaust? Versuche, den Versuch auf verschiedene Weise durchzuführen.

3) *Zitterspiegel*

Material: zwei Spiegel
Halte zwei Spiegel weit auseinander und schau, was passiert.

4) *Kugelspiegel*

Material: ein Spiegel, ein Glas mit Wasser und eine Glaskugel
Halte den Spiegel so, daß die Kugel sehr groß zu sehen ist. Halte nun den Spiegel so, daß die Kugel sehr klein zu sehen ist. Mache weitere Versuche.

5) *Uhr-Spiegel*

Material: ein Spiegel, Abbildung einer Uhr ohne Ziffern, sondern nur mit Strichen bei den Stunden
Welche Uhrzeit siehst Du auf dem Spiegel? Wie spät ist es wirklich auf der Uhr?

6) *Zauberschrift*

Material: ein Spiegel, eine Taschenlampe
Schreibe Deinen Namen auf die Decke des Raumes! Schreibe freundliche Wörter mit dem Spiegel an die Wand.

7) *Knick-Spiegel*

Material: zwei längliche Spiegel
Halte die beiden Spiegel so zueinander, daß es aussieht, als hätte ein Spiegel einen Knick.

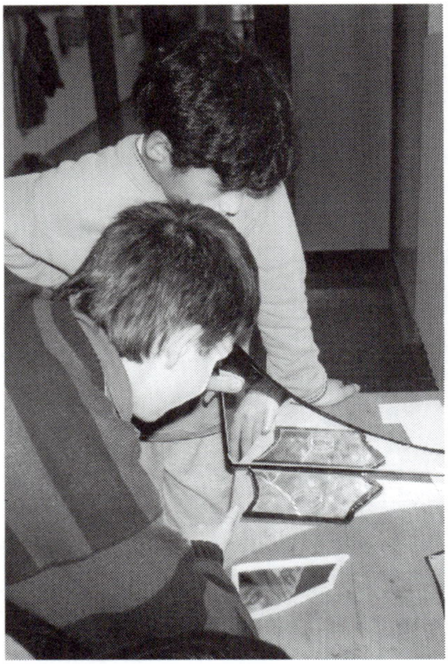

Maske

Zauberkasten

8) *Eichelwunder*

Material: zwei Spiegel und Eicheln
Wieviele Eicheln siehst Du? Halte die Spiegel so zueinander, daß möglichst viele Eicheln zu sehen sind.

9) *Seitensprung*

Material: ein Spiegel und verschiedene Figuren sowie ein Spielzeugauto
Stelle die Figuren nach Deinen Wünschen auf. Male einen Punkt auf den linken Arm einer Figur. Lege einen Gummiring um den rechten Arm einer Figur. Stelle eine Figur neben die Fahrertür des Autos, nun beobachte, was Du im Spiegel siehst. Was siehst Du in Wirklichkeit? Was siehst Du im Spiegel?

10) *Wirrwarr*

Material: 3 Spiegel und eine Figur
Stelle die drei Spiegel wie Wände von einem Zimmer nebeneinander. Stelle eine Figur in die Mitte. Beobachte, wieviele Figuren Du nun in den Spiegeln siehst.

11) *Drehwurm*

Material: ein Spiegel
Halte den Spiegel mit der Spiegelseite gegen Dein Ohr. Jetzt dreh Dich im Kreis und guck in den Spiegel. Nicht hinfallen!

12) *Spiegelzauber*

Material: viele Spiegel
Versuche, die Spiegel so zu halten, daß Du hinter Dich sehen kannst!

13) *Partnerwunder*

Material: ein Spiegel
Halte den Spiegel senkrecht vor Deine Nase und lasse Deine Partnerin oder Deinen Partner in den Spiegel gucken. Laß Dir sagen, was der oder die andere sieht. Nun bewege den Spiegel ein bißchen nach links oder nach rechts. Die anderen sehen Dein Gesicht ganz komisch.

14) *Zahlenverdrehung*

Material: ein Spiegel, kleine Papierblätter
Male auf Papier große, deutliche Zahlen. Stelle den Spiegel senkrecht über die Zahlen oder Buchstaben!

15) *Maske*

Material: zwei Spiegel, ein roter Gummiring
Du mußt den roten Gummiring schön rund auf den kleinen Spiegel legen, dann mußt Du den großen Spiegel mit der Spiegelfläche senkrecht daneben hochstellen, nun siehst Du eine Maske vor Dir mit zwei roten Augen.

16) *Monstergesicht*

Material: zwei Spiegel
Halte die beiden Spiegel übereinander mit der Spiegelfläche zu Dir. Nun bewege den oberen Spiegel und Du wirst sehen, daß Du verschiedene Gesichter von Dir in verschiedenen Formen sehen wirst. Manchmal hast Du vier Augen. Wenn Du den oberen Spiegel nach hinten bewegst, verschwindet die Nase oder die Augen oder beides.

17) *Das verschwindende Gesicht*

Material: ein Spiegel
Halte den Spiegel mit der ovalen Seite und der Spiegelfläche in Augenhöhe und biege den Spiegel langsam nach oben. Bleibe immer noch in Augenhöhe mit dem Spiegel, bald siehst Du nichts mehr darin.

18) *Kopfpolyp*

Material: zwei Spiegel
Halte die beiden Spiegel mit der Spiegelseite an Deine Ohren. Dann drehe die beiden Spiegel langsam nach innen. Wenn Du die Spiegel ganz nah zusammenrückst, siehst Du mehrere Köpfe.

19) *Lach' Dich gesund*

Material: gebogene Spiegelfolie
Guck in den Spiegel. Dann siehst Du etwas.

20) *Verkleidungsspiegel*

Material: ein großer Spiegel, viele Verkleidungsmaterialien in der Kiste
Verkleide Dich und guck in den Spiegel.

21) *Verkehrte Welt*

Material: ein Spiegel mit einer gebogenen Innenseite
Die ovale Seite vom Spiegel mit der spiegelnden Seite waagerecht nach unten vor der Stirn halten, man sieht alles auf dem Kopf.

22) *Spiegelgesicht*

Material: zwei Spiegel
Nimm einen Spiegel in die Hand und halte ihn vor Dein Gesicht, nun siehst Du Dich im Spiegel. Nimm nun einen zweiten Spiegel in die Hand und halte ihn etwas seitlich neben Deinen Kopf. Nun siehst Du Dich im Spiegel, den Du neben Deinem Kopf hältst.

23) *Schreckensball*

Material: eine Styroporkugel, kleine Reste von selbsthaftender Spiegelfolie
Beklebe den Styroporball dicht mit verschiedenen kleinen Spiegelresten von der Spiegelfolie. Nimm nun den Schreckensball in die Hand und gucke hinein. Was siehst Du?

24) *Wechselfigur*

Material: zwei Spiegel, eine kleine Figur
Halte die Spiegel so, daß Du die Figur von hinten siehst. Halte die Spiegel so, daß Du die Figur von vorne siehst.

25) *Zauberspiegelkasten*

Material: Schuhkarton, Schere, kleine Figuren, kleine Spiegelreste, Tesafilm, Spiegelfolienreste
Mache ein Loch oben in einen Schukarton, stelle einen Spiegel rein, damit Du ins Innere des Kartons sehen kannst! Klebe nun viele Figuren und Spiegelstücke in den Schuhkarton, mache an einer Seite noch ein Lichtloch! Besonders zauberhaft ist alles, wenn Du noch Spiegelfolienstücke hineinklebst. Schaue durch das Loch in den Kasten!

6. Tips und Hinweise: Erfahrungen aus der Unterrichtspraxis

1) Zur Vorbereitung des Vorhabens lohnt sich ein Besuch in einer Spiegelfabrik, die vermutlich kistenweise Spiegelabfälle abzugeben hat. Dort haben viele Spiegel als Verschnittreste z. B. von Bogenspiegeln besonders interessante Formen. Es gibt Dreiecke, längliche Rechtecke und Vielecke in verschiedenen Größen.

2) **Die Spiegelreste müssen, bevor sie in Kinderhände gegeben werden, erst einmal gegen Schnittgefahren mit Klebeband durchgängig umrandet werden!**

3) Die Vorstellung der jeweiligen Versuchsideen wird in Form einer Vorstellung inszeniert, bei der das Publikum in Stuhlreihen vor der Bühne (= Fläche vor der Tafel) sitzt und jeweils ein oder mehrere Kinder einer Gruppe das neue Experiment vorführen.

4) Bei der Vorführung wird den anderen auch wieder verbal erklärt, was passiert und wie der Versuch genau durchgeführt werden muß. So sind schon Vorformen von Versuchsbeschreibungen entstanden, ohne daß es einer expliziten schulischen Übung bedarf. Die Beschreibung hat so ihren Sinn, weil anderen Kindern der eigene Versuch möglichst genau zur Imitation erklärt werden muß.

5) Sehr produktiv ist es, auf den Fluren in der Schule ein Spiegelkabinett einzurichten. Darauf sollten dann die Versuche gestellt werden. Da die Kinder der Klasse nicht ständig neben den Ausstellungstischen stehen können, um anderen Kindern zu erklären, was sie sich bei den Versuchen gedacht haben, ist es einleuchtend, daß erst Schilder mit Versuchsanleitungen beschriftet werden müssen. So wird durch Öffnung des Unterrichts für das Schulleben gleichzeitig die Motivation geschaffen, klare schriftliche Versuchsanleitungen zu formulieren.

6) Jede Gruppe bekommt zunächst eine „Spiegelstation", d.h. einen Tisch auf einem Flur, zur Gestaltung. Nun können die Kinder selbst verschiedene Aufgaben übernehmen, einige experimentieren, einige schreiben Anleitungen, andere korrigieren diese Anleitungen. Gerade der Wunsch, für die Öffentlichkeit der Schule auch gut verständliche und schön ohne Rechtschreibfehler gestaltete Versuchsanleitungen zu schreiben, bewirkt, daß die Kinder immer wieder von sich aus nachschlagen oder die Lehrerin fragen, ob es noch etwas zu verbessern gibt.

7) Wenn eine Anleitung nach Ansicht der Gruppe gut genug zu sein scheint, wird ein kleiner Sitzkreis eröffnet. Andere Kinder werden eingeladen, der Versuchsanweisung zuzuhören und zu überprüfen, ob sie durch den Text schon ausreichend informiert sind und anschließend den Versuch auch selbständig ohne Vorführung zu erproben.

8) Eine besondere Attraktion ist der „Schreckensball" (vgl. Nr. 23).
Durch die vielen Ränder und Überlappungen von Spiegelfolie wird das Spiegelbild ständig gebrochen, so daß das eigene Gesicht völlig verzerrt erscheint, mal fehlt ein Auge, mal ist die Nase mehrfach zu sehen oder knollig dick, mal fehlen die Zähne oder es gibt einen gefährlich wirkenden Spalt auf der Stirn.

9) Auch eine Verkleidungsecke sollte nicht fehlen. Es genügt, einen großen Spiegel im Flur aufrecht fest – z.B. an einen senkrecht gestellten Schultisch mit Klebeband befestigt – hinzustellen, daneben gibt es mehrere Kisten mit Textilien und Schmuck.

10) Ein Vorhang vor der Tafel ist sinnvoll, um „Bühne auf" zu symbolisieren.

11) Es ist motivierend, allen Aufgaben und Situationen Namen zu geben. „Spiegelinspektoren“ oder „Spiegelführerredaktion“ sind bedeutsamer als der Hinweis: „Und Ihr paßt auf, daß alle Versuche richtig auf den Tischen stehen.“
Auch die Inszenierung von Unterrichtsschritten als „Kleine Spiegelshow“ und „Große Spiegelshow“ erhöht die Aufmerksamkeit und zentriert die Wahrnehmung gleichzeitig auf die inhaltlichen Probleme.
Die bei handelndem Unterricht notwendigen Kontrollaufgaben können auch an Kinder delegiert werden, die dadurch Bedeutung erfahren. So können Kinder zwischenzeitlich als Spiegelinspektoren eingesetzt werden, um zu kontrollieren, ob die Schutzfolie rund um die Spiegelstücke noch fest klebt. Für diese Kinder ist dies gleichzeitig ein Ansatz, den Blick für Verletzungsgefahren zu schärfen und für die Lehrkraft eine enorme Entlastung.

12) Den Klassenraum mit einem großen Spiegel auf Dauer ausstatten!

13) Die Ausstellungstische nach einer Zeit vertauschen, damit Kinder anderer Klassen mit eingeschliffenen Wegen auch „nebenbei“ wieder neue Versuche kennenlernen.

7. Literatur

für Lehrkräfte:

Agentur Dieck (Hg.): Augenmaß. Heinsberg: Agentur Dieck, 1994
Eco, U.: Über Spiegel und andere Phänomene. München: Deutscher Taschenbuchverlag, 1990